西财考研专业课系列

捷凯教育　主编

严格依据西财历年考研试题编写

西财考研
经济学综合历年试题解析

XICAI KAOYAN

JINGJIXUE ZONGHE LINIAN SHITI JIEXI

西南财经大学出版社

图书在版编目(CIP)数据

西财考研经济学综合历年试题解析/捷凯教育主编. —成都:西南财经
大学出版社,2013.6

ISBN 978 - 7 - 5504 - 1056 - 5

Ⅰ.①西… Ⅱ.①捷… Ⅲ.①经济学—研究生—入学考试—题解
Ⅳ.①F0 - 44

中国版本图书馆 CIP 数据核字(2013)第 120261 号

西财考研经济学综合历年试题解析

捷凯教育 主编

责任编辑:张 岚

助理编辑:李晓嵩 蹇伟强

封面设计:墨创文化

责任印制:封俊川

出版发行	西南财经大学出版社(四川省成都市光华村街55号)
网 址	http://www.bookcj.com
电子邮件	bookcj@foxmail.com
邮政编码	610074
电 话	028 - 87353785 87352368
照 排	四川胜翔数码印务设计有限公司
印 刷	四川森林印务有限责任公司
成品尺寸	185mm×260mm
印 张	17.75
字 数	250 千字
版 次	2013 年 6 月第 1 版
印 次	2013 年 6 月第 1 次印刷
印 数	1— 2000 册
书 号	ISBN 978 - 7 - 5504 - 1056 - 5
定 价	39.80 元

西南财经大学是教育部直属的国家"211 工程"和"985 工程"优势学科创新平台建设的全国重点大学，也是国家教育体制改革试点高校。西南财经大学自 1925 年 6 月 3 日建校以来，历经近 90 年的发展，铸就了"经世济民，孜孜以求"的大学精神，成就了西南财经大学在大众心目中的地位和声誉。

西南财经大学形成了以经济管理为主体、金融学为重点、多学科协调发展的办学特色，为国家经济建设和社会发展培养了一大批优秀人才，13 万多名毕业生中有一大批金融行业领军人物，被誉为"中国金融人才库"和"西部地区经济管理人才的摇篮"。

西南财经大学以其卓越的办学品质和深厚的金融行业背景、独特的经管类学科优势、出色的金融行业影响力吸引了大量的优质生源，其本科录取分数线几乎年年位居四川省第一位，硕士研究生入学考试的竞争也非常激烈。

在西南财经大学出版社的大力支持和配合下，我们编写了这套"西财考研专业课"系列辅导用书。这本《西财考研经济学综合历年试题解析》旨在供志在考取西南财经大学政治经济学、经济思想史、西方经济学、世界经济、国民经济学、区域经济学、财政学、金融学、产业经济学、国际贸易学、统计学、数量经济学、劳动经济学、人口资源与环境经济学等经管类专业的学术型和专业型硕士研究生的考生科学、系统的复习政治经济学、西方经济学（宏观经济学、微观经济学）的考点之用，以及供那些非经管类专业背景的低年级硕士生作为快捷学习经济学综合的相关必须掌握的知识之用，同时本书也适合那些刚刚开始学习政治经济学和经济学原理的本科生作为深入学习和拓展学习之用。

《西财考研经济学综合历年试题解析》涉及 2002—2012 年的真题考点以及权威的深入分析与解答。书中很多见仁见智的开放性的主观题，我们从大的方向上进行把握并精炼的给出了理论知识的"踩分点"。虽然本书所有的分析与解答都是经过有经验的老师权威校准过的，但由于编者水平有限，不是十分精确的地方依然存在，欢迎使用者批评指正。同时与本书配套使用的《西财考研经济学综合大纲解析》《西财考研经济学综合模拟试题》也即将编写完毕，但愿可以为使用者提供科学、权威的帮助。使用者的满意，是我们最大的动力！

编者

2013 年 4 月

目录

2002 年经济学综合（一）试题汇编及深度解析　/ 1

2002 年经济学综合（二）试题汇编及深度解析　/ 11

2003 年经济学综合（一）试题汇编及深度解析　/ 18

2003 年经济学综合（二）试题汇编及深度解析　/ 30

2004 年经济学综合（一）试题汇编及深度解析　/ 41

2004 年经济学综合（二）试题汇编及深度解析　/ 53

2005 年经济学综合（一）试题汇编及深度解析　/ 65

2005 年经济学综合（二）试题汇编及深度解析　/ 79

2006 年经济学综合（一）试题汇编及深度解析　/ 90

2006 年经济学综合（二）试题汇编及深度解析　/ 101

2007 年经济学综合（一）试题汇编及深度解析　/ 112

2007 年经济学综合（二）试题汇编及深度解析　/ 125

2008 年经济学综合（一）试题汇编及深度解析　/ 138

2008 年经济学综合（二）试题汇编及深度解析　　/ 152

2009 年经济学综合（一）试题汇编及深度解析　　/ 163

2009 年经济学综合（二）试题汇编及深度解析　　/ 177

2010 年经济学综合（一）试题汇编及深度解析　　/ 191

2010 年经济学综合（二）试题汇编及深度解析　　/ 204

2011 年经济学综合（一）试题汇编及深度解析　　/ 218

2011 年经济学综合（二）试题汇编及深度解析　　/ 233

2012 年经济学综合（一）试题汇编及深度解析　　/ 251

2012 年经济学综合（二）试题汇编及深度解析　　/ 264

2002 年经济学综合（一）试题汇编及深度解析

一、为什么说剩余价值的产生既不在流通领域又离不开流通领域？

（1）剩余价值是在生产过程中产生的，它是由雇佣工人创造的、被资本家无偿占有的、超过劳动力价值以上的那部分价值。

（2）剩余价值不能在流通领域中产生，因为在商品流通过程中，等价交换只是价值形式的变换，不等价交换只是对既定的总价值量的重新分配，都不产生剩余价值。

（3）离开流通领域，价值也不能发生增值。因为资本家不把货币投入到流通领域中购买劳动力商品，就不能实现生产。凝结了劳动者剩余劳动的商品若不流通到市场上销售出去，剩余价值也不可能产生和实现。

综上所述，剩余价值是在生产领域中由雇佣工人创造的，但是不经过流通领域，生产便无法进行，自然不能产生剩余价值；同时，没有流通领域，商品不在市场上销售出去，剩余价值也不可能实现。因此，剩余价值的产生，既不在流通领域又不能离开流通领域。

二、为什么说金融资本是帝国主义国家的真正统治者？

随着工业资本的不断集中并逐步形成垄断，银行业的集中和垄断也在逐步形成。

银行垄断资本一旦形成，工业企业对银行的依赖不断增强，银行一方面可以促进工业垄断组织的形成和发展；另一方面也加强了对工业企业的控制和监督，甚至可以决定工业企业的命运。银行掌握了巨额的货币资本，掌握着国家的金融命脉，从而加强了对社会经济的控制和调节。银行走向垄断之后，银行的作用由自由竞争资本主义的中介人发展为势力强大的垄断者。

银行垄断资本形成之后，与工业垄断资本的联系由以前单纯的金融联系发展到资本联系和人事联系，银行垄断资本与工业垄断资本通过金融联系、资本参与和人事参与，紧密地融合在一起，产生了一种新型的垄断资本，即金融资本。金融资本的形成及其垄断是垄断资本主义的重要标志。正如列宁所言：帝国主义的特点恰好不是工业资本而是金融资本。

金融资本在逐步形成的基础上，会产生金融寡头。金融寡头掌握着巨额的社会财富，控制整个国家的经济命脉，甚至控制上层建筑，是垄断资本主义国家事实上的统治者。

金融寡头在经济上的统治主要通过"参与制"来实现，通过参与制可以控制比自己的资本大几十倍的资本，从而操纵资本主义国家的经济命脉。金融资本通过和政府的"人事联合"来实现政治上的统治，金融资本还建立政策咨询机构对政府决策施加影响。除此之外，金融资本还通过对新闻媒体、科学教育、文化体育方面的投资，实现对国家上层建筑和社会生活各个方面的统治。

三、为什么说理顺产权关系是转换企业经营机制的关键？

转换企业经营机制就是要把在传统的计划经济体制下企业的经营机制转变成适应社会主义市场经济条件下的企业经营机制，使企业从执行计划指令转向面对市场竞争，自主经营、自负盈亏、自我发展、自我约束，增强活力，提高效益。

产权是关于财产的排他性行为选择的权利，包括财产的所有权、占有权、支配权、使用权、收益权和处置权等。产权具有激励功能、约束功能、资源配置功能、协调功能。先进的产权制度，通过明确财产权利、有效保护产权，有助于建立起高效的市场经济秩序。

只有明晰产权，并保护产权，才能形成产权所有者自觉的、充分的权利，法律保障其所有权、收益权和支配权，既排除其他人的干预，也切断企业对政府或其他组织的依赖，使企业成为自主经营、自负盈亏的市场经济主体。

良好的产权制度会保护产权主体的收益权，这样才能激励企业积极参与市场竞争，创造性地开展生产经营活动，自觉地实现自我发展，同时要面对市场竞争，经济活动主动受到市场竞争的约束，努力增强活力，提高效益。

现代企业制度的本质特征是"产权清晰、权责明确、政企分开、管理科学"。产权清晰处在首要地位，它是实现后三个方面的基础，是有效建立现代企业制度的关键性环节。

四、试论述马克思再生产理论是怎样揭示社会化生产按比例发展规律的。

现代社会的再生产是以扩大再生产为特征的，但从逻辑关系和现实运行来看，简单再生产是扩大再生产的基础和出发点。生产在原有的规模上重复进行是简单再生产。生产在扩大的规模上重复进行是扩大再生产。

马克思根据价值形态将社会总产品划分为不变资本（c）、可变资本（v）和剩余价值（m）三个部分。根据实物形态将社会总产品划为生产资料和消费资料。社会生产划分为生产资料生产（第一部类Ⅰ）和消费资料生产（第二部类Ⅱ）两大部类。

社会再生产的核心问题是社会总产品的实现问题。

1. 简单再生产的实现条件

（1）基本实现条件：

$$Ⅰ(v + m) = Ⅱc$$

第 I 部类新创造的价值为可变资本和剩余价值之和,必须等于第 II 部类所消耗的生产资料。这个条件表明,在简单再生产条件下,两大部类之间存在互为条件、密切联系的内在关系,第 I 部类提供给第 II 部类的生产资料和第 II 部类对生产资料的需求之间必须保持一定的比例关系。第 II 部类提供给第 I 部类的消费资料和第 I 部类对消费资料的需求之间,也必须保持一定的比例关系。

(2)派生条件:

①消费资料生产方面:

$$\text{II}(c + v + m) = \text{I}(v + m) + \text{II}(v + m)$$

第 II 部类消费资料的生产必须等于两大部类的可变资本和剩余价值的总和。这说明,第 II 部类生产的消费资料同两大部类工人和资本家对消费资料的需求之间必须保持一定的比例关系。

②生产资料生产方面:

$$\text{I}(c + v + m) = \text{I}(c) + \text{II}(c)$$

第 I 部类生产的生产资料价值必须等于两大部类消耗的不变资本价值之和。这说明,第 I 部类生产的生产资料同两大部类对生产资料的需求之间必须保持一定的比例关系。

基于简单再生产下社会总产品的实现条件,可以得出结论:社会生产和社会消费之间、生产资料生产和生产资料消耗之间、消费资料生产与消费资料需要之间必须保持一定的比例关系。只有这样,生产才能协调发展。

2. 扩大再生产的实现条件

(1)基本实现条件:

$$\text{I}(v + \Delta v + m/x) = \text{II}(c + \Delta c)$$

第 I 部类原有的可变资本,加上追加的可变资本,再加上第 I 部类资本家用于个人消费的剩余价值,三者的总和应当等于第 II 部类原有的不变资本加上追加的不变资本。这表明,在扩大再生产过程中,第 I 部类提供给第 II 部类的生产资料同第 II 部类对生产资料的需要之间,以及第 II 部类提供给第 I 部类的消费资料同第 I 部类对消费资料的需要之间，要求保持一定的比例关系。

（2）派生条件：

①Ⅱ（c + v + m）=（Ⅰv + Ⅱv）+（Ⅰm/x + Ⅱm/x）+（ⅠΔv + ⅡΔv）

在扩大再生产过程中，第Ⅱ部类生产的全部消费资料，必须等于两大部类原有的可变资本价值、追加的可变资本价值和资本家用于个人消费的剩余价值之和。这说明，扩大再生产中，消费资料的生产和两大部类为实现扩大再生产对消费资料的需求之间必须保持一定的比例关系。

除了补偿两个部类原有工人所需的生活资料和两个部类的资本家所需的生活资料外，还必须能够满足两个部类新追加的工人所需要的生活资料。

②Ⅰ（c + v + m）=（Ⅰc + Ⅱc）+（ⅠΔc + ⅡΔc）

在扩大再生产过程中，第Ⅰ部类的全部产品价值，必须补偿两大部类消耗的生产资料，还必须满足两大部类追加的不变资本价值。这说明，扩大再生产中，生产资料的生产和两大部类为实现扩大再生产对生产资料的需求之间必须保持一定的比例关系。

总之，社会资本再生产的实现条件表明，社会生产两大部类之间、生产与消费之间必须保持合理的比例关系，再生产才能顺利进行。

五、联系中国社会转型期的特点，谈谈实施"就业优先"战略的理论依据和对策选择。

一般认为，宏观经济政策的主要目标有四个，即持续均衡的经济增长，充分就业，物价水平稳定，国际收支平衡。

增加就业，保持合理的就业率，实现充分就业始终是宏观调控的重要目标。充分就业是指除了摩擦失业和自愿失业之外，所有愿意接受各种现行工资的人都能找到工作的一种经济状态，即消除了非自愿失业就是充分就业。

中国经济正处于社会转型期，经济结构的调查和产业结构的变动，带来就业结构的持续变化，主要表现在以下四个方面：

其一，由二元经济结构所导致的失业人口现象。在二元经济结构下，农村剩余劳动力向城镇工业部门转移，若城镇工业部门劳动力需求不足，就会形成大量失业人口，若这部分劳动力滞留在农业部门，则会形成大量的隐性失业。

其二，体制转变形成失业现象。计划经济时代，公有制企业一定程度上以牺牲效率为代价，吸收了大量的劳动力，事实上，相对于效率需要来说，企业存在大量的隐性失业。随着市场经济体制确立，国有企业以效率为目标，必然减员增效，企业原来的隐性失业转化为公开的失业。

其三，产业结构调整引起失业。改革开放后，第一产业比重不断减小，第三产业的比重不断提高，第二产业的比重也有下降之势，劳动力面临从第一产业向第二产业、第三产业，或从第二产业向第三产业转移，这会加剧结构性失业。

其四，人口的自然增长超过物质资料生产的需要从而导致失业。

不断上升的失业率，意味着社会总供求失调，使资源产生巨大浪费。高失业率使很多人失去收入来源，陷入生活困境，引发更多的社会矛盾。就业关系到个人的家庭幸福、社会的繁荣稳定和国家的长治久安。政府应该抑制失业率，或者在失业率上升时，通过公共政策最大限度地减少其导致的负面作用。

鉴于中国国情的特殊性，我国在中长期发展战略中，应体现就业优先的原则，即劳动力市场发育要优先于其他要素市场；劳动者利益要适度优先于资本利益；降低失业率的调控政策要优先于反通货膨胀政策；有利于增加就业和完善社会保障制度方面的政策支出要优先于其他方面的支出；在社会发展过程中，就业岗位增加要优先于社会收入水平的提高。

把就业作为经济社会发展的优先目标，具有重大的战略意义。首先，就业优先是构建和谐社会的应有之义。其次，就业优先是拉动内需和转变经济发展方式的客观要求。通过就业来增加消费，这是促进经济长期持续健康发展的非常有效的途径。同时，在当前转变经济发展方式的形势下，我们要更多地把过去依靠物质资源的发展方式转到依靠人力资源上来。最后，就业优先是经济社会可持续发展的理性选择。

对策方面：第一，要坚持就业优先战略，实施积极的就业政策，在制定国民经济发展规划、调整产业结构和产业布局时，优先考虑扩大就业规模、改善就业结构、创造良好就业环境的需要，建立经济政策对就业影响的评价机制，把就业完成纳入政府综合考核体系。第二，保持经济平衡较快发展，增强经济发展对就业的拉动作用，在统筹城乡发展、积极稳妥推进工业化、城镇化和农业现代化中扩大就业。第三，加大工作和政策力度，着力解决重点群体的就业问题，促进高校毕业生就业和帮助解决国企改革下岗职工的再就业问题，推进农村剩余劳动力转移就业，逐步解决农民工在城镇就业的相关问题，如子女上学、社会保障等。第四，积极扶持中小企业发展，吸引就业，促进创业带动就业。第五，兴办职业教育和技能培训，提升劳动者的就业能力和技能水平，高等教育要与就业需求紧密结合，注重人才培养质量和就业市场需要。第六，健全人力资源市场和就业服务体系，要健全完善覆盖城乡的公共就业服务体系，建立全国就业信息网络。第七，全面发挥失业保险对协调、促进就业中的作用。完善失业保险预防失业、促进就业的政策体系。第八，鼓励劳务出口，做好就业服务工作。

六、西方经济学中，总需求 AD 是短期中影响国民总产出最重要的因素，请问：（1）总需求主要包括哪些内容？（2）减税政策会怎样影响总需求，为什么？

总需求主要包括：消费需求、投资需求、政府需求和国外需求四个部分。

减税政策会增加总需求，表现在图上，会使总需求曲线向右移动。

原因在于减税是扩张性财政政策，会增加居民和企业的收入，从而增加消费需求和投资需求。减税作为扩张性财政政策会使 IS 曲线右移，在价格水平保持不变（即 LM 曲线固定）时，IS 曲线右移会导致总需求从 y_0 增加到 y_1，从而，在相同的 P_0 下，总需求增加，表现为 AD 曲线右移。

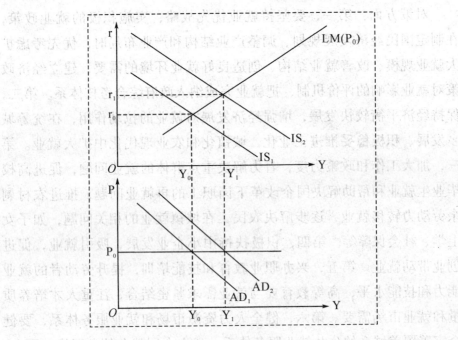

七、政府在公开市场上买进债券会怎样影响总需求，为什么？

政府在公开市场买进债券会增加总需求，表现在图上是使总需求曲线向右移动。

原因在于买进债券是扩张性货币政策，货币供给增加，短期内会增加消费需求和投资需求等，从而使总需求增加。

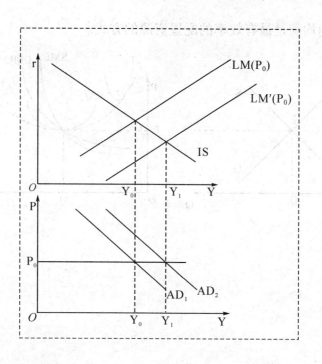

八、完全竞争厂商的长期均衡是如何实现的，为什么说它达到了最优的效率？

完全竞争厂商是价格接受者，在短期，利润最大化使得 $P_0 = SMC$，在长期，利润最大化使得 $P_0 = LMC$。完全竞争市场可以自由进入和退出，若厂商存在利润，其他厂商就会进入，供给增加，价格降低，价格降到零利润为止。若厂商亏损，厂商就会退出，这时，供给减少，价格会上升，价格上升到零利润为止。因此，完全竞争厂商在长期均衡时是零利润的，因此，$P_0 = LAC$，长期均衡时，必然由一个短期来实现，此时只能获得零利润，因此，$P_0 = SAC$。可见，当 $LMC = SMC = LAC = SAC$ 时，完全竞争厂商实现长期均衡。

由于 $LMC = LAC$，生产处在 LAC 的最低点，实现了最有效率的生产，$P = \min LAC$，价格也达到最低的水平，消费者以最低的价格购买产品。只有能实现最有效率生产的厂商才能供给这个市场。完全竞争市场的长期均衡是最有效率的配置资源的方式。

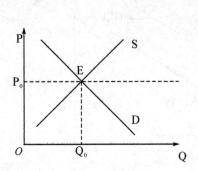
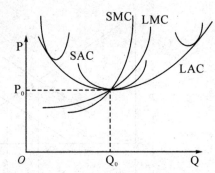

2002 年经济学综合（二）试题汇编及深度解析

一、怎样理解劳动力成为商品是货币转化为资本的前提？

作为资本的货币遵循资本流通公式：

G（货币）—W（商品）—G′（更多货币）

货币在流通中发生了增值。资本流通公式与价值规律蕴含了一个矛盾，即价值规律要求等价交换，无论是货币交换商品，还是商品交换货币，都不会引起价值增值。

资本家将货币转化为资本，为的是获取剩余价值，剩余价值不能从流通中产生，但也离不开流通领域。要化解上述矛盾，货币所有者必须在流通中购买一种特殊的商品，这种商品的特殊性就在于对它的使用不仅能够创造价值，而且还能够创造剩余价值，这种特殊商品就是劳动力。

因此，劳动力成为商品是货币转化为资本的前提条件。劳动力成为商品有两个条件：一是劳动者具有人身自由，劳动者可以把自己的劳动力作为商品出卖。二是劳动者除了拥有自己的劳动力外，一无所有，只能出卖劳动力以维持生计。

正是劳动力成为商品，在生产中创造了剩余价值，然后在流通中实现剩余价值，从而解决了资本总公式的矛盾。

二、为什么借贷利息不能相当于全部的平均利润？

借贷资本家把闲置的货币资本贷给职能资本家，后者利用货币资本从事商品生产或商品流通，获得平均利润。职能资本家不能独占所获得的利润，他利用借贷资本所获得的平均利润必须和借贷资本家共同瓜分，职能资本家向借贷资本家支付利息后，获得企业利润，而借贷资本家获得利息。利息是平均利润的一部分。

通过借贷，借贷资本的所有权与使用权分离，借贷资本的所有者获得利息，借贷资本的使用者获得企业利润，两者共同构成平均利润。马克思指出：利息和企业利润，不过是剩余价值的不同部分。利息的大小必定是大于零且小于平均利润。若为零，货币资本的所有者不会借出，若大于平均利润，则职能资本家不会借入。

三、简要说明企业制度的演进。

企业制度在其演变和发展过程中主要有三种类型：个人业主制企业、合伙制企业和公司制企业。

1. 个人业主制企业

由单个资本家出资，完全由个人所有和控制的企业，在法律上称为自然人企业。企业所有者同时也是生产经营者和管理者，一般规模较小，是资本主义经济发展初期最早出现的企业形式。个人业主制企业存在三种缺陷：一是企业的信用和资金来源有限，因此发展速度和规模十分有限。二是企业主对债务要承担无限责任，投资者面临较大风险。三是企业的寿命通常有限，其寿命取决于业主的情况。

2. 合伙制企业

由多个自然人共同投资，共同所有、共同经营、共负盈亏的自然人企业。合伙制企业是随着生产力的发展，生产规模扩大，需要更大规模资本集中而产生的。合伙制企业可以吸收更多的投资者，扩大资本和生产规模。合伙制企业的特点：一是合伙人要承担无限的连带责任，且有较大的风险。二是合伙制企业中个人的所有权无法自由转让或出售。三是合伙制企业的寿命可能由于合伙人的变故而有限。

3. 公司制企业

随着生产力发展，生产社会化扩大，需要更大规模的资本集中，要求有新的企业制度形式来解决筹资问题、投资风险和经营者责任问题。公司制企业是具有独立的法人地位，出资人负有限责任的企业形式。典型形式有有限责任公司和股份有限公司。有限责任公司是指出资人以其出资额为限对公司债务承担有限责任，公司以其全部资产为限对公司债务承担有限责任的企业法人。股份有限公司是指其全部注册资本由等额股份构成，通过发行股票筹集资本，股东以其所持股份为限对公司债务承担有限责任，公司以其全部资产为限对公司的债务承担有限责任。其特点有三：一是出资者承担有限责任，二是资本股份化和自由转让，三是企业具有独立寿命，可以永久存在。马克思说："股份公司的成立，使生产惊人地扩大了，个别资本不可能建立的企业出现了"；"假如必须等待资本积累去使单个资本增长到能够修建铁路的程度，恐怕直到今天世界上还没有铁路，但是，通过股份公司转瞬之间就把这件事完成了"。

四、论述当前扩大内需中宏观经济政策的综合运用。

宏观经济政策主要有财政政策、货币政策和产业政策。财政政策和货币政策主要是调节社会总需求，产业政策主要是调节社会总供给。这三类政策是保持总量平衡的基本工具。

在当前扩大内需的经济形势下，财政政策和货币政策是主要的宏观调控手段。

财政政策是政府为实现一定的宏观经济调控目标而运用财政调节手段的有关政策。财政政策可分为财政收入政策和财政支出政策。实施财政政策的工具手段主要有税收、财政补贴、国债、政策购买、政府投资等。财政政策包括扩张性财政政策和紧缩性财政政策两种基本类型。使用财政政策调节宏观经济运行的基本原则是逆风向调节，当经济有效需求不足，经济衰退，失业增加时，政府使用扩张性财政政策，如减税、扩张政府投资等手段来刺激有效需求。相反，则使用紧缩性财政政策。

货币政策是政府通过中央银行，为实现宏观调控目标而制定的各种管理和调控货币供给量及其结构的原则和措施。货币政策有扩张性货币政策和紧缩性货币政策两种类型。货币政策工具主要有利率、法定准备金率、公开市场业务和再贴现率等。当使用扩张性货币政策时，可降低法定存款准备金率、降低再贴现率、在公开市场上买进政府债券，以刺激有效需求；紧缩性货币政策则反之。

扩大内需中，财政政策和货币政策经常结合在一起使用，其综合运用一般有四种形式：

（1）扩张性货币政策和扩张性财政政策相结合，即"双松"政策。中国人民银行通过扩张性货币政策增加货币供给，同时，财政部通过扩张性财政政策刺激需求。"双松"政策一般针对总需求严重不足时，通过加大政策力度来刺激需求，拉动经济复苏。

（2）紧缩性货币政策和紧缩性财政政策，即"双紧"政策。既紧缩银根，也紧缩财政支出，以抑制总需求。"双紧"政策一般是针对严重的需求膨胀和通货膨胀而实行的调控政策。

（3）松的货币政策和紧的财政政策，即"松货币紧财政"。紧的财政政策用于抑制总需求膨胀，防止通货膨胀，而松的货币政策用于保证必要的信贷供给，以支撑适度的经济增长。

（4）紧的货币政策和松的财政政策，即"紧货币松财政"。紧的货币政策用于防止通货膨胀，松的财政政策通过政府的公共投资来刺激总需求，以支撑经济稳定增长。

五、什么是无差异曲线，无差异曲线有哪些特点？

无差异曲线是给消费者带来相同满足程度的不同消费组合的连线。一般的无差异曲线有四个特点：①向下倾斜；②凸向原点；②任何两条无差异曲线不会相交；③离原点越远的无差异曲线代表的效用水平越高。

六、为什么说 MR = MC 是厂商利润最大化的先决条件？

利润等于总收益减总成本，即：

$\pi (Q) = TR (Q) - TC (Q)$

利润最大化的一阶条件是：

$d\pi (Q) / dQ = MR (Q) - MC (Q) = 0$

所以，$MR (Q) = MC (Q)$

当 MR > MC 时，厂商会增加生产，直到 MR = MC 为止；

当 MR < MC 时，厂商会减少生产，直到 MR = MC 为止；

当 MR = MC 时，厂商利润达到最大化。

七、什么是公共品？公共品有哪些特征？为什么说市场经济不能解决公共品的供给问题？

（1）公共品是指既无排他性，又无竞争性的物品，如国防。

（2）公共品的特征主要有：①非排他性，即无法将消费者排除在外，或排除消费者成本高昂。②非竞争性，即消费者增加一单位物品的消费，并不影响其他人对该种物品的消费，亦指一个消费者增加一单位物品消费时，不产生外部成本。

（3）市场经济确实不能解决公共品的供给问题。

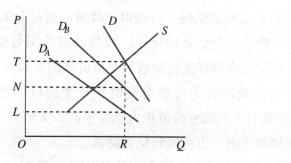

如图所示，公共品具有非竞争性，各消费者的消费数量与市场总消费量相等，均为 R。公共品的市场需求曲线是个人需求曲线的垂直相加。公共品的供求曲线相交所决定的均衡数量就是公共品的最优数量。在总消费量 R 上，边际成本等于每个消费者的边际利益之和，总的供给价格 T 等于各消费者支付的价格之和，即 T = L + N。

首先，消费者往往不清楚自己对公共品的需求曲线，因此，其需求价格无法确定。其次，为了少支付价格或不支付价格，消费者会低报甚至隐瞒自己对公共品的偏好，因而得不到真实的市场需求曲线并确定公共品的最优数量。最后，由于非排他性和非竞争性，消费者在享用公共品时，充当"免费搭车者"，在享受利益时却不想支付成本。这会导致，市场供给公共品数量不足。

一般来说，公共品应由政府来供给，政府通过征税来解决公共品的财务问题。

八、财政政策的局限性表现在哪些方面？

（1）挤出效应。政府支出增加会引起私人消费或投资减少，扩张性财政政策使利率上升，会"挤出"私人投资。

（2）政策时滞。财政政策的形成过程需要较长的时间。因为财政政策一般要经过政府部门的研究，各利益集团的"院外活动"，经议会和许多专门委员会的讨论和表决。这样，在财政政策最终形成并付诸实践时，经济形势可能已经发生了变化。

（3）利益集团阻碍。有些财政政策的通过和实施实施会遇到阻力，如增税一般会遭到公众的反对；减少政府购买可能会引起企业集团的反对；削减政府转移支付会遭到受益群体的反对。

（4）公众的行为可能会使财政政策的目标发生偏离（动态不一致）。如政府采取减税政策扩大总需求时，人们并不一定会把增加的收入用于增加支出，也可能转化为储蓄。

（5）非经济因素。财政政策的实施，还要受到政治因素的影响，如选举。

九、说明中央银行对货币供应量调节的主要手段。

中央银行对货币供应量进行调节的主要手段有三个：

1. 公开市场业务

公开市场业务是指中央银行在金融市场上卖出或买进有价证券。当中央银行需要增加货币供应量时，可利用公开市场上买入有价证券，增加商业银行的超额准备金，通过商业银行的货币创造功能，最终使得货币供应量多倍增加。相反，当中央银行需要减少货币供应量时，在公开市场上卖出有价证券。

2. 调整存款准备金率

当中央银行想减少货币供应量，可提高法定存款准备金率，商业银行的法定存款准备金增加，商业银行的贷款数量收缩，导致货币供应量减少。反之，降低法定存款准备金率，可增加货币供给。

3. 再贴现率政策

再贴现率是中央银行对商业银行及其他金融机构的放款利率。中央银行提高再贴现率，会提高商业银行向中央银行融资的成本，降低商业银行向中央银行的借款意愿，商业银行的准备金减少，从而货币供应量会减少。反之，央行降低再贴现率，商业银行的准备金增加，从而货币供应量会增加。

2003 年经济学综合（一）试题汇编及深度解析

一、辨析：垄断消除了竞争。

在自由竞争中生长起来的垄断，并不消除竞争，而是与竞争并存。在垄断统治之下，不仅自由竞争在一定程度上和一定范围内仍然存在，而且产生了由垄断造成的新形式的竞争，即垄断组织之间的竞争，垄断组织与非垄断组织的竞争以及垄断组织内部的竞争。

垄断条件下仍然存在竞争，原因在于：其一，竞争是商品经济的必然产物，只要存在商品经济，竞争就不可避免，垄断的出现并没有、也不可能消灭商品经济，所以也不能消除竞争。其二，"绝对的垄断"是不存在的，没有加入垄断组织的局外企业之间仍然存在竞争。其三，所有的垄断组织合并为一个统一的垄断组织是不可能的，因此，存在垄断组织与垄断组织之间的竞争以及垄断组织与非垄断组织之间的竞争。

垄断条件下的竞争出现了一些新的特点：其一，自由竞争时期，竞争的目标是获取平均利润或超额利润；在垄断时期，竞争的目的是为了获得高额垄断利润。其二，自由竞争时期，竞争的手段是靠改进技术，提高劳动生产率，降低成本来打败竞争对手；在垄断时期，竞争的手段更加多样化，除了上述经济手段外，垄断组织还凭借强大的经济实力和政治上的统治力量，采取各种强制手段、暴力手段来打败竞争对手。其三，在自由竞争时期，企业规模较小，力量单薄，彼此分散，这限制了竞争的激励程度；垄断时期，垄断企业势均力敌，竞争更为激烈，更具破坏性。其四，自由竞争时期，竞争的范围主要在国内；垄断时期，竞争的范围已由国内扩展到国外，而且由经济领域扩展到政治、军事和文化等领域。

总之，垄断并没有消除竞争，垄断从竞争中产生，反过来加剧了竞争。

二、简述产业资本连续循环的两个基本条件。

产业资本循环保持连续性必须具备以下两个基本条件：

1. 产业资本的三种职能形式在空间上具有并存性

产业资本的三种职能形式要按合理的比例在空间上并存，同时存在货币资本、生产资本和商品资本三种职能形式。一部分货币资本用于购买生产资料和劳动力，一部分作为生产资本投入生产过程，一部分作为商品资本以商品的形式在流通。只有这样，资本的三种职能形式才能有序更替，产业资本的循环才不会中断。

2. 产业资本三种循环形式在时间上具有继起性

当一部分资本进行货币资本循环，从货币资本到生产资本转化时，另一部分资本必须进行生产资本的循环，从生产资本转化为商品资本，第三部分资本必须同时进行商品资本循环，从商品资本转化为货币资本。每一种资本形式必须同时顺次地通过资本循环的三个阶段，依次改变它们的形式，最后又回到原来的形式上。如果没有这种继起性，其中任何一种资本循环发生停顿都会使整个产业资本循环中断。

产业资本的三种职能形式和三种循环形式的并存性和继起性是产业资本保持正常连续循环运动的必要条件，并存性和继起性是互为联系和互为条件的，没有并存性，就没有继起性。如果继起性受阻，并存性也无法实现。

三、简述市场经济的一般特征。

市场经济是指市场在资源配置中起基础性作用的经济。市场经济主体产权明晰、利益独立，平等受法律保护，在利益驱动下，自由进出市场，自由契约，各自承担相应权利和义务。

市场经济的一般特征包括以下四个方面：

（1）平等性。任何经济主体在进行市场交易时都是平等的，不管是个人、企业还是政府。参与市场交换的经济主体身份平等且进行平等交易。这是由价值规律决定的，市场交易遵循等价交换原则，不能用强制手段侵占他人的劳动成果，否则，就会破坏市场经济的秩序。

（2）竞争性。市场经济具有竞争性，经济主体在市场经济活动中公平竞争，优胜劣汰。市场竞争形成均衡价格，每位经济主体在市场价格的约束下追求利益最大化。市场竞争促使生产者改进技术和管理，提高生产率，市场竞争也促使消费者努力创造财富，且合理地配置自己的资源。

（3）法律性。自由市场、自由贸易、等价交易需要法律来界定产权和保护产权。法律保护市场契约的签订和履行，交易纠纷也需要法律来进行协调。因此，法律是市场有序运行的保障。

（4）开放性。市场交易与专业化分工相辅相成。资源禀赋的差异、专业化分工的差异决定了市场交易，每个经济主体都必须面向市场，保持开放性，这样，可以优化自身的资源配置，对个人、组织、政府、国家都是如此。封闭、自给自足的经济体，无法做到生产要素和商品的自由流动，无法做到资源的有效配置。

市场经济的一般特征是各种社会条件下市场经济的共性，通过市场有效地配置资源，在稀缺资源的约束下，进行市场竞争，优胜劣汰，实现社会财富的增进和社会发展的进步。

四、简述现阶段我国引进外资的主要形式和应当注意的问题。

现阶段，各国利用外资的形式灵活多样，如向外国借款和发放债券、外商直接投资（FDI）、境外上市、私募资金等。

我国利用外资的形式主要有两种：一是外国贷款，包括外国政府、国际金融机构和外国商业银行的贷款，出口信贷、民间商业贷款和发行国际债券等。外国贷款构成我方的对外债务，要用外汇或出口产品来偿还本金和利息。二是外商直接投资，包括中外合资经营企业、中外合作经营企业、中外合作开发资源企业、外商独资企业等。我方对这些外来投资一般不构成债务，不承担偿还义务，而是由参加合营的双方共负盈亏，共担风险。此外，我国还采用补偿贸易、来料加工、来件装配、国际租赁等形式利用外资。通常，在外国贷款和外商直接投资这两类形式中，一般更看重外商直接投资，尤其是兴办合资企业，除了可以解决资金不足，还可以调动外商生产经营的积极性，在不花费外汇的情况下引进先进技术、设备、管理经验，还可利用其销售渠道，将产品打入国际市场，赚取外汇。

为了合理吸收和利用外资，必须坚持以下重要原则：①吸收和利用外资，要根据我国经济发展的需要和偿还能力，以及国内资金、物资配套能力，量力而行，合理确定利用外资的规模、结构和流向。②必须有利于提高综合经济效益，利用外资要进行全面分析，对综合经济效益作出全面评价，然后作出正确决策。③必须维护国家主权和民族利益，拒绝一切不平等和奴役性条件，坚持平等互利原则。④充分发挥外资的作用，将引入的资源用在最需要的地方上，保证重点建设和现有企业的技术改造，以利于增强本国的经济实力和自力更生的能力。⑤改进投资环境，确保双方的经济权益，引进外资，必须努力改善投资环境，依法保护外商投资企业的权益，给予其"国民待遇"。

在开放经济条件下，外资的流入和流出、外汇市场的波动对国内金融系统存在非常大的影响。因此，必须加强对外资和外汇的管理：第一，要合理利用外资，加强对外汇的管理，注意外资结构的优化；第二，坚持有管理的浮动汇率与保持人民币币值的相对稳定相结合；第三，保持充足的外汇储备。

在积极引进和利用外资的同时，我国的对外资本交流适时地转向"走出去"的阶段，努力探索国外投资，兴办国际化企业。

五、试用 IS - LM 模型分析财政政策的效果。

IS - LM 模型如下图所示：

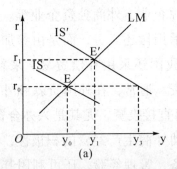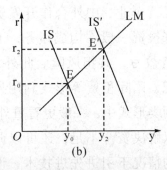

在 IS - LM 模型中，IS 曲线表示产品市场的均衡状态，LM 曲线表示货币市场的均衡状态。政府的财政政策直接影响到模型中的 IS 曲线。当政府采取扩张性财政政策时，IS 曲线向右移动，即（a）图中的 IS′，同时保持 LM 曲线位置不变，从图（a）中可知，扩张性财政政策导致利率升高，产出水平增加。但同时，财政政策会产生挤出效应，增加的财政支出部分被由于利率提高所导致的投资减少所抵消，因此，产出只能增加至 y_1，而非 y_3。

由（a）、（b）两图对比可知，产出提高程度还受 IS 曲线斜率的影响。当斜率较大时，如图（b）所示，同样规模的财政扩张政策会增加更多的产出。这是因为斜率受投资的利率系数影响，利率系数表示利率变动所引起的投资变动的大小。投资的利率系数越大，IS 曲线越平坦，此时扩张性财政政策导致的利率上升会挤出更多的私人投资，因此导致产出的增加较少。

财政政策的效果还受到 LM 曲线形状的影响，如图（c）所示，LM 曲线越平坦，扩张性财政政策带来的产出增加程度越大，LM 曲线越陡峭，扩张性财政政策所带来的产出增加程度越小。

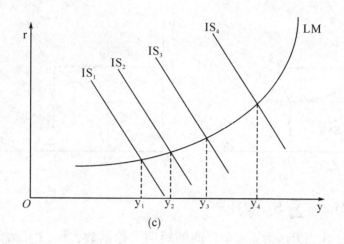

(c)

六、分析和说明竞争性厂商和行业的短期供给曲线。

竞争性厂商的短期供给曲线：

$\pi = py - c(y)$

利润最大化取一阶条件：$p - mc(y) = 0$

上式得出 p 与 y 之间的关系，就是竞争性厂商的短期供给曲线。

当厂商停止生产时，利润为 $-F$，

当厂商生产时，利润为 $py - F - Cv(y)$

当 $py - F - Cv(y) > -F$，厂商才会生产，才有供给。

也就是 $p > AVC(y)$

因此，完全竞争厂商的短期供给曲线是沿着边际成本向上，高于 AVC 的部分，在图（a）中，是沿着 SMC 向上，高于 E 点的部分。

在任何价格水平上，一个行业的供给量等于行业内所有厂商的供给量的总和。据此，假定生产要素的价格不变，则一个行业的短期供给曲线由该行业内所有厂商的短期供给曲线水平加总而得到。

厂商的短期供给曲线如图（a）所示，行业的短期供给曲线如图（b）所示。

我们可以将厂商的短期供给函数和行业的短期供给函数之间的关系用公式表示为：

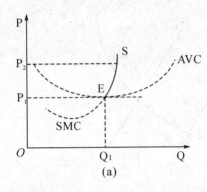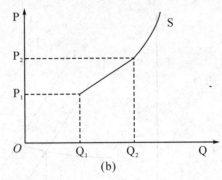

(a)　　　　　　　　　　(b)

$$S\ (P)\ =\sum S_i\ (P)$$

其中，$S_i\ (P)$ 为第 i 个厂商的短期供给函数；$S\ (P)$ 表示行业的短期供给函数。如果行业内的 n 个厂商具有相同的短期供给函数，则上式表示为：

$$S\ (P)\ =n\times S_i\ (P)$$

显然，完全竞争行业的短期供给曲线保持了完全竞争厂商的短期供给曲线的基本特征，也是向右上方倾斜的。

七、分析二部门经济中储蓄函数变动对均衡国民收入的影响。

计划投资等于计划储蓄，即 $i=y-c=s$，而储蓄函数为 $s=-\alpha+(1-\beta)y$。将此二式联立，解得均衡收入 $y=\ (\alpha+i)/(1-\beta)$。

储蓄曲线与投资曲线相交决定收入，如图所示。

当储蓄函数变化时，有两种基本情况：

第一种情况：α 变化会导致储蓄曲线上移或下移。令 i 不变，当 α 变大时，储蓄曲线下移，均衡时收入会增加；当 α 变小时，储蓄曲线上移，均衡时收入会减少。

第二种情况：α 不变，β 变化会导致储蓄曲线绕截距点转动。令 i 不变，当 β 变大时，储蓄曲线顺时针转动，均衡时收入会增加；当 β 变小时，储蓄曲线逆时针转动，均衡时收入会减少。

如果 α 和 β 同时变化，使储蓄曲线上移或逆时针转动，均衡时收入会减少；若 α 和 β 同时变化，使储蓄曲线下移或顺时针转动，均衡时收入会增加。

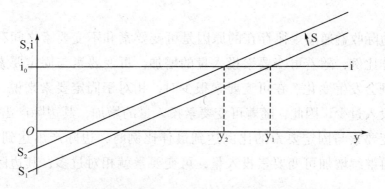

八、试说明由于规模不经济而形成的规模报酬递减和收益递减规律的异同。

两者的相同之处是都经历一个先增加后减小的过程，规模报酬从递增到不变再到递减。边际收益也从递增到不变再到递减。除此之外，两者的含义截然不同。

规模报酬递减指的是产量增加的比例小于各种生产要素增加的比例，即对任意的 $t > 0$，有 $f(tK, tL) < tf(K, L)$。

边际收益递减规律是指在其他条件不变的情况下，如果一种投入要素连续地等量增加，到了一定程度之后，所带来的边际产出会递减；准确地讲，随着投入要素不断增加，其边际产出是先增加后减小的。

规模报酬递减是从长期来看的，边际报酬递减是从短期来看的。在短期内厂商无法调整其生产规模，存在着固定成本与可变成本之分，随着可变成本的增加，会产生边际收益递减。

长时间内，厂商可以调整其生产规模，不存在固定成本一说，各生产要素的投入比例不变，仅仅是投入规模变了，其平均成本曲线是一条 U 型曲线，从规模收益递增到规模收益不变再到规模收益递减不断变化。

规模报酬递减的主要原因一方面是由于企业生产规模过大，使得生产的各个方面难以协调，管理成本剧增；另一方面是由于规模巨大的厂商投入要素的成本上升，使得平均成本上升，从而造成规模不经济。

边际收益递减规律存在的原因是可变要素和不变要素之间存在一个最佳比例，随着可变要素投入量的增加，可变要素与固定要素之间的比例会发生变化。在可变要素很少时，相对于固定要素来说，可变要素投入过少，因此，随着可变要素投入量的增加，其边际产出递增，当可变要素与固定要素的比例达到最佳比例时，边际产出达到最大。如果再继续增加可变要素投入量，可变要素就相对过多，其边际产出递减。

九、试分析马克思价值转型理论的基本内容。

价值经过了三个步骤转化为生产价格，具体分析如下：

1. 剩余价值转化为利润

资本主义企业生产的商品的价值包括三个部分：不变资本的价值（c）、可变资本的价值（v）和剩余价值（m），其中物化劳动耗费为c，活劳动耗费为v + m。对于资本家来说，生产商品所耗费的只是他的资本价值c + v，剩余价值m是资本家无偿获得的。因此，c + v构成商品的生产成本或成本价格。当不把剩余价值看做是雇佣工人剩余劳动的产物，而是把它看做是全部预付资本的产物或增加额时，剩余价值便转化为利润。这样，商品价值就转化为成本价格加利润。利润本质上是剩余价值，但在表象上表现为全部预付资本的产物，因此，价值转化为成本价格和利润，剩余价值转化为利润掩盖了资本主义的剥削关系。

2. 利润转化为平均利润

在现实经济中，各部门的资本家无论从事哪一种商品生产，都能够大体上获得与他们的资本量相应比例的利润，即同量资本应获得同量利润，各部门的利润率趋于平均。

平均利润的形成是部门之间竞争的结果。投资于不同生产部门的资本家为了获得更高的利润率，相互之间必然展开激烈的竞争。这种竞争的手段是进行资本转移，即把资本从利润率低的部门撤出，转移到利润率高的部门。这样，原先利润率高的部门由于大量资本的涌入，商品供过于求，价格就会下降，利润率也就相应下降；而原先利润率低的部门由于大量资本撤出，会发生相反的变化。这个资本转移的过程以及由此而来的价格和利润率的变动要持续到两个部门的利润率大体相当的时候才停止，这样便形成了平均利润。

3. 价值转化为生产价格

生产价格的形成是以平均利润率的形成为前提的，随着利润转化为平均利润，商品价值就转化为生产价格。生产价格 = 成本价格 + 平均利润。这样，在质的方面，生产价格只是同资本相联系，同活劳动没有联系，因为从生产价格的构成来看，生产成本是由耗费的资本构成的，平均利润也是按预付资本的比例分得的利润。在量的方面，生产价格和价值经常不一致。资本有机构成高的部门，其产品的生产价格高于价值；资本有机构成低的部门，其产品的生产价格低于价值；只有资本有机构成相当于社会平均资本有机构成的部门，其产品的生产价格正好同价值相等。

十、试分析我国社会保障制度存在的问题及其改革的目标取向。

社会保障制度是国家依据一定的法律和规定，对遇到疾病、生育、年老、死亡、失业、灾害或者其他风险的社会成员给予相应的经济的、物质的服务和帮助，以保证其基本正常生活需要的社会经济福利制度。社会保障制度包括社会保险、社会救助、社会福利等内容。

目前，我国已基本建立起了适应市场经济秩序的社会保障制度。一是完全由国家财政支撑的项目，包括对社会弱势群体的救助，对军人及军烈属的优抚安置，对无依无靠的孤老残幼、残疾人员的扶助；二是由用人单位、职工个人缴费，国家给予适当补助的三方共同筹资的项目，包括养老保险、医疗保险、失业保险、工伤保险和生育保险等，属于社会保险范畴。

社会保障制度的建立，对于保障公民的基本人权、维护社会稳定、发展社会主义市场经济、实现社会正义与公平等方面有着积极的作用。当前，我国社会保障制度还面临着许多问题，主要有：

（1）社会保障覆盖面还比较低，制约保障功能的发挥。目前，乡镇企业职工、进城农民工、城镇私营企业就业人员以及许多灵活就业人员大多没有参加社会保险，而这部分人员占从业人员的比例逐年增大。农村养老保障、医疗保障还有待建立或完善，住房保障也有待完善等。

（2）社会保障资金的筹措及管理尚不到位。这可能导致社保基金入不敷出。有些单位无法按时足额缴纳社会保险费用，拒缴率或欠缴率逐年上升，导致实缴率下降。同时，社保基金被非法挪用的案例也时常被媒体曝光。社保基金的理财管理水平也亟待提高。

（3）社会保障制度亟待加强立法规范。目前，我国社会保障主要是按国务院和相关部门的行政规章以及地方行政规章推行的，相关法律不明确、不健全。这带来了一些不良后果，社保基金收缴没有法律作后盾，欠缴现象日益严重。社会保障基金的运用也存在一定的随意性。

（4）社会保障还面临失业保障、城镇贫困人口保障、农村养老保障缺失等问题。我国正处在转型期，失业率增大，失业人口的保障面临越来越大的压力；随着物价上涨和收入差距拉大，城市贫困人口不断增多，目前最低生活保障制度的资金来源不足，保障的标准较低；农村养老体系仍需要建立和完善。

深化我国社会保障制度改革，加快建立覆盖城乡居民的社会保障体系，我国社会保障制度未来的目标取向应包括以下几个方面：

（1）扩大社会保障覆盖范围，逐步建立覆盖城乡所有劳动者的社会保障体系，这是我国社会保障制度建设的长期奋斗目标，也是实现社会保障制度公平性的必然要求。

（2）合理确定支付水平，使社会保障水平同经济发展水平相适应。我国是一个发展中国家，根据我国人口众多、年龄结构老龄化趋势加重、人均国内生产总值较低、未来社会保障负担沉重的现实情况，再考虑到国家层面上的社会保障资源严重不足、社会保障具有刚性、经济不景气时社会保障支出反而会急剧增长等情况，在扩大社会保障覆盖范围的同时，支付起点应相对降低一些，社会保障制度的受益者从整体上只能享受低层次的社会保障水平。低保障、广覆盖应成为我国社会保障制度的一项长期政策选择。

（3）针对国民保障需求的多元化，建立多样化的社会保障模式。我国应在借鉴国外先进经验的同时，注重结合自己的国力与国情，建立中国特色的社会保障模式。多样化的社会保障模式由多功能的社会救助体系和包括国家强制的最低水平的社会保险、由缴费决定或自愿购买的补充保险在内的多层次的社会保险体系构成。

（4）采取多种方式充实社会保障基金，加强基金监管，实现基金的保值增值。要实行多样化筹资模式，以部分积累制为主体，现收现付制和完全积累制并存，个人账户制、捐赠、发行彩票和可降低管理成本的志愿者服务等形式相结合，不断充实社会保障基金。要加强对社保基金的监督管理，保障社保基金安全，提高社保基金的专业管理水平，实现基金的保值增值。

（5）加强社会保障立法，形成法制化、规范化、高效化的社会保障运行管理体制。依法办事是完善社会保障制度的基本要求。社会保障制度的改革、运行、管理只有以法律为依据，才能公平、高效、健康地发展。

2003 年经济学综合（二）试题汇编及深度解析

一、辨析：商品经济就是市场经济。

商品经济和市场经济是既有联系又有区别的两个不同的概念，不能简单地说商品经济就是市场经济。

商品经济是以交换为目的，包含商品生产和商品交换的经济形式，与自然经济相对应。

市场经济是指市场在资源配置中起基础性作用的经济，与计划经济相对应。

商品经济和市场经济的联系在于商品经济是市场经济存在和发展的前提，没有商品经济也就没有市场经济；商品经济的发展分为两个阶段，简单商品经济和市场经济，前者是商品经济的初级形式，后者是社会化的商品经济，市场机制成为资源配置的基础性机制。

商品经济和市场经济也存在区别，商品经济侧重于商品生产和商品交换，社会分工是商品经济产生的前提。市场经济侧重于市场作为资源配置的主要方式。市场经济是商品经济发展到一定阶段的产物，是一种社会化的商品经济。市场经济是与计划经济相对应的一个概念，前者以市场作为配置资源的主要方式，后者以计划作为资源配置的主要方式。

二、为什么说商品是使用价值和价值的矛盾统一体。

商品是用来交换的劳动产品，商品包含使用价值和价值两个要素，是使用价值和价值的统一体。

使用价值是指物品或服务能够满足人们某种需要的属性，即物品和服务的有用性。使用价值是由物品的自然属性决定的。使用价值构成社会财富的物质内容。

价值是蕴涵在商品中的无差别的一般人类劳动的凝结。正是由于商品中含有价值这种共同的东西，商品才可以比较和按一定的比例进行交换。价值在质上是相同的，在量上是可以比较的。

任何有用物品都具有使用价值，但只有这种有用的物品作为商品时，它才具有价值，价值是商品的本质属性。

商品的使用价值和价值是统一的，互相依存、缺一不可。首先，价值以使用价值的存在为前提，使用价值是价值的物质载体。任何物品如果没有使用价值，就是无用之物，即使付出了劳动，也没有价值。其次，未经人类劳动创造的物品虽有使用价值，但没有价值，不能成为商品。第三，有些物品虽有使用价值，也是劳动产品，但不是为了交换，而是用于自己的消费或无偿提供给别人消费，这也不是商品。由此可见，任何商品必须同时具有使用价值和价值两个要素。

商品的使用价值和价值既是统一的，又是互相矛盾的，即相互对立、相互排斥的。主要表现在：第一，使用价值是商品的自然属性，价值是商品的社会属性，它体现商品生产者相互交换劳动的社会关系。第二，商品的使用价值和价值对于生产者和购买者来说，只能实现其中一种属性，不能同时兼得。第三，商品使用价值和价值的矛盾只有通过交换才能解决，在交换中，使用价值和价值进行相反的运动。

三、简述对外开放和自力更生的关系。

独立自主、自力更生是毛泽东同志提出的重要思想，是中国革命和建设的基本立足点。独立自主、自力更生就是要把我国革命和建设放在依靠自己力量的基础之上，坚持自己的民族自尊心和自信心，决不屈服于任何外来的压力，充分相信本国人民的力量，主要依靠自己的奋斗和努力发展革命和建设事业。

对外开放是我国的一项基本国策，党的十二届三中全会上正式把对外开放确立为长期的基本国策。对外开放思想是邓小平理论的重要组成部分，邓小平同志深刻反思我国近百年落后挨打的历史，多次指出："现在的世界是开放的世界。中国在西方国家产业革命以后变得落后了，一个重要原因就是闭关自守"；"十几年的经验教训告诉我们，关起门来搞建设是不行的，发展不起来"。对外开放不是权宜之计，不是短期的，"最少五十年到七十年不会变……即使是变，也只能变得更加开放"。

对外开放就是打开国门、走出去、引进来，在平等互利的基础上与世界各国各地区广泛开展经济交往，积极参与国际分工和国际竞争，摒除闭关自守、固步自封的建设发展思路。实行对外开放，发展对外经济关系，积极参与国际经济合作和竞争，充分利用国内和国际两种资源、两个市场，促进社会生产力的发展。通过对外开放，大胆吸引和借鉴人类社会创造的一切文明成果，包括技术、经营和管理方法在内的发达国家的一切先进生产方式。

独立自主、自力更生与对外开放是辩证统一的。①独立自主、自力更生是对外开放的立足点，我国是发展中的社会主义大国，拥有十多亿的人口和丰富的自然资源，具有广阔的国内市场和巨大的经济发展潜力。我国的经济制度和具体国情决定了经济建设的立足点必须坚定不移地放在依靠自己力量的基础上。②独立自主不是盲目排外，自力更生不是自我封闭，闭关自守，更不是保护落后，在独立自主、自力更生的基础上，也要对外开放，利用国外的资金和先进技术，学习和吸收国外一切对我们有益的文明成果和经验。对外开放是为了更好地发展，更快地增强我们独立自主、自力更生的能力。③自力更生地发展本国经济是对外开放的基础，只有经济实力和综合国力提高，才能扩大对外开放的深度和广度。④对外开放与自力更生两者都是为了更好更快地发展社会主义，二者是相辅相成，有机统一的。

四、什么是支持价格？举例分析支持价格的利弊。

支持价格是指政府为了扶植某一行业而规定的该行业产品的最低价格。如为了保护农民的利益，按支持价格收购粮食。这一价格高于市场自发形成的均衡价格。

支持价格是一种价格管制。好处在于可以实现一定的政策目标，如农业支持价格，可以扶持农业的发展，稳定农业生产，保障粮食供应；通过对不同农产品的支持价格政策，可以调整农业结构，使之适应市场需求的变动。可以促进农业投资，促进农业现代化的发展和劳动生产率的提高。

不利之处在于，在支持价格的作用下，供给大于需求，形成过剩的市场，这时，政府为了维持支持价格，必须购买过剩的量，一方面，需要财政资金，增加财政负担，另一方面，造成总的福利的损失。

五、短期个别厂商的供给曲线是如何形成的？它与短期市场供给曲线有何关系？

竞争性厂商的短期供给曲线：

$\pi = py - c(y)$

利润最大化取一阶条件：

$p - mc(y) = 0$

上式得出 p 与 y 之间的关系，就是竞争性厂商的短期供给曲线。

当厂商停止生产时，利润为 $-F$，

当厂商生产时，利润为 $py - F - Cv(y)$

当 $py - F - Cv(y) > -F$ 时，即 $p > Av(y)$ 时，厂商才会生产，才有供给。

因此，完全竞争厂商的短期供给曲线是沿着边际成本向上，高于 AVC 的部分，在图（a）中，是沿着 SMC 向上，高于 E 点的部分。

在任何价格水平上，一个行业的供给量等于行业内所有厂商的供给量的总和。据此，假定生产要素的价格不变，则一个行业的短期供给曲线由该行业内所有厂商的短期供给曲线水平加总而得到。

厂商的短期供给曲线如图（a）所示，行业的短期供给曲线如图（b）所示。

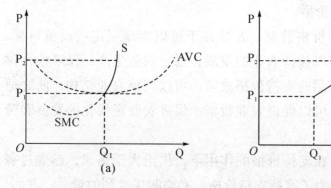

我们可以将厂商的短期供给函数和行业的短期供给函数之间的关系用公式表示为：

$$S(P) = \sum S_i(P)$$

其中，$S_i(P)$ 为第 i 个厂商的短期供给函数；$S(P)$ 表示行业的短期供给函数。如果行业内的 n 个厂商具有相同的短期供给函数，则上式表示为：

$$S(P) = n \cdot S_i(P)$$

显然，完全竞争行业的短期供给曲线保持了完全竞争厂商的短期供给曲线的基本特征，也是向右上方倾斜的。

在垄断、垄断竞争、寡头市场，都不存在有规律的厂商供给曲线。

六、在寡头市场结构中，粘性价格经常存在，用相关模型解释其原因。

在斯威齐模型中，如果一个寡头厂商提高价格，行业中的其他寡头厂商不会跟着提高价格，因而提价的寡头厂商销售量的减少是很多的；如果一个寡头厂商降低价格，行业中的其他寡头厂商会将价格下降到相同水平，以避免销售份额的减少，因而该寡头厂商销售量的增加是有限的。因此，寡头厂商面临弯折的需求曲线，从 B_1 点出发，提价所面临的需求曲线是 AB_1，降价所面临的需求曲线是 B_1A_1，这两段共同构成该寡头厂商的需求曲线 AB_1A_1。

弯折的需求曲线面临间断的边际收益曲线，AB_1 这一段需求曲线对应的边际收益曲线是 AE_1，B_1A_1 这一段需求曲线对应的边际收益曲线是 E_2A_2，两段边际收益曲线形成一段垂直的间断部分。

利用间断的边际收益曲线，可以解释寡头市场上的价格刚性现象。只要边际成本的变动不超出垂直间断范围，由 $MR = MC$ 可知，寡头厂商的均衡价格和均衡数量都不会发生变化，固定在 P_0 和 Q_0。

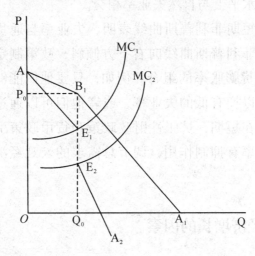

七、作出短期菲利普斯曲线，分析其政策含义。

短期菲利普斯曲线是指预期通货膨胀率保持不变时，表示通货膨胀率与失业率之间关系的曲线。

$(\pi - \pi^e) = -\varepsilon (u - u^*)$，$\pi^e$ 为预期通货膨胀率，u^* 为自然失业率，π 为通货膨胀率，u 为失业率。

$\pi = \pi^e - \varepsilon (u - u^*)$，短期菲利普斯曲线如图所示。

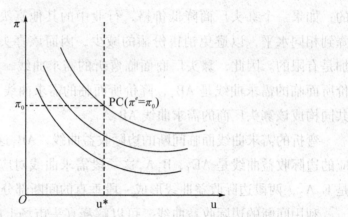

短期菲利普斯曲线有一个重要性质，当实际通货膨胀等于预期通货膨胀时，失业等于自然失业率水平。这意味着，短期菲利普斯曲线在预期通货膨胀水平上与自然失业率相交。

附加预期的短期菲利普斯曲线表明，失业率与通货膨胀之间存在替代关系，短期菲利普斯曲线向右下方倾斜，政策制定者可以选择不同的失业率和通货膨胀率的组合。例如，只要他们能够容忍高通货膨胀率，他们就可以拥有低的失业率，或者他们可以通过高失业来维持低通货膨胀率。在短期，扩张性财政政策和货币政策引起通货膨胀率上升，将对失业率有抑制作用，调节总需求的宏观经济政策在短期内有效。

八、分析经济增长的因素。

经济增长是指一个国家或地区产出的增加，产出可以是经济的总产出，也可以是人均产出。影响经济增长的因素很多，美国经济学家丹尼森把经济增长因素分为两类，生产要素投入量和生产要素生产率。

生产要素投入量因素主要有：劳动投入量、资本投入量和土地投入量。

生产要素生产率的影响因素包括：资源配置状况、规模经济、知识进展和其他。

丹尼森认为，知识进展是发达资本主义国家最为重要的增长因素，包括技术进步、管理知识的进步，以及由此带来的结构变化和设备创新。

根据索洛对经济增长的核算，决定经济增长的因素是技术进步、资本形成和劳动投入。因此，鼓励技术进步是经济增长的因素，如研发、专利制度、教育。鼓励资本形成也是经济增长的因素，如鼓励储蓄和投资。增加劳动供给也是经济增长的因素，如人口增长，通过教育和培训促进人力资本形成。

诺贝尔经济学奖得主诺思认为合理的制度也是影响经济增长的因素。

九、试分析资本循环和资本周转研究的侧重点以及二者的内在联系。

资本循环是指产业资本的循环运动，产业资本依次经过购买阶段、生产阶段和售卖阶段，相应地采取货币资本、生产资本、商品资本三种职能形式，实现价值增值，最后又回到原来的出发点。资本循环的全过程，可用公式表示如下：

$$G—W（A、Pm）\cdots P\cdots W'—G'$$

同一产业资本在循环的不同阶段采取不同的职能形式，服从生产和实现剩余价值的目的。货币资本的职能是为生产剩余价值准备条件，生产资本的职能是生产剩余价值，商品资本的职能是实现剩余价值。产业资本循环是生产过程和流通过程的统一，起决定作用的是生产过程，但又不能没有流通过程。

因为是连续的循环运动，每种职能形式都要经过循环的三个阶段又回到出发点，因此，产业资本循环又有货币资本循环、生产资本循环和商品资本循环三种不同的循环形式。

资本周转是指为了实现资本的不断增值，资本循环要不断地周而复始地重复进行。产业资本周而复始的循环运动，就是资本周转。考察资本周转的目的是为了说明资本周转速度对剩余价值生产的影响。

资本周转速度可以用周转时间和周转次数来表示。资本周转的时间是指预付资本以一定形式为起点，到它带着价值增值回到出发点所经历的时间，周转时间包括生产时间和流通时间。资本周转时间的长短反映资本周转的速度。一年内资本周转的次数越多，周转的速度越快。

资本循环和资本周转是两个既有联系又有区别的概念，两者的联系在于：二者都是资本运动形式，都是生产过程和流通过程的统一，都是为了实现价值增值。资本循环是资本周转的基础，没有资本的循环就没资本的周转，资本完成一次循环，也就完成一次周转，资本循环一次的时间同时也是资本周转一次的时间。

两者的区别在于：资本循环是产业资本从一定的职能出发，并回到原来出发点的全部运动过程；而资本周转是指不断重复进行的资本循环运动。

考察资本循环的侧重点是研究资本循环运动连续进行的条件。考察资本周转，则主要是研究资本的运动速度及资本周转速度对剩余价值生产的影响。

十、试论坚持公有制为主体与发展非公有制经济的相互关系。

所谓公有制，是指一个社会群体（一个社会的全体成员或部分成员）共同占有生产资料的所有制形式。社会主义公有制是生产资料归社会主义国家的全体或部分劳动者共同占有和支配的一种新型的所有制。实行社会主义公有制有利于社会化大生产的进行，有利于保证劳动者在生产资料占有上地位的平等，有利于劳动者之间在社会生产和生活中结成新型的互助合作关系，有利于保证社会生产目的和劳动成果分配的社会主义性质，是社会主义生产发展的基础，是全体劳动人民物质文化生活不断提高的基本条件。

在我国社会主义初级阶段，除了公有制经济之外，个体、私营等各种形式的非公有制经济也是社会主义市场经济的重要组成部分。非公有制经济产权清晰，机制比较灵活，能及时适应市场需要进行生产，有较好的经济效益，因而具有较强的竞争力和创造力，对采用先进技术，提高劳动生产率，促进生产力发展有着积极作用。非公有制经济的发展，对于发展社会生产力，增强综合国力，创造就业机会，提高人民生活水平，都有重要作用。

以公有制为主体，多种所有制经济共同发展，是我国社会主义初级阶段的基本经济制度。既要积极发展和壮大公有制经济，又要鼓励和支持非公有制经济的发展。这是由我国社会主义初级阶段的国情决定的：第一，我国是社会主义国家，必须坚持公有制作为社会主义经济制度的基础。第二，我国处于社会主义初级阶段，生产力发展不平衡，多层次，为与之相适应，需要发展多种所有制经济。我国公有制经济只能在经济中占主体地位，不能成为社会经济的唯一形式。这就需要多种所有制经济共同发展，以促进生产力的迅速提高。第三，以公有制经济为主体，多种所有制经济共同存在、共同发展已成为我国现实经济中客观存在的事实。实践证明，这种所有制结构的变化有利于社会生产力的发展，有利于增强综合国力，有利于提高人民生活水平。

坚持和完善公有制为主体，多种所有制经济共同发展的经济制度，要做到：第一，必须毫不动摇地巩固和发展公有制经济。第二，必须毫不动摇地鼓励、支持和引导非公有制经济发展。第三，坚持公有制为主体，促进非公有制经济发展，统一于社会主义现代化建设进程中，不能把两者对立起来。

社会主义公有制有多种实现形式，不仅包括全民所有制和集体所有制，还包括混合所有制中的国有经济成分和集体经济成分。公有制的实现形式可以而且应当多样化，一切反映社会化生产规律的经营方式和组织形式都可以利用。

坚持公有制的主体地位，并不意味着以国有经济为主体，也不意味着公有制经济在整个经济中的比重越大越好。公有制的主体地位，主要体现在两个方面：一是公有资产在社会总资产中占优势；二是国有经济控制国民经济的命脉，对经济发展起主导作用。而国有经济的主导作用也主要体现在控制力上。所以，坚持以公有制为主体，关键是要提高公有制经济的整体质量，提高公有经济的控制力和竞争力。这样才能够真正发挥公有制经济的优越性。对关系国民经济命脉的行业和关键领域，国有经济必须占支配地位。在其他领域，可以通过资产重组和结构调整，国有经济比重减少一些，不会影响我国的社会主义性质。

非公有制经济在与一定生产力相适应的条件下，都有各自的优点。非公有制经济是社会主义市场经济的重要组成部分，是公有制经济的有益补充。公有制经济和非公有制经济分别是主体、主导部分和辅助、补充部分的地位和作用，各得其所，互相配合，非公有制经济的存在和发展，非但不会改变我国社会主义经济的基本性质，它们同公有制经济之间还可以互为补充，互相学习，互惠互利，取长补短，共同提高，也可以互相竞争，互相激励，发挥各自的优势。这些都有利于改进整个社会的生产技术和经营管理，促进生产力的提高和社会繁荣发展。

2004 年经济学综合（一）
试题汇编及深度解析

一、辨析：资本集中是资本积聚的结果。

此说法不正确。

资本积聚是指单个资本依靠剩余价值的资本化来增大资本总额。资本积聚是伴随着资本积累进行的，是资本积累的直接结果，而资本积累是资本积聚的重要条件。

资本集中是指若干中小资本合并成一个较大的资本来增大资本总额，是由许多分散的中小资本通过合并而转变为少数大资本的过程。资本集中的途径有：并购、联合和发行股票。

资本积聚和资本集中有密切的联系，随着资本积聚不断进行，在竞争中更有能力吞并小资本，使资本集中加快。资本集中速度加快之后，反过来加速资本积聚，因为资本集中之后，更有条件采用先进技术，获得更多的剩余价值。

资本积聚和资本集中是有区别的，资本积聚以剩余价值的积累为前提，通过剩余价值的资本化来使资本增大，资本集中不以资本积累为必要的前提，不会使总资本增大，只是在原有资本家之间重新分配和组合。

可以这样说，资本集中的最终源泉是资本积累和资本积聚。但具体到某一资本集中的实例，则并不是资本积聚的结果，而是通过竞争和信用等杠杆并购、联合和股权操作的结果。通过资本积聚方式扩大资本规模，一般速度较慢，而资本集中则可以用很快的速度实现资本规模的扩大。

二、如何理解固定资产更新是经济危机的物质基础。

固定资本更新是指用新的先进的固定资本去替换旧的落后的固定资本。

固定资本的更新是资本主义经济危机周期性发生的物质基础。

首先，固定资本的大规模更新为暂时摆脱危机、促进复苏和高涨阶段的到来准备了物质条件。在危机和萧条时期，资本家为了摆脱危机和应付未来竞争，要通过大规模地更新其固定资本，以提高生产的技术水平和劳动生产率。萧条阶段的商品价格普遍低廉，为资本家大规模更新固定资本提供了契机。这样，会带动生产资料部门的恢复和扩张。第一部类的复苏，带来工人就业和收入提高，又会刺激第二部类的复苏。于是经济从危机和萧条走向复苏和高涨。

其次，固定资本的大规模更新，在推动生产增长的同时，又为下一次危机的到来准备了物质条件。固定资本的大规模更新使社会生产力提高到一个新的水平，加速了社会生产无限扩大的趋势。固定资本大规模更新使资本积累水平和资本有机构成进一步提高，这会导致相对过剩人口的增加，劳动者有支付能力的需求相对缩小。这样，生产无限扩大的趋势和劳动者有支付能力的需求相对缩小的矛盾，使资本主义基本矛盾进一步激化，为下一次经济危机的爆发奠定了物质基础。

再次，经济危机的周期是基于固定资本自然损耗所形成的周期。资本主义的一次经济危机结束到下一次经济危机开始的周期也就是大规模固定资本更新的周期。

固定资本更新只是周期性经济危机的物质基础，而不是经济危机周期性爆发的根本原因。经济危机是资本主义的基本矛盾决定的，即资本主义生产的社会化和生产资料资本主义私人占有制之间的矛盾。

三、简述宏观调控的两个重点。

宏观调控是指政府作为经济调节的主体，运用一定的调节方式和手段，把微观经济活动纳入符合宏观经济发展所要求的状态，以引导一定的经济运行方向的行为和过程。

宏观调控的基本目标是社会总供求平衡，具体而言有四大目标，即充分就业、物价稳定、经济增长、国际收支平衡。

宏观调控的方式包括直接调控方式和间接调控方式。前者通过行政手段、计划手段直接配置资源，直接干预微观经济运行，以达到调控目的，在计划经济体制下，一般采用直接调控方式。间接调控方式指政府综合运用多种手段调节市场运行，通过市场影响和引导微观经济行为，从而达到某种宏观调控目的，市场经济体制下，以间接调控方式为主。

宏观调控的手段主要有：计划手段、经济手段、法律手段和行政手段。经济手段主要是通过宏观经济政策来实施的，包括财政政策、货币政策、产业政策、外贸政策、汇率政策、收入分配政策等等。

在当前形势下，我国宏观调控的两个重点是：稳增长，调结构。

四、简述可持续发展战略的基本内容。

可持续发展战略是指实现可持续发展的行动计划和纲领。联合国世界环境与发展委员会的报告《我们共同的未来》把可持续发展定义为"既满足当代人的需要，又不对后代人满足其需要的能力构成危害的发展"，可持续发展的核心思想是经济发展、保护资源和保护生态环境协调一致；强调经济发展要健康，不能以浪费资源和破坏环境为代价，不对后代人的生存和发展构成威胁。1994 年 7 月，国务院审议通过《中国 21 世纪议程》，批准我国实施可持续发展战略。

我国实施可持续发展战略，推动经济社会和人口资源环境的持续协调发展，努力实现经济持续发展、社会全面进步、资源永续利用、环境不断改善和生态良性循环的协调统一。

第一，转变经济增长方式，走新型发展道路。

第二，实行计划生育政策，促进优生优育。

第三，合理开发和节约使用各种自然资源。

第四，全面推进生态环境保护和治理。

第五，强化城乡污染治理。

第六，增加全民环境保护意识，提高可持续发展能力。

第七，发展低碳经济，促进社会可持续发展。

五、试以商品内在矛盾外在化分析货币的起源。

商品的内在矛盾是指商品的价值与使用价值的矛盾。对于商品生产者而言，生产商品是为了取得价值，而消费者关心的则是商品的使用价值。商品的使用价值和价值对于生产者和购买者来说，只能实现其中一种属性，不能同时两者兼而有之。商品的使用价值和价值的矛盾只有通过交换才能解决。一旦交换不成功，生产者生产的商品的价值就不能实现，消费者也无法获得商品的使用价值。

商品的价值不能自我表现，必须在交换中通过另一种商品表现出来。因此，商品价值必然要有价值表现形式，即价值形式。价值形式随着商品交换的发展而发展，经历了简单的（个别的、偶然的）价值形式，总和的（扩大的）价值形式，一般价值形式，最后发展为货币形式。

（1）简单的价值形式是指一种商品的价值个别的、偶然的表现在和它相交换的另一种商品上，是价值形式发展的最初阶段。

（2）总和的或扩大的价值形式是指一种商品的价值表现在一系列商品上。在扩大的价值形式上，一种商品的价值不是偶然表现在另一种商品上，而是经常表现在一系列商品上。作为等价形式的已经不是一种商品，而是一系列的特殊等价物。

（3）一般价值形式是指一切商品的价值都可以由某种商品来表现。这种商品从许多商品中分离出来成为一般等价物，人们可以用它来作为商品交换的媒介。一般价值形式的出现是价值形式发生了质的飞跃，这时，商品的交换由物物直接交换变为以一般等价物为媒介的间接交换。商品生产者只要将自己的产品换成一般等价物，他的劳动就得到了社会的承认，可以用它来换取自己需要的任何商品。

（4）货币形式，当某种商品（如金，银）固定地充当一般等价物时，这种商品就成了货币，这种价值形式就是货币形式。货币形式与一般价值形式并没有本质的区别，唯一的区别只是一般等价物固定于金银上。因为金银的自然属性最适宜充当货币材料。

货币的出现是商品交换发展过程中自发形成的产物，是商品内在矛盾发展的结果。货币的出现使商品的内在矛盾外在化了。内在于商品中的使用价值和价值、具体劳动和抽象劳动、私人劳动和社会劳动的矛盾，在简单价值形式中表现为商品与商品的外部对立，现在发展为商品与货币的外部对立。整个商品世界划分为两极：一极是各种各样的具有使用价值的商品，另一极是货币。如果商品通过交换转换成货币，商品的内在矛盾就得到了解决，商品的价值得到了实现。

六、试论当前完善市场体系过程中如何建立社会信用制度。

信用指的是借贷行为，是以偿还付息为条件的价值运动的特殊形式，如赊销商品、借贷货币，买方或借方要按约定日期偿还并支付利息。因此，信用是定期的以偿还为条件的单方面价值转让运动。

随着市场经济的发展，信用活动日益频繁，信用渗透到再生产过程的各个环节。根据信用主体的不同分类，信用可分为商业信用、银行信用、国家信用、消费信用等。

信用促进了市场经济的发展，其积极功能表现在：①信用可以增加投资机会，促进资本的自由转移，推动资源的优化配置。②信任可加速资本的积聚和集中，扩大投资规模，使大企业得以迅速建立和发展。③信用可以加快商品流转的速度，节省流通费用。④信用可以给居民提供新的投资渠道和金融资产的持有方式，可以使家庭形成合理的消费安排。⑤信用可以调节国民经济运行，通过信用工具对宏观经济与微观经济主体进行适时的干预。可见，信用制度把集中起来的闲置资本借给资本需要者，投入生产经营活动，信用杠杆极大地推动社会经济的发展，成为经济发展的引擎之一。

建立社会信用制度，有以下几个方面的内容：

（1）要发展银行等金融机构，商业信用、银行信用、国家信用、消费信用等信用活动都离不开银行等金融机构。

（2）发展股份公司，发展证券市场。

（3）建立良好的社会信用环境。良好的社会信用环境是建立在完善的制度保障基础上的。信用保障制度是以信誉记录与公示为手段，鼓励诚实守信和规范交易行为，具有高度自律性的行为制约和激励制度。这种制度基于对不守信和不规范行为进行惩罚。

中国转型时期诚信缺失、信任破坏，信用也遭受破坏，建立与完善信用保障制度，显得日益迫切和重要。加强以诚实守信为核心的信用管理，建立企业和个人的信用记录与征信制度等十分重要。

（1）加快建立国家信用管理体系。包括立法、信用设施建设、征信制度建设、协调开放数据、建立统一的信用信息检索平台等。

（2）建立覆盖全社会的征信机构。收集个人和企业的信用信息，并供检索。

（3）鼓励中间组织发展，如行会、商会、俱乐部等。在这些熟人社群，多边声誉机制可以抑制失信行为。

（4）完善法律，奖励诚信、惩罚失信。

（5）企业加强信用风险管理。通过信用风险评价，防范信用风险；加强自我信用控制能力，防范自身的失信。

（6）尽快建立个人信用制度，构造微观信用基础。要建立个人信用账户，形成个人信用档案数据库。基于立法，收集、提供个人信用信息。

七、运用无差异曲线分析法分析个人的最优储蓄决策，并说明利率对储蓄的影响。

消费者的跨期选择行为函数是：

Max U = U（C₁，C₂）

s. t.（1 + r）c₁ + c₂ =（1 + r）m₁ + m₂

预算线与居民的无差异曲线的切点（C₁*，C₂*）为最优选择点。
图形如下：

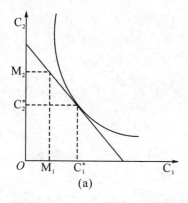 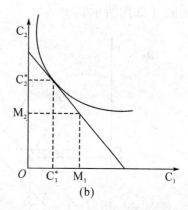

其中，（M₁，M₂）为禀赋点，图（a）中，C₁* > M₁，表明第一期是贷款者，借入 C₁* - M₁。图（b）中，C₁* < M₁，表明第一期是储蓄者。

利率变化对储蓄的总效应可以分解为替代效应和收入效应。替代效应是指利率提高会导致人们消费的机会成本上升，从而使人们减少当前消费，增加储蓄。收入效应是指利率提高会导致人们储蓄收益增加，从而增加人们的总收入，人们可能减少当前储蓄，增加消费。

利率提高时，替代效应使储蓄增加，但收入效应使储蓄减少，总效应视替代效应和收入效应的相对大小而定：

①若利率提高时，替代效应大于收入效应，人们会增加储蓄。

②若利率提高时，收入效应大于替代效应，人们会减少储蓄。

③若利率提高时，收入效应等于替代效应，人们储蓄不变。

总之，利率变化对储蓄的影响是不确定的。

八、技术进步是 20 世纪 90 年代美国第三次世界大战后持续时间最长的经济增长的根本原因。试运用 AD—AS 模型分析说明美国在 20 世纪 90 年代的经济增长。

20 世纪 90 年代，美国的技术进步使总供给持续增加，表现在 AD—AS 模型中就是总供给 AS 曲线右移。在总需求和总供给的共同作用下，产出不断增加，而价格则上升有限。在经济表现上就是高增长，低通胀（如图所示）。

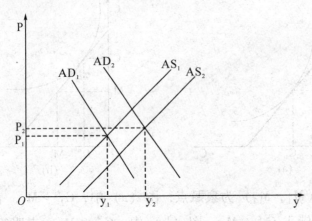

如图所示，技术进步使总供给曲线从 AS_1 移动到 AS_2，在总需求从 AD_1 增加到 AD_2 时，产出增加较多，从 Y_1 增加到 Y_2，价格上升较小，从 P_1 上升到 P_2。

九、垄断造成的低效率表现在哪些方面？为什么垄断没有实现经济效率？

垄断会造成低效率（如图所示）。

垄断厂商是理性的，追求利润最大化，要满足 MR = MC。这时，垄断产量为 Q_m，垄断价格为 P_m。

竞争时，$P^* = MC$，产量在 Q^*，竞争是帕累托有效的，总剩余达到最大化。

显然，和竞争时相比，垄断表现为低产量，高价格。

垄断均衡时，$P_m > MC$，在 Q_m 到 Q^* 这一段产量都存在 $P_m > MC$，若生产的话，都会带来剩余。垄断厂商不愿意生产这段产量，表明 abc 区域的剩余被损失掉了，这就是垄断造成的无谓损失。

除了福利损失之外，垄断厂商缺乏竞争的压力，会造成管理松懈，成本效率低下，研发动力不足，服务不到位，滋生腐败和寻租等低效率行为。

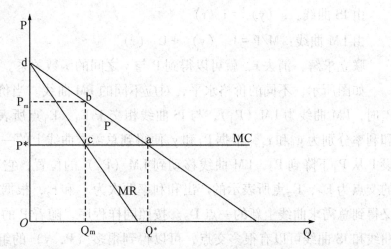

垄断厂商之所以没有实现经济效率，是因为利润最大化的产量是 Q_m，他不愿意生产超过 Q_m 的产量，他若把产量增加到 Q^*，他的利润将减少。因为在 P^* 这个价格上，所有单位的价格都下降了，包括原来可以按 P_m 出售的部分。

垄断者可以实施价格歧视，Q_m 以前的产量定价为 P_m，多生产 Q_m 到 Q^* 的产量，定价界于 P 与 MC 之间，可以带来帕累托改进，但垄断厂商和消费者之间就剩余（$P - MC$）的分配往往难以形成统一的意见。

十、总需求主要包括哪些内容？为什么总需求曲线也是负相关的？

总需求包括：消费需求、投资需求、政府需求和国外需求。

总需求曲线描述需求总量与价格水平之间的关系。总需求曲线可以从 IS－LM 模型推导出来。

总需求曲线反映的是产品市场和货币市场同时处于均衡时，产出水平与价格水平之间的关系。

由 IS 曲线：$s(y) = i(r)$

由 LM 曲线：$M/P = L_1(y) + L_2(r)$

联立求解，消去 r，就可以得到 P 与 y 之间的函数关系。

如图所示，不同的价格水平，对应不同的 LM 曲线。当价格水平为 P_1 时，LM 曲线为 LM（P_1），与 IS 曲线相交于 E_1，E_1 点所表示的产出和利率分别为 y_1 和 r_1，根据 P_1 和 y_1 便得到总需求曲线上的一点 D_1。假设 P 从 P_1 下降到 P_2，LM 曲线移动到 LM（P_2）的位置，它与 IS 曲线的交点为 E_2，E_2 点所表示的产出和利率顺次为 y_2 和 r_2，根据 P_2 和 y_2 便又得到总需求曲线上新的一点 D_2。按照同样程序，随着 P 的变化，LM 曲线和 IS 曲线可以有很多交点，可以得到很多（P，y）的组合点，这些点连起来就得到 AD 曲线。

总需求曲线是负相关的，向右下方倾斜，价格越高，需求总量越小。原因是价格提高，货币需求增加，若货币供给不变，则利率上升，会导致投资需求减少，导致总需求下降。反之，价格降低，货币需求减少，若货币供给不变，利率下降，导致投资需求增加，从而总需求上升。

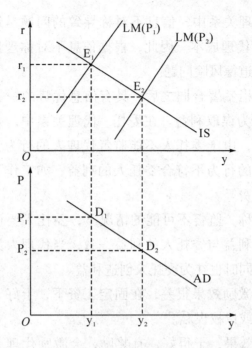

十一、运用信息不对称理论分析国有企业改革的难点，并说明固定工资、奖金和期权等报酬制度在激励效果上的差异。

20 世纪 90 年代初期，中国开始了国有企业改革，国有企业改革的核心是要改造国有企业的治理结构、降低代理成本。

国有企业产权并不明晰，名义上是全民所有，但真正的所有者却是缺位的，没有一个真正的主体对国有资产负责，国有企业实际控制权掌握在国企经营者手里，形成内部人控制。

我国的国有资产一直实行"国家所有、分级管理"的体制，国有资产由各级国有资产管理部门代表国家进行具体管理。国有资产管理部门作为全民的代理人来监管和控制国有资产时，不仅激励不足，而且缺乏对称的信息。

国有企业的管理级次一般较长，有的企业从上到下有十多级，子公司下又有子公司，分公司还开设分公司，这样，就加剧了国有资产管理部门同国企经理人的信息不对称程度。

在委托—代理关系中，信息不对称导致的问题是道德风险，这会增加国有企业的代理成本。因此，根据信息不对称理论，我国国有企业改革的难点是道德风险问题。

道德风险是指签署合同之后，具有信息优势的一方利用信息优势行使机会主义行为谋取利益。在委托—代理关系中，委托人和代理人的利益并不一致，由于委托人不能监督代理人的行为，在信息不对称情况下，代理人的行为不符合委托人的利益，如工作不努力、谋取私利、过多职务消费等。

在信息不对称，监督不可能的情况下，委托人要设计一些激励机制，让代理人的利益与委托人的利益一致，当代理人为自己的利益而采取行动时，他同时也在为委托人创造利益。

固定工资的激励效果很差，在固定工资下，干好干坏一个样，代理人肯定会偷懒或以权谋私。

奖金有激励效果，干得好，有奖励，会激励代理人好好干。若存在奖励好结果，惩罚坏结果时，激励效果则更好。

股票期权对代理人有激励作用，如果代理人经营得好，公司股票价格不断上涨，那么股票期权将给代理人带来利益回报。股票期权在行权后，代理人购买了公司的股票，就成了公司的股东，也成了公司的所有者，从而和委托人的利益一致了。

2004 年经济学综合（二）试题汇编及深度解析

一、辨析：商品的价格和价值偏离违背了价值规律。

这种说法是错误的。

价值规律是指商品的价值量由生产商品的社会必要劳动时间决定，并以此为基础进行等价交换。

市场上，价格波动，出现偏离价值的现象。一方面是因为货币价值会发生变化；另一方面是因为价格受供求关系变动的影响。

商品价格与价值偏离的现象，并不是对价值规律的否定，而是价值规律作用的表现形式。这是因为：第一，商品价格围绕价值上下波动，始终是以价值为基础的；第二，从商品交换的较长时间看，同一种商品的价格，时而高于价值，时而低于价值，其价格涨落会相互抵消，因而它的平均价格同价值还是一致的；第三，价格变动会影响供求关系，在价格的不断波动中，使供求趋于平衡，从而使价格接近于价值。

由此可见，价格背离价值，价格围绕价值上下波动，并不是对价值规律的否定，而是价值规律发生作用的表现形式。

二、简述社会总资本简单再生产的实现条件及其派生公式的经济含义。

社会总资本简单再生产的基本实现条件为：

$$I(v + m) = IIc$$

第Ⅰ部类新创造的价值是可变资本和剩余价值之和，必须等于第Ⅱ部类所消耗的生产资料。这个条件表明，在简单再生产条件下，两大部类之间存在互为条件、密切联系的内在关系，第Ⅰ部类提供给第Ⅱ部类的生产资料和第Ⅱ部类对生产资料的需求之间必须保持一定的比例关系。第Ⅱ部类提供给第Ⅰ部类的消费资料和第Ⅰ部类对消费资料的需求之间，也必须保持一定的比例关系。

由上述基本实现条件可派生出另两个条件：

（1）消费资料生产方面：

$$Ⅱ(c + v + m) = Ⅰ(v + m) + Ⅱ(v + m)$$

第Ⅱ部类消费资料的生产必须等于两大部类的可变资本和剩余价值的总和。这说明，第Ⅱ部类生产的消费资料同两大部类工人和资本家对消费资料的需求之间必须保持比例关系。

（2）生产资料生产方面：

$$Ⅰ(c + v + m) = Ⅰ(c) + Ⅱ(c)$$

第Ⅰ部类生产的生产资料价值必须等于两大部类消耗的不变资本价值之和。这说明，第Ⅰ部类生产的生产资料同两大部类对生产资料的需求之间必须保持比例关系。

基于简单再生产下社会总产品的实现条件，可以得出结论：社会生产和社会消费之间、生产资料生产和生产资料消耗之间、消费资料生产与消费资料需要之间必须保持一定的比例关系。只有这样，生产才能协调发展。

三、简述我国现阶段发展和完善劳动力市场的重要意义。

社会主义市场经济的有序运行，离不开市场体系。社会主义市场体系是诸多市场构成的有机统一体。按市场客体划分，有一般商品市场和要素市场。其中，生产要素市场包括土地市场、劳动力市场、技术市场、金融市场、信息市场等。

劳动力市场是交换劳动力的场所，劳动力供给者与劳动力需求方进行市场交易，通过市场配置劳动力资源。我国现阶段发展和完善劳动力市场，具有十分重要的意义。

（1）发展和完善劳动力市场是社会主义市场经济的需要。劳动力市场作为生产要素市场之一，是我国现代市场体系的重要组成部分。在劳动力资源配置上要充分发挥市场调节的作用。

（2）发展和完善劳动力市场是深化人事制度改革的需要。我国传统的人事制度存在许多缺陷，如管理权限过度集中，人事安排按计划统包统分，劳动力资源难以流动，发展和完善劳动力市场有利于提高劳动力资源配置的效率。

（3）我国劳动力资源丰富，农村剩余劳动力、大中专毕业生、国有企业下岗分流人员都进入劳动力市场，在相当长时间内，我国劳动力市场出现供大于求的局面，这需要发展和完善劳动力市场为他们寻找工作岗位提供便利，劳动力市场为这些劳动力和人才资源的合理流动创造条件，开通渠道，提供信息，提供服务等。

（4）劳动力市场有序地为劳动力需求方输送劳动后备军，为用人单位提供人才招聘所需要的各种渠道和信息。

建立劳动力市场是社会主义市场经济条件下，实现人力资源优化配置的有效手段，劳动力市场的作用在调节劳动力的供求关系，实现劳动力的合理配置，既为劳动力供给方解决就业，也为劳动力需求方解决人才的需要。

四、谈谈劳动价值论在当前的深化与发展。

劳动价值论认为价值是凝结在商品中的无差别的人类劳动，即由抽象劳动所凝结。物品的有用性使物品具有使用价值，使用价值构成财富的物质内容，同时又是交换价值的物质承担者。劳动是价值的唯一源泉，但劳动并不是它所生产的使用价值即物质财富的唯一源泉，劳动是财富之父，土地是财富之母。

新时代出现了很多新情况、新问题，要求我们深化对马克思劳动

价值论的认识。

科技革命引起劳动形式和价值创造方式发生变化。

1. 要深化对劳动内涵的认识

马克思明确指出，只有生产性劳动创造价值而非生产性劳动并不创造价值。马克思将物质生产部门和为物质生产服务的运输业、邮政电信业、商品仓储业和维修业等部门的劳动看作为生产性劳动。随着科技进步、信息化、自动化水平提高，科技型劳动、管理型劳动、知识型劳动、服务劳动都能创造价值，而且所占比重越来越大，因此，新时代下，生产劳动的内涵需要扩展。

2. 要深化对物化劳动是否创造价值的认识

马克思的劳动价值论认为，活劳动在运用生产资料生产物质产品的过程中创造新的价值，生产资料在劳动过程中实现价值转移。活劳动与物化劳动在价值创造中的作用流程很清晰。但是，现代科技革命使生产过程发生了变化，甚至出现无人车间、无人工厂，活劳动的耗费大大降低，而物化劳动成百倍地增长。面对这些新情况和新趋势，如何解释价值的来源？如何认识科技、知识与新价值创造的关系？能否继续坚持"活劳动是价值创造的唯一源泉"呢？马克思主义的观点是，物化劳动越来越重要，但物化劳动并不创造价值，只有活劳动创造价值，物化劳动提高了劳动生产率，降低了必要劳动时间，延长了剩余劳动时间。

3. 要深化对脑力劳动重要性的认识

劳动既包括体力劳动，也包括脑力劳动，体力劳动和脑力劳动都是价值的来源，马克思所说的劳动，始终是包括脑力劳动在内的。只是在马克思的时代，体力劳动占主体，新时代，脑力劳动在劳动中所占的份额越来越大，这并不改变劳动价值论。

4. 要深化认识生产要素在财富创造中的贡献

按劳分配与按生产要素分配相结合的分配制度要求深化认识生产要素在财富创造中的贡献。生产要素参与了财富的创造，因此有理由按贡献得到分配，但除了劳动之外的生产要素并不创造价值。

5. 深化对科技工作者和经营管理者劳动的认识

科技工作者和经营管理者的劳动也是生产劳动，同样创造价值，而且，他们从事的是更为复杂的劳动，承受更多的压力，对社会财富有更多的贡献，可以提高整个社会的劳动生产率，因此，他们创造的价值要把他们对社会的贡献衡量进去，他们也理应得到更多的报酬。

五、试分析国民收入初次分配与再次分配中效率与公平的关系。

国民收入的初次分配是指在直接创造价值的物质生产部门所进行的分配。

国民收入再分配是指政府采取多种手段对初次分配的结果进行再调节。

收入再分配的原因包括五个方面：控制收入差距，促进社会公平；政府行使社会管理者职能的需要；政府进行宏观调控的需要；政府协调地区发展，支持战略性行业发展的需要；建立社会保障制度和社会后备基金的需要。

国民收入再分配的手段有征税、财政转移支付等。

效率是指利用现有资源进行生产所提供的效用满足的程度。

公平是指人与人之间收入或机会的平等性。经济学家倾向于从机会公平、结果公平两个角度来理解公平。经济学家普遍认为，社会应当努力消除机会的不平等，而容忍结果在一定程度上的不平等。

公平与效率面临权衡选择，效率与公平之间存在难以调和的矛盾。追求效率总是以某种程度的公平损失为代价。市场化的分配制度符合效率原则，也符合机会公平的原则，但因为人的天赋、能力、运气方面的差别总会产生不平等。反过来，追求公平要以一定的效率损失为代价，若政府通过再分配政策，使人际的收入均等化，必然会损害经济活动的积极性，从而损害效率。

对于效率与公平的关系问题，经济学家大致有三类观点：一是效率优先；二是公平优先；三是效率与公平兼顾。

分配方式和分配制度对效率和公平会产生较大的影响。我国处于经济体制改革和经济发展新形势下，主流的观点是深化分配制度改革，理顺分配关系，兼顾效率与公平。

（1）在初次分配领域，要健全和完善相关制度，在增进效率的同时，也要增进公平。初次分配中要注重效率，坚持效率优先，发挥市场机制在国民收入初次分配中的调节作用，增进经济效率，做大蛋糕。但在初次分配中，也要兼顾到公平。

（2）再分配要更加注重公平，强化政府对收入分配的调节职能。初次分配易造成差距过大，甚至两极分化，而再分配中，要更加注重公平的原则，抑制城乡、区域、行业的收入差距过大，保护合法收入，调节过高收入，取缔违法收入，建立财政转移支付制度等。再分配以注重公平为主，但也要兼顾到效率，如过高的税收可能损失激励，过高的救济可能会产生不劳而获。

（3）坚持共同富裕的基本目标，让全体国民共享经济发展的成果。坚持共同富裕，兼顾效率与公平，

六、为什么外部性会导致竞争市场上的资源配置偏离帕累托最优状态？

外部性有两种，一种是负外部性，指个人的行为给他人的福利带来负面的影响，并且也没有对他人作出补偿。如图（a）所示，社会成本＞私人成本，私人决策的最优产量大于社会合意的产量，因此，存在市场失灵，负外部性行为总是供给过多。

若某活动的私人成本小于社会成本：$C_P < C_S$，且私人价值大于私人成本，小于社会成本：$C_P < V_P < C_S$，显然，私人会做这项活动，因为 $C_P < V_P$，但对社会是不利的，因为 $V_P < C_S$。这时，帕累托最优状态没有出现。因为 $(C_S - C_P) > (V_P - C_P)$，若社会可以对该人作出补偿，这个人可以放弃这项行动，补偿量至少等于 $V_P - C_P$，就可以实现帕累托改进，因为可以让至少一方变好，而不让任何人变差。

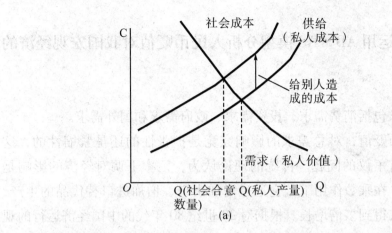

(a)

外部性的另一种是正外部性，指个人的行为对他人的福利带来正的影响，但他人并未对此作出补偿。如图（b）所示，社会价值>私人价值，私人决策的最优产量低于社会合意产量，存在市场失灵，正外部性行为总是供给不足。

某活动私人价值小于社会价值：$V_P < V_S$，且私人成本比私人价值大比社会价值小：$V_P < C_P < V_S$，显然，私人不会做这项活动，因为 $V_P < C_P$，但这项活动对社会是有利的，因为 $C_P < V_S$，这时，帕累托最优状态没有出现。因为 $(V_S - V_P) > (C_P - V_P)$，若社会可以对该人作出补偿，最低补偿额为 $C_P - V_P$，这个人就会从事这项行动，从而实现帕累托改进。

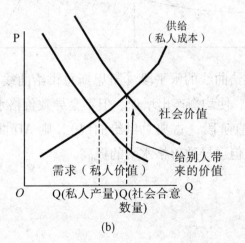

(b)

七、运用 AD－AS 模型分析人民币贬值对我国宏观经济的影响。

总需求包括消费需求、投资需求、政府需求和国外需求。

人民币贬值，对总需求的影响究竟是扩张性的还是紧缩性的，这一直是个有争议的问题。传统的理论认为，汇率下调对经济的影响是扩张性的。在乘数作用下，它通过增加出口、增加进口替代品的生产，使国民收入得到多倍增长。根据对 20 世纪 80 年代的中国经济运行的观察，人民币贬值确实具有推动出口的作用，也具有推动物价上涨的作用。

如图所示，人民币贬值使总需求增加。AD 曲线需要右移，一般情况下，带来总产出增加和物价水平上涨。

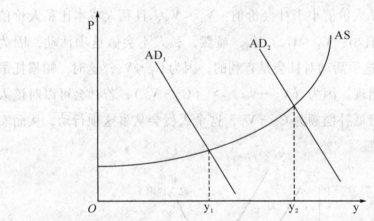

若处在总供给曲线的水平段（凯恩斯总供给曲线），人民币贬值导致 AD 曲线右移，使均衡产出增加，但不会导致价格水平的提高。若处于 AS 曲线的垂直阶段（古典总供给曲线），则 AD 曲线右移，不会使均衡产出增加，但会导致价格水平的提高。

八、联系图形说明卡特尔模型的主要内容，并分析卡特尔组织的内在不稳定性。

卡特尔（Cartel）是生产同类商品的企业，订立合谋协议，目的是控制产量，提高价格，获得更高的利润。卡特尔就像是垄断组织一样行动。

卡特尔组织追求全体企业的总利润最大化：

$$\max\pi = p\,(y_1 + y_2)\,[y_1 + y_2] - C_1\,(y_1) - C_2\,(y_2)$$

$$\frac{\partial\pi}{\partial y_1} = 0,\quad \frac{\partial\pi}{\partial y_2} = 0$$

$$MR = p\,(y_1 + y_2) + \frac{dp}{dY}\,(y_1 + y_2) = MC_2\,(y_2)$$

$$MR = p\,(y_1 + y_2) + \frac{dp}{dY}\,(y_1 + y_2) = MC_1\,(y_1)$$

$$MR = MC_1\,(y_1) = MC_2\,(y_2)$$

卡特尔组织按各企业的边际成本都相等的原则，分配产量配额，如图所示。

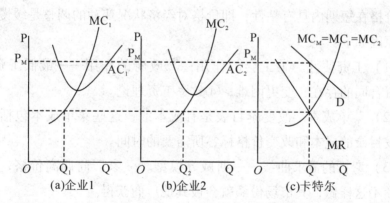

(a)企业1　(b)企业2　(c)卡特尔

卡特尔的需求曲线为 D，相应的边际收益曲线为 MR，卡特尔的成本 $C_m = C_1\,(y_1) + C_2\,(y_2)$，MR 与 MC_m 的交点确定了卡特尔的最优产量 Q 和最优价格 Pm。整个卡特尔的产量和价格确定后，按边际成本相等的原则进行分配，企业 1 和企业 2 的最优产量配额分别为 Q_1

和 Q_2。

$Q = Q_1 + Q_2$ 是合谋曲线，是双方谈判达成的协议。但是，卡特尔成员有不遵守协议，暗中扩大产量，争夺份额的动机。假定对方遵守合谋协议，单方面违背协议、扩大产量对每个卡特尔成员都有极大的诱惑。所有卡特尔成员都有增大产量的激励，这导致卡特尔的不稳定性。

如果都扩大产量，这样会使市场产量增大，价格降低，卡特尔自然解体。

另外许多国家通过反垄断法禁止企业间串谋或组建卡特尔。

存在潜在的进入者，也使卡特尔不稳定。一旦卡特尔把价格维持在较高水平，卡特尔的高利润就会吸引新企业进入这个市场，卡特尔无法阻止新企业进入。这时，产量增加，价格会降低，此时卡特尔想继续维持原来的高价就很难了。

九、为什么价格在短期具有粘性？宏观经济学是如何利用价格粘性来说明短期供给曲线的？

价格在短期内具有粘性，即价格对经济状况变动的调整是缓慢的。原因如下：

（1）工资粘性。①工会的作用；②政府的作用——最低工资法；③工资合同的存在，变更困难；④效率工资理论。

（2）菜单成本。改变价目表是有成本的，这些菜单成本包括印刷和分发目录的成本和改变价格标签所需要的时间。

（3）弯折的需求曲线——斯威齐模型。一家厂商调高价格，若其他厂商不这样做，其市场份额就会被其他厂商获得。

（4）不完全的信息。信息不对称，改变价格反应迟缓。

（5）生产要素供给的长期合同限制了企业的调价行为。

（6）在短期内，由于时间短，工资和价格来不及调整。

价格粘性与短期供给曲线的关系：

假定货币工资在短期内是刚性的，假设存在大量失业人口和闲置的生产能力。如图所示，当物价水平 P 上升时，由于名义工资 W 粘性，实际工资 W/P 下降，劳动需求上升，产出上升，因此 Y 上升，从而得出向右上倾斜的短期供给曲线。

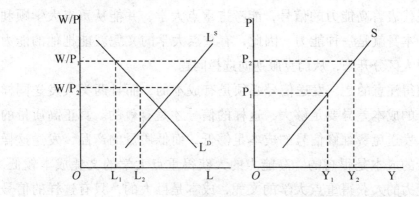

十、联系信息不对称中的逆向选择理论说明劳动力市场上的逆向选择，并分析教育信号在克服这种逆向选择中的重要作用。

逆向选择是指在合同签署前，由于信息不对称，造成次品驱逐优品这样的选择行为。逆向选择是因为信息不对称造成的市场失灵现象。

在劳动力市场中，存在招聘方和应聘方，招聘方对应聘方的信息不了解。应聘方可能是高素质的，值得高工资，假设是 10 000 元，也可能是低素质的，只值低工资，假设是 4 000 元。因为信息不对称，招聘方只能根据期望值给出薪金水平，假设高素质和低素质的可能性均为1/2，那么当招聘方给出的薪金为 7 000 元时，高素质的应聘者走了，低素质的应聘者欣然签约。结果是"劣币驱逐了良币"，是为逆向选择。

若招聘方预期到只能招到低素质员工，要么是放弃招聘，则市场完全失败。要么是降低工资水平，那么上述选择过程重新上演，只会招到越来越差的员工。

解决逆向选择的一个办法是发送信号。具有信息优势的一方，主

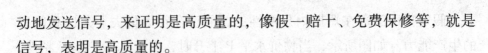

动地发送信号，来证明是高质量的，像假一赔十、免费保修等，就是信号，表明是高质量的。

在劳动力市场上，教育是一种信号。按照斯宾塞的教育信号传递模型，教育程度是向雇主传递有关雇员能力的信号。例如，重点大学的文凭代表着高能力的信号，能考进重点大学，并能从重点大学顺利毕业，本身就是一种能力。因此，有重点大学的文凭就能把他的能力与其他人区分开来，从而克服逆向选择问题。

值得注意的是，发送信号必须是有成本的，而且两类人发送同样的信号的成本差异要足够大，这样的信号才是有效的。真正高质量的产品，发送免费维修信号的成本足够低，而低质量的产品，发送这样的信号的成本是很高的。高能力的人获得重点大学的文凭成本较低，而低能力的人获得重点大学的文凭，成本是巨大的，只有这样的信号才是有效的。

2005 年经济学综合（一）试题汇编及深度解析

一、辨析：经济发展就是经济增长。

这种说法不正确。

经济发展是一个国家或地区随着经济增长而出现的经济、社会和政治的整体改善。经济发展的内涵包括：经济在数量上增长，经济结构优化，经济质量提高，经济发展稳定，生态环境改善，政治、文化和人的现代化等。

经济增长是指一个国家或地区的经济总量增加，指一定时期内产品和劳务的增长。

经济发展与经济增长有着密切联系。经济增长包含在经济发展之中，是促成经济发展的基本动力和物质保障。一般而言，经济增长是手段，经济发展是目的；经济增长是经济发展的基础，经济发展是经济增长的结果。虽然个别情况下也会出现无增长而有发展的情况，但从长期来看，没有经济增长就不会有持续的经济发展。

经济发展和经济增长是有区别的。经济增长仅仅是指经济总量的增加。而经济发展除了包括经济增长的内容之外，还包括很多其他内容，如增长质量、经济结构、生态环境、政治文明、社会进步、人类解放等诸多内容，经济发展需要用能反映这些变化的综合性指标来衡量。经济增长的内涵较窄，是一个偏重于数量的概念；而经济发展的内涵较宽，是一个既包含数量又包含质量的概念。虽然经济增长是经济发展的必要条件，但经济增长并不能与经济发展等同，若只有经济总量的增长，没有经济质量的升级和优化，没有带来经济、社会、政

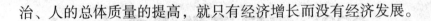

治、人的总体质量的提高，就只有经济增长而没有经济发展。

二、怎样理解商品价值实现中第二层含义的社会必要劳动时间的内涵。

社会必要劳动时间还有第二层含义，生产不同商品的生产者之间形成的社会必要劳动时间，它涉及社会总劳动时间在各种商品上的分配，反映社会总劳动中按一定比例用来生产社会需要的某种商品所耗费的劳动时间。

不同商品的供求状况会直接影响决定社会必要劳动时间的生产条件，如果供给超过需求过大时，优等生产条件就会成为平均生产条件，引起商品价值下降，反之，需求超过供给过大时，劣等生产条件就会成为平均生产条件，引起商品价值上升。供求关系对价值的影响是通过生产条件的变化实现的，因此，决定价值的仍是社会必要劳动时间。

社会必要劳动时间的第一层含义是价值的决定，而第二层含义则是价值的实现。第一层含义从社会生产条件角度说明社会必要劳动时间，第二层含义则是从社会需求角度说明社会必要劳动时间。第一层含义决定的是单位商品的价值，第二层含义决定的是部门总商品的价值。

三、为什么说超额剩余价值是相对剩余价值的特殊形态？

相对剩余价值指在工作日长度不变的条件下，资本家通过缩短必要劳动时间，而相应延长剩余劳动时间，这种剩余价值生产方法叫相对剩余价值生产方法。

相对剩余价值的生产是由必要劳动时间的缩短引起的，必须以全社会劳动生产率的提高为条件。

现实经济运行中，劳动生产率的提高总是从单个企业开始的。单个企业提高劳动生产率，个别劳动时间低于社会必要劳动时间，个别价值低于社会价值，但单个企业不能产生相对剩余价值，只能产生超额剩余价值，因为相对剩余价值是建立在社会必要劳动时间的基础上的，而不是由个别劳动时间决定的。超额剩余价值是单个企业由于提高劳动生产率使商品个别价值低于社会价值的差额，工人在同样的劳动时间内，可以创造更多的价值。

超额剩余价值是暂时的，为了追求超额剩余价值，资本家之间会激烈竞争，竞相采用新技术，部门的平均劳动生产率提高，生产该种商品的社会必要劳动时间降低，原来的先进生产条件变为平均的生产条件，个别价值和社会价值的差额消失，超额剩余价值消失，整个生产普遍获得相对剩余价值。

追求超额剩余价值是单个资本主义企业改进生产技术，提高劳动生产率的直接动机。而单个资本家追求超额剩余价值的结果，却形成了相对剩余价值。超额剩余价值是个别资本家首先采用先进技术，提高劳动生产率的结果，而相对剩余价值则是全社会资本主义企业普遍提高劳动生产率的结果。

超额剩余价值是特殊形态的相对剩余价值，相对对剩余价值是资本追求超额剩余价值的必然结果。前者是各企业提高劳动生产率的目的，后者是各企业追求超额剩余价值的结果。

四、如何理解让资本、技术和管理要素按贡献参与分配。

生产要素是在物质生产和提供劳务过程中投入的资源，它包括土地、资本、劳动力以及技术、专利、信息、管理等。要素按贡献参与分配是指要素所有者凭借要素所有权，从生产要素使用者那里按要素的贡献获得报酬。劳动者取得工资收入，土地所有者取得地租收入，资本所有者取得利息、红利收入，技术、专利、信息、管理所有者也得到相应的收入。

在我国，生产要素按贡献参与分配有其存在的客观必然性。

1. 生产要素按贡献参与分配是社会主义初级阶段基本经济制度的内在要求

我国正处在社会主义初级阶段，公有制为主体，多种所有制经济共同发展是社会主义初级阶段的一项基本经济制度。这种基本经济制度决定了必须实行按劳分配和按要素分配相结合的分配方式。一方面适应公有制性质必须实行按劳分配，另一方面，适应多种经济成分并存，投资主体多元化的现实，需要实行按要素分配。

2. 生产要素按贡献参与分配是社会主义市场经济的内在要求

市场在资源配置中起基础性作用，各种生产要素按市场价格获得报酬。各种资源参与到市场中来，有利于生产力的发展，激励生产要素所有者投入的积极性，激励资源节约，使资源得到优化配置，提高资源利用效率，缓解资源稀缺性的局限。

3. 生产要素按贡献参与分配是收入分配制度的进步

传统分配制度是按劳分配。忽视生产要素对价值创造的贡献。事实上，劳动是价值之父，土地是价值之母，价值的创造是离不开土地等生产要素的，随着科技进步，知识、技术、管理等生产要素对财富创造的贡献不断上升，强调生产要素按边际生产力参与分配，可以优化资源配置，激励生产要素所有者投入的积极性，激励资源节约，使资源得到优化配置，提高资源利用效率。

4. 生产要素按贡献参与分配是扩大中等收入阶层比重的重要途径

按劳动贡献获得分配，只能获得满足劳动力再生产的收入水平。生产要素按贡献参与分配，可以扩大收入来源，如技术入股、管理分成、财富增值、发明创造等，这有利于培养中产阶层。

5. 生产要素按贡献参与分配是扩大对外开放的要求

全球化和世界经济一体化发展，推动了生产要素在世界范围内的流动。我国要想参与国际市场竞争，与世界经济接轨，必须允许生产要素按贡献进行分配，只有这样才能吸引外资、引进技术和设备，推动我国的生产要素进入世界市场，参与国际市场竞争。

6. 生产要素按贡献参与分配并没否定劳动价值论

劳动对生产要素的使用过程中，劳动创造价值，生产要素转移价值。生产要素按转移的价值参与分配，合情合理，转移的价值的大小，要按市场价格来衡量，也就是按市场贡献来衡量。

总之，按劳分配与按要素分配体现了社会主义公有制和多种所有制相结合的基本经济制度，我国现阶段要坚持按劳分配为主体、多种分配方式并存的制度。

五、试论马克思资本周转理论及其现实意义。

马克思资本周转理论的内容：

1. 资本周转的定义

为了实现资本的不断增值，资本家就必须使他的资本不断地周而复始地循环下去。这种周而复始、连续不断的资本循环，就叫资本周转。若每次周转带来的利润量一定，则资本周转越快，带来的利润总量就越多，因此，资本周转的重点在于资本的周转速度。

2. 资本周转速度

资本周转速度是指资本周转的快慢，可以用周转时间和周转次数来表示。资本的周转时间是指预付资本以一定形式为起点，到它带着剩余价值以同样形式回到出发点所经历的时间，也就是资本周转一次所花费的时间。资本在周转过程中要经历生产和流通两个领域，周转时间包括生产时间和流通时间。周转时间的长短反映周转速度的快慢，周转时间越短，表明周转速度越快；周转时间越长，表明周转速度越慢，周转速度与周转时间成反比。

3. 资本周转次数

周转次数是指在一定时间内（通常是指在一年内）资本周转的次数。周转次数等于一年除以资本周转一次所需的时间。周转速度与资本周转次数成正比，一定时间内，周转次数越多，表明周转速度越快；周转次数越少，说明周转速度越慢。

4. 生产资本的构成影响资本周转速度

生产资本按价值周转方式的不同，可划分为固定资本和流动资本。固定资本（如机器、设备）的价值按磨损程度一点一点地转移到新产品，产品出售后一点一点收回。其实物形态在较长时间内存在，其价值一点一点地转移。流动资本是指原料、燃料等劳动对象和劳动力等，其价值一次全部投入到生产过程，随着商品销售一次性全部收回。

在其他条件不变的情况下，固定资本的比重越大，全部资本的周转速度越慢，反之，流动资本的比重越大，全部资本的周转就越快。预付资本的总周转速度不仅与固定资本和流动资本各自所占的比重有关，而且和固定资本，流动资本各自的周转速度有关。

马克思资本周转理论的现实意义：

加快资本周转速度，对于资本的利用和资本增值，扩大生产和降低成本，增强经营实力和市场竞争力，有着重要的意义。

周转速度快，反映企业有较强的经营能力，也会增强企业的债务偿还能力，对塑造企业形象和增强企业竞争力，包括增强企业的商誉、信用等，都有积极的作用。

加快资本周转，可以提高资本使用效率，节省资本投入量，资本周转时间越长，为维持资本运营，需要投入的资本量就越大，因此，加快资本周转速度，可以节省预付资本的总量。

加快资本周转，可以在一定时间内产生更多的资本增值额，提高资本运营的效益。一次周转带来的利润是一定的，加快周转速度，就可以带来更多的利润。

加快资本周转，可以节省资本，降低成本，节省下来的资本可以扩大生产，或开拓新的经营项目、经营领域，实现规模经营或分散经营风险。

对企业经营者来说，要努力缩短资本的周转时间，提高资本周转的速度。改进经营管理，推进技术创新，减少生产时间和流通时间。提高流动资本的比重，提高流动资本和固定资本的周转速度。

六、用可持续发展理论分析我国经济增长方式的转变。

1. 可持续发展的内涵

可持续发展是指生态—经济—社会三维复合系统整体可持续发展，其核心思想是健康的经济发展，应该建立在生态可持续、社会公正和人民积极参与自身发展决策的基础之上。人类的各种需要得到满足，个人得到充分发展，又要保护资源和生态环境，不对后代的生存和发展构成威胁。

可持续发展的实质就是将当前经济发展与长远经济发展相协调，既要满足当前的需要和利益，又要重视后代人的需要和利益，正确处理经济发展与人口、资源、环境的相互关系，使人口增长与社会生产力的发展相适应，经济建设与资源、环境相协调，实现良性循环，促进社会的全面进步。

可持续发展应该包括以下四方面含义：

（1）可持续性。生态可持续发展，经济可持续发展，社会可持续发展。

（2）公平性。国家范围内同代人要公平，代际间要公平；世界范围内不同国家和地区公平分配资源。

（3）系统性。考虑人口、资源、环境、经济、社会等综合系统，应以系统的整体性和长远利益为衡量标准。

（4）共同性。可持续发展是全人类共同的目标，必须采取共同的联合的行动，在全球范围内实现可持续发展。

2. 转变经济增长方式

转变经济增长方式是指经济增长由粗放型增长向集约型增长转变。使经济增长由高投入、高消耗、高污染、低产出、低质量、低效益转向低投入、低消耗、低污染、高产出、高质量、高效益。

随着我国社会主义建设的不断深入，粗放型的增长方式在我国生产、建设和流通等领域的弊端逐渐显现，主要是：产品质量差，品种单一，技术含量低，附加值低，缺乏市场竞争力；资源消耗量大，浪费严重，资源压力大；设备利用率低，工艺流程落后；环境污染严重；生态遭到破坏；单纯热衷于上新项目，铺新摊子。这些问题极大地损害了经济增长质量和经济效益。只有转变经济增长方式，才能从根本上打破能源、资源和环境对经济社会发展的瓶颈制约，确保我国经济运行进入良性循环。

坚持可持续发展必须转变经济增长方式。

（1）增长方式转变是缓解资源压力，实现可持续发展的前提

我国人口众多、资源压力大，已经成为我国经济发展的瓶颈。因此，必须改变以资源大量消耗、浪费为代价的粗放型增长方式，由高消耗的增长转变为低消耗的增长。

（2）增长方式转变是缓解生态、环境压力，实现可持续发展的前提

粗放型增长方式下，高排放、高污染、忽视环境治理，生态严重破坏，要实现可持续发展，必须转变经济增长方式，由高污染、高排放、生态破坏、低治理转向资源节约型、环境友好型、生态保护型、注重生态环境治理。

（3）增长方式转变是经济健康、可持续发展的前提

粗放型的增长方式是注重数量不注重内涵的经济增长，是高投入、低效益、低质量的增长，必然要遭到资源压力、国际竞争压力、生态环境压力，因而是不可持续的。要实现可持续发展，必须转变经济增长方式，使经济增长由主要依靠增加物质资源消耗转向依靠科技进步、劳动者素质提高、管理创新上来，提高国民经济的整体素质，增强经济增长的后劲，实现可持续发展。

（4）增长方式转变是缓解我国人口压力，实现可持续发展的前提

面临我国庞大的人口数量，人均资源占有量少由此造成的环境、生态压力大的局面，我国必须转变增长方式，实现可持续发展。要从粗放型增长转向走依靠科技进步、自主创新、教育等带动增长的新型工业化道路，"科技含量高，经济效益好，资源消耗低，环境污染少，

人力资源优势得到充分发挥"。

（5）转变经济增长方式是参与国际社会的需要

中国改革开放以来，来自国际社会的压力和竞争要求转变经济增长方式，注重产品质量、技术、环保标准，注重科技创新和人力资本，这些都与集约型增长息息相关。

七、某消费者原来每月煤气开支 10 元，现在煤气的价格上涨了 100%。其他商品价格不变，政府则给予该消费者 10 元作为价格补贴，画图分析说明该消费者效用上升了还是下降了。

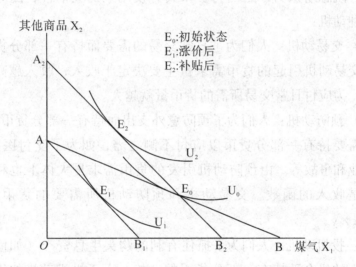

（1）设煤气的消费量为 X_1，其他商品的消费量为 X_2，当煤气涨价 100% 后，预算线从 AB 转动到 AB_1，消费者的最优选择为 E_1，效用水平 U_1 比初始状态 U_0 低。

（2）煤气涨价后，政府补贴，使得消费者至少能买得起最初的组合 E_0，使 AB_1 向外平移至 A_2B_2，A_2B_2 经过 E_0。

（3）此时，预算线为 A_2B_2，与初始预算线相交于 E_0，相当于是初始预算线围绕初始均衡点顺时针转动，消费者的均衡点要么处在 A_2E_0 段，要么处在 E_0B_2 段。根据显示偏好原理，消费者不会选择 E_0B_2 段，因为选择这一段上的某点做均衡点，消费者的福利将变差。可见，消费者的最优选择将位于 A_2E_0 上，根据显示偏好原理，消费者的效用较初始效用上升。

八、简要阐述凯恩斯的流动性偏好理论。

对货币的需求，又称"流动性偏好"，由于货币具有使用上的灵活性，人们宁肯牺牲利息收入而持有不生息的货币，这种心理倾向，就是流动性偏好。

人们为什么愿意持有不生息货币而放弃以其他形式持有而带来的收益呢？凯恩斯认为，是因为货币具有使用上的灵活性，随时可满足以下三种动机：

（1）交易动机：人们为了日常交易的需要而持有一部分货币的动机。由交易动机引起的货币需求量主要决定于收入，收入越高，交易量越大，为应付日常交易所需的货币量就越大。

（2）预防动机：人们为了预防意外支出而持有一部分货币的动机，即人们需要持有一部分货币以应付不测之需，如为了支付医疗费用、应付失业和事故等。由预防动机引发的货币需求量大体上也和收入成正比，是收入的函数。交易动机和预防动机所需要的货币量为 L_1（y）$= k \times y$。

（3）投机动机：人们为了抓住有利的购买生息资产（如债券等有价证券）的机会而持有一部分货币的动机。出于投机动机的货币需求量与利率呈反向关系，即 L_2（y）$= -h \times r$，较低的利率对应较大的投机性货币需求量，较高的利率对应较小的投机性货币需求量。

流动性偏好陷阱是指当利率极低时，这时有价证券的价格极高，不大可能再上升而只会跌落，因而人们会将有价证券全部换成货币。人们有了货币也决不肯再去购买有价证券，以免有价证券价格下跌时遭受损失。这时，人们不管有多少货币都愿意持有手中，这种情况称为"凯恩斯陷阱"或"流动性偏好陷阱"。

九、画图说明为什么消费的正外部性会造成市场失灵。

正外部性是指一个经济主体的消费行为为他人的福利带来正向影响，但他人并未对该经济主体支付补偿。这时，就产生了正外部性。正外部性会造成市场失灵，如图所示。

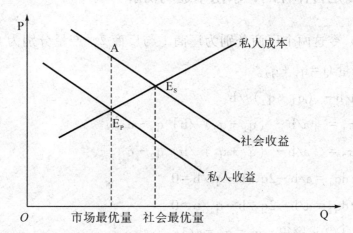

在消费存在正外部性的情况下，社会收益大于私人收益，私人的最优决策量小于社会最优量，存在福利损失，即图中的 AE_PE_S 的面积。经济没有实现最优配置，存在帕累托改进的余地，因此，正外部性产生了市场失灵，正外部性行为总是供给不足。

某活动私人价值小于社会价值：$V_P < V_S$，且私人成本比被私人价值大并比社会价值小，$V_P < C_P < V_S$，显然，私人不会做这项活动，因为 $V_P < C_P$，但这项活动对社会是有利的，因为 $C_P < V_S$，这时，帕累托最优状态没有出现。因为 $(V_S - V_P) > (C_P - V_P)$，若社会可以对该人作出补偿，最低补偿额为 $C_P - V_P$，这个人就会从事这项行动，从而实现帕累托改进。

对于消费的正外部性，如教育，政府可给予补贴，使得补贴后的私人收益等于社会收益，使外部性内在化。

十、已知某个市场上有两个同质的厂商，他们生产一种相互完全替代的商品，它们的总成本都为正的常数 C，共同面临的市场需求为：$Q = a - bP$。（1）如果这两个厂商是非合作性的，运用产量反应函数法求出古诺—纳什均衡解。（2）如果这两个厂商是合作性的，求出串通均衡解。

（1）令这两个厂商分别为厂商 1 与厂商 2，产量分别为 q_1，q_2，市场总产量 $Q = q_1 + q_2$。

$P = a/b - (q_1 + q_2)/b$

$\max\pi_1 = [a/b - (q_1 + q_2)/b] q_1 - c$

$\max\pi_2 = [a/b - (q_1 + q_2)/b] q_2 - c$

$d\pi_1/dq_1 = a/b - 2q_1/b - q_2/b = 0$ ①

$d\pi_2/dq_2 = a/b - 2q_2/b - q_1/b = 0$ ②

联立①②求解得，$q_1 = q_2 = a/3$

古诺—纳什均衡为（$a/3$，$a/3$）

（2）$\max\pi = (a/b - Q/b) Q - 2c$

由 $d\pi/dQ = 0$，

得：$a/b - 2Q/b = 0$

$Q = a/2$

因为是同质厂商，所以 $q_1 = q_2 = a/4$

串通均衡解为（$a/4$，$a/4$）。

十一、推导 LM 曲线，并说明其政策含义。

1. LM 曲线的推导

LM 曲线是满足货币市场均衡时的收入 y 和利率 r 之间的关系。

当货币供给 m 给定时，货币供给 m 等于货币需求 $ky - hr$ 时，货币市场达到均衡。

$$m = ky - hr$$

$$r = ky/h - m/h$$

如图，为 LM 曲线的四象限推导法：

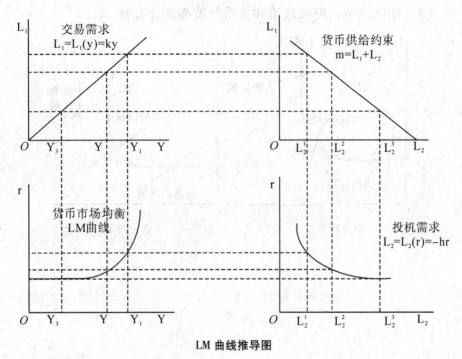

LM 曲线推导图

2. LM 曲线的三个区域

LM 曲线的斜率取决于 $\dfrac{k}{h}$。LM 曲线可分为三个区域，分别是：

（1）凯恩斯区域：在利率极低时，货币投机需求无限大，也就是"凯恩斯陷阱"，此时 LM 曲线水平。

（2）古典区域：当利率极高时，货币投机需求为零，此时 LM 曲线垂直。

（3）中间区域：中间区域介于凯恩斯区域和古典区域之间。

3. LM 曲线的政策含义

（1）凯恩斯区域：利率很低，政府实行扩张性货币政策，增加货币供给，不能降低利率，也不能增加收入，货币政策完全无效。相反，扩张性财政政策非常有效，收入水平会在利率不发生变化时提高。

（2）古典区域：与凯恩斯区域相反，财政政策完全无效，货币政策非常有效。

（3）中间区域：财政政策和货币政策都部分有效。

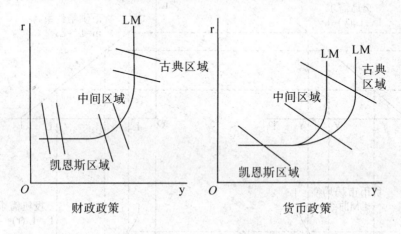

2005 年经济学综合（二）试题汇编及深度解析

一、辨析：资本的一般属性表明资本是一个永恒的范畴。

这种说法不正确。

资本是在运动中谋求自身增值的价值，是能够带来剩余价值的价值。资本具有二重性。一方面，资本作为生产要素，具有一般性，不同社会经济制度下，只要发展市场经济，都会有资本和资本运动，资本在经济活动中实现自我增值。资本在不同的社会经济形态下所具有的一般属性就在于它是自行增值的价值，是能够带来剩余价值的价值。另一方面，资本体现社会关系，具有特殊性，这种特殊属性由资本归谁所有、剩余价值的来源和归宿等社会生产关系的性质决定。资本总是一定经济社会形态中的资本，必然体现不同的社会生产关系，产生资本的特殊属性。在不同的社会经济形态下，资本在经济生活中的地位不同，剩余价值的来源不同，反映的经济关系的性质也不同。在资本主义社会的经济生活中，资本处于统治地位，剩余价值来源于资本家对雇佣劳动者剩余劳动的无偿占有，反映的是资产阶级对雇佣劳动者阶级的剥削。在社会主义社会，资本仍旧处于经济的中心地位，剩余价值来源于劳动者的剩余劳动，反映的是全体社会成员和劳动者集体共同劳动、共同享有社会发展成果的关系。

因此，资本虽然具有一般属性，但在不同的经济社会里，有其特殊属性。因此，资本不是一个永恒的范畴，而是一个历史的范畴。社会主义初级阶段的资本和其他社会经济形态中的资本既有共同的一般属性，又有存在根本区别的特殊属性。只有认识资本的二重性，区分资本在不同社会经济形态下具有的一般属性和特殊属性，我们才能把握马克思主义政治经济学的现代化。

二、如何认识马克思主义政治经济学的发展性？

马克思主义政治经济学是发展的理论，具有与时俱进的理论品质。恩格斯曾指出："我们的理论是发展的理论"。一方面，它随着社会实践的发展而发展；另一方面，它批判地吸收各种经济学说中的科学合理成分。

（1）马克思恩格斯创立了马克思主义政治经济学。19世纪中叶，马克思恩格斯批判地继承了英国古典政治经济学的科学成分，创立了马克思主义政治经济学。

（2）列宁对马克思主义政治经济学的发展。19世纪末20世纪初，列宁创造性地发展了马克思主义政治经济学，创立了帝国主义理论，他发展了垄断资本主义（帝国主义）是资本主义发展的最高阶段；资本主义发展不平衡规律；社会主义革命可能首先在一国或数国取得胜利等理论。

（3）斯大林对马克思主义政治经济学的发展。斯大林在领导苏联社会主义建设中，阐述了社会主义建设中的许多重大问题，为社会主义政治经济学的发展也作出了一定贡献。

（4）马克思主义政治经济学在中国的新发展。毛泽东创造性地提出了新民主主义革命的理论和纲领；创造性提出社会主义改造和社会主义建设的理论。邓小平发展了建设中国特色的社会主义理论。邓小平在一系列重大理论和实践问题上，实现了马克思主义政治经济学的理论创新，他创造性地提出了社会主义本质论、初级阶段理论、科学技术是第一生产力理论、共同富裕理论、市场经济理论等重大理论。江泽民同志关于"三个代表"的重要思想，胡锦涛同志提出的科学发展观，进一步丰富和发展了马列主义、毛泽东思想和邓小平理论。

一百多年来，尽管世界发生了很大变化，但马克思主义政治经济学却保持了强大的生命力，一代又一代的马克思主义者依据时代、实践和科学的发展不断丰富和发展马克思主义政治经济学理论。马克思主义政治经济学随着时代、实践和科学的发展变化而不断与时俱进。

马克思主义政治经济学的本质属性决定了其与时俱进的理论品质，马克思主义政治经济学之所以具有与时俱进的理论品质，从根本上说是由它自身内在的本质属性决定的。马克思主义政治经济学内在的本质属性主要表现在以下三个方面：

首先，马克思主义政治经济学理论体系具有科学性的特点。

其次，马克思主义政治经济学理论体系具有开放性的特点。

最后，马克思主义政治经济学理论体系还具有发展性的特点。

马克思主义政治经济学具有与时俱进的理论品质，这就要求我们用发展的、科学的态度对待马克思主义政治经济学。不能把它作为一成不变的教条，应当根据实践的变化，不断地丰富和发展马克思主义理论。

三、简述企业制度演进的三种主要形式及其特征。

企业制度在其演变和发展过程中主要有三种基本类型，个人业主制企业、合伙制企业和公司制企业。

1. 个人业主制企业

个人业主制企业是由单个资本家出资，完全由个人所有和控制的企业，在法律上称为自然人企业。个人业主制企业产权高度一体化，所有权与经营权是一致的，企业所有者同时也是生产经营者和管理者。一般规模较小，是资本主义经济发展初期最早出现的企业形式。个人业主制企业存在三种缺陷：一是企业的信用和资金来源有限，因此发展速度和规模十分有限。二是企业主对债务要承担无限责任，投资人需要用自己的全部财产对企业的债务承担清偿责任，而不是仅限于投入该企业的资产来承担债务清偿责任，因此，投资人面临较大风险。三是企业的寿命通常有限，其寿命取决于业主的情况。

2. 合伙制企业

合伙制企业是由多个自然人共同投资、共同所有、共同经营、共负盈亏的自然人企业。合伙制企业是随着生产力的发展，生产规模扩大，需要更大规模资本集中而产生的。合伙制企业可以吸收更多的投资者，扩大资本和生产规模。合伙制企业的特点：一是合伙人要承担无限的连带责任，投资人需要用自己的全部财产对企业的债务承担清偿责任，而不是仅限于投入该企业的资产来承担债务清偿责任，因此有较大的风险。二是合伙制企业中个人的所有权无法自由转让或出售。三是合伙制企业的寿命可能由于合伙人的变故而有限。因此合伙制企业没有独立的生命基础，缺乏连续性和长久的生命力。

3. 公司制企业

公司制企业是随着生产力发展，生产社会化扩大，需要更大规模的资本集中，要求有新的企业制度形式来解决筹资问题、投资风险和经营者责任问题而产生的。公司制企业是根据公司法的规定设立、具有独立法人地位、出资人负有限责任的企业形式。典型形式有有限责任公司和股份有限公司。有限责任公司是指出资人以其出资额为限对公司债务承担有限责任，公司以其全部资产为限对公司债务承担有限责任的企业法人。股份有限公司是指其全部注册资本由等额股份构成，通过发行股票筹集资本，股东以其所持股份为限对公司债务承担有限责任，公司以其全部资产为限对公司的债务承担有限责任。其特点有：一是出资者承担有限责任；二是资本股份化和自由转让；三是企业具有独立寿命，可以永久存在；四是所有权和经营权可以分离。马克思说："股份公司的成立，使生产惊人地扩大了，个别资本不可能建立的企业出现了"；"假如必须等待资本积累去使单个资本增长到能够修建铁路的程度，恐怕直到今天世界上还没有铁路，但是，通过股份公司转瞬之间就把这件事完成了"。

四、试论当代资本主义条件下垄断与竞争的关系。

1. 自由竞争产生垄断

垄断是在自由竞争中发展起来的，自由竞争引起生产集中，生产集中发展到一定阶段就必然引起垄断。自由竞争的结果是优胜劣汰，资本越来越集中到少数的大企业，引起资本集中。信用制度和股份制公司使资本集中更为迅速，形成少数大规模的企业。生产高度集中的结果，必然引起垄断。垄断一经形成，代替了自由竞争，在经济生活中起决定作用。自由竞争是自由资本主义的基本特征，而垄断是垄断资本主义的基本特征。

2. 垄断并没有消除竞争，垄断与竞争并存

垄断是自由竞争的直接对立面。从自由竞争中生长起来的垄断并没有消灭竞争，而是与之并存。在垄断资本主义阶段，不仅自由竞争在一定程度上和一定范围内仍然存在，而且产生了由垄断本身造成的新形式的竞争，包括垄断组织之间的竞争，垄断组织与非垄断组织之间的竞争，以及垄断组织内部的竞争。

垄断条件下仍然存在竞争，原因在于：其一，竞争是商品经济的必然产物，只要存在商品经济，竞争就不可避免，垄断的出现并没有、也不可能消灭商品经济，所以也不能消除竞争。其二，"绝对的垄断"是不存在的，没有加入垄断组织的局外企业之间仍然存在竞争。其三，所有的垄断组织合并为一个统一的垄断组织是不可能的，因此，存在垄断组织与垄断组织之间的竞争以及垄断组织与非垄断组织之间的竞争。其四，垄断组织内部的各个部门或子公司，也会为了争夺资源和控制权而竞争。

3. 垄断条件下的竞争出现一些新的特点

其一，在自由竞争时期，竞争的目标是获取平均利润或超额利润；在垄断时期，竞争的目的是为了获得高额垄断利润。其二，在自由竞争时期，竞争的手段是靠改进技术，提高劳动生产率，降低成本来打

败竞争对手；在垄断时期，竞争的手段更加多样化，除了上述经济手段外，垄断组织还凭借强大的经济实力和政治上的统治力量，采取各种强制手段，暴力手段来打败竞争对手。其三，在自由竞争时期，企业规模较小，力量单薄，彼此分散，这限制了竞争的激励程度；在垄断时期，垄断企业势均力敌，竞争更为激烈，更具破坏性。其四，在自由竞争时期，竞争的范围主要在国内；在垄断时期，竞争的范围已由国内扩展到国外，而且由经济领域扩展到政治、军事和文化等领域。

总之，垄断并没有消除竞争，垄断从竞争中产生，反过来加剧了竞争。

五、试以社会主义宏观调控的具体目标来分析促进经济增长与增加就业的互动关系

我国宏观调控的具体目标包括充分就业、物价稳定、经济增长和国际收支平衡。

经济增长是指国民经济总量的增加。在社会主义经济的运行中，要在提高经济效益的前提下，力争较快的经济增长，生产更多的产品和服务满足人民不断增长的需要。

增加就业，保持合理的就业率，实现充分就业始终是宏观调控的重要目标。充分就业是指除了摩擦失业和自愿失业之外，所有愿意接受各种现行工资的人都能找到工作的一种经济状态，即消除了非自愿失业就是充分就业。充分就业目标意味着要保障有劳动能力的公民享有充分就业的机会。

中国经济正处于社会转型期，剧烈的经济结构和产业结构的变动，带来就业结构的持续调整，失业率有上升的趋势。不断上升的失业率，意味着社会总供求失调，使资源产生巨大浪费。高失业使很多人失去收入来源，陷入生活困境，引发更多的社会矛盾。就业关系到个人的家庭幸福、社会的繁荣稳定和国家的长治久安。政府应该抑制失业率，或者在失业率上升时，通过公共政策最大限度地减少它的负面作用。

社会主义宏观调控的几个具体目标之间有些是一致的，有些是有一定冲突的。经济增长与充分就业的关系是一致的，但物价稳定和充分就业之间就是存在冲突的。

经济增长与充分就业之间具有内在一致性，经济增长与增加就业的互动关系主要体现在以下几个方面：

1. 经济增长可扩大就业，这是解决就业问题的根本途径

通过经济增长来扩大就业是解决就业问题的根本途径。经济复苏和高涨往往伴随失业率下降，经济萧条往往伴随失业率上升。经济增长对就业有显著的拉动作用，因为产出函数总离不开劳动力投入，产出增长会创造大量的就业岗位。

2. 扩大就业是经济增长的保障

经济增长建立在需求扩大的基础之上。需求与居民收入密切相关，居民收入与就业密切相关。若失业问题严重，群众收入不能提高，生活不能改善，经济增长很难保持强有力的后劲。因此，扩大就业是经济增长的基础保障。在当前内需不足的背景下，保增长尤其要注意把保就业放在突出的位置。

3. 就业问题关系到人力资本的发展，是经济持续增长的基础

持久的、大规模的失业，是劳动力资源的浪费，劳动经验、技能方面的损失将影响经济可持续增长的潜力。就业量增加，劳动力资源得到充分有效的利用，可以提高整个社会的生产力。

4. 就业问题关系到社会稳定

失业伴随着贫困，造成收入差距拉大，因此，充分就业将促进社会的公平和稳定，增强社会凝聚力，为经济可持续增长营造良好的外部环境。

经济增长和扩大就业在总体方向上是一致的，但经济增长并不必然导致就业扩大，如经常出现无就业增长的情况。就业不仅与经济增长速度有关，还与经济结构、产业结构有关，还与资本有机构成有关。高新技术产业对经济增长的推动作用明显，但高新技术产业是资金密集、技术密集型产业，对劳动力的吸纳作用就没有劳动密集型产业

明显。

我国当前正处于转型时期，失业率有上升趋势，就业矛盾突出，我们要将扩大就业放在更加突出的位置上，确立就业优先的经济增长战略，在促进经济增长的同时，要充分考虑经济增长和扩大就业之间的良性互动。正确处理经济增长与社会进步、减员增效与扩大就业、发展高新技术产业与发展劳动密集型产业的关系。

六、运用蒙代尔—弗莱明模型说明在浮动汇率和资本完全流动下的货币政策效果。

蒙代尔—弗莱明模型是研究开放经济下货币和财政政策的典范。该模型假设资本完全流动的小国经济，利率由世界利率 r^* 决定，是外生固定的。

在这一假设下，产品市场与 IS^* 曲线如图所示。

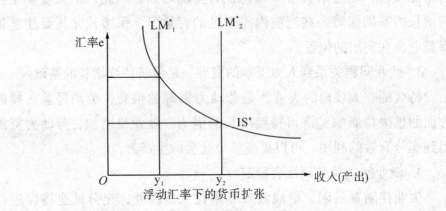

浮动汇率下的货币扩张

$$Y = C\ (Y - T)\ + I\ (r^*)\ + G + NX\ (e)$$

IS^* 曲线描述的是汇率 e 与收入 Y 之间的关系。若用横坐标表示收入，纵坐标表示汇率。汇率增加，使净出口减少，收入也会减少。IS^* 曲线向右下方倾斜。

货币市场与 LM^* 曲线如图所示。

$$M/P = L\ (r^*,\ Y)$$

因为汇率 e 没有出现在上述方程，故 LM^* 曲线是垂直的。

IS*曲线和 LM*曲线的交点决定均衡收入和均衡汇率。

现假定中央银行增加了货币供给，由于物价水平已假定为固定的，货币供给的增加意味着实际货币余额的增加。实际货币余额的增加使 LM*曲线向右移动，如图所示。因此，货币供给的增加提高了收入，降低了汇率。

一旦货币供给的增加给国内利率以向下的压力，由于投资者会把资金投到其他地方寻求更高的收益，资本则会流出。资本的这一流出阻止了国内利率下降到低于世界利率的水平。由于海外投资需要把本币换成外币，资本流出增加了外汇市场上国内通货的供给，使本币贬值。这一贬值使国内产品相对于国外产品更加便宜，刺激了净出口。因此，在一个小型的开放经济中，货币政策通过改变汇率而不是改变利率来影响收入。

七、证明简单凯恩斯模型中政府财政预算平衡约束下的政府购买支出乘数为 1。

平衡预算乘数是指政府收入和支出同时以相等数量增加或减少时国民收入变动与政府收支变动的比率。

用 Δy 代表政府支出和税收各增加同一数量时国民收入的变动量，则：

$$\Delta y = k_g \Delta g + k_t \Delta t = \frac{1}{1-\beta}\Delta g + \frac{-\beta}{1-\beta}\Delta t$$

由于假定 $\Delta g = \Delta t$，因此：

$$\Delta y = \frac{1}{1-\beta}\Delta g + \frac{-\beta}{1-\beta}\Delta t = \frac{1-\beta}{1-\beta}\Delta g = \Delta g$$

或　$\Delta y = \frac{1}{1-\beta}\Delta g + \frac{-\beta}{1-\beta}\Delta t = \frac{1-\beta}{1-\beta}\Delta t = \Delta t$

可见　$\dfrac{\Delta y}{\Delta g} = \dfrac{\Delta y}{\Delta t} = \dfrac{1-\beta}{1-\beta} = 1$

即为平衡预算乘数，其值为 1。

八、利用新古典经济增长模型说明不同要素数量和技术进步对经济增长的贡献率。

假设生产函数：$Y = zF(N, K)$

$\Delta Y = \Delta zF(N, K) + MP_N \Delta N + MP_K \Delta K$

$\Delta Y/Y = \Delta zF(N, K)/Y + MP_N \Delta N/Y + MP_K \Delta K/Y$

$\dfrac{\Delta Y}{Y} = \dfrac{\Delta z}{z} + \dfrac{MP_N N}{Y} \cdot \dfrac{\Delta N}{N} + \dfrac{MP_K K}{Y} \cdot \dfrac{\Delta K}{K}$

其中 $\dfrac{MP_N N}{Y}$ 是劳动在经济增长中所占的份额 a；$\dfrac{MP_K K}{Y}$ 是资本在经济增长中所占的份额 b。

则 $\dfrac{\Delta Y}{Y} = \dfrac{\Delta z}{z} + a \cdot \dfrac{\Delta N}{N} + b \cdot \dfrac{\Delta K}{K}$

因此，上式即意味着产出的增长率 = 技术进步 +（劳动份额×劳动增长率）+（资本份额×资本增长率）

九、说明短期菲利普斯曲线为什么向右下方倾斜并利用它解释滞胀。

短期菲利普斯曲线就是预期通货膨胀率保持不变时，表示通货膨胀率与失业率之间的关系的曲线。

方程表示为：$\pi - \pi^e = -\varepsilon(u - u^*)$，即 $\pi = \pi^e - \varepsilon(u - u^*)$

π^e 表示预期通货膨胀率，u^* 表示自然失业率。π 为通货膨胀率，u 为失业率。短期菲利普斯曲线表示通货膨胀率与失业率之间的反向关系，短期菲利普斯曲线的斜率始终是 $-\varepsilon$，因而向右下方倾斜。通货膨胀率与失业率之间存在替代关系，较高的通货膨胀率对应较低的失业率，较低的通货膨胀率对应较高的失业率。

滞胀是指经济停滞或衰退、大量失业与高通胀率并存。

由附加预期的菲利普斯曲线可以看出，π 取决于 π^e 和 −ε（u − u*），若 π^e 增加，在 U 增加的情况下，可能导致 π 增加，如图中从 A 点到 B 点。

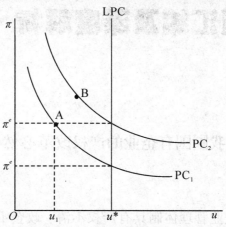

十、画图说明完全竞争厂商的短期供给曲线。

竞争性厂商的短期供给曲线：π = py − c（y）。

利润最大化取一阶条件：p − mc（y）= 0。

上式得出 p 与 y 之间的关系，就是竞争性厂商的短期供给曲线。

当厂商停止生产时，利润为 −F；

当厂商生产时，利润为 py − F − Cv(y)；

当 py − F − Cv(y) > −F，厂商才会生产，才有供给，即 p > AVC(y)

因此，完全竞争厂商的短期供给曲线是沿着边际成本向上，高于 AVC 的部分，在图中，是沿着 SMC 曲线向上，高于 E 点的部分。

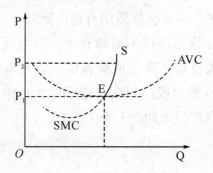

2006 年经济学综合（一）试题汇编及深度解析

一、辨析：我国国有企业的产权改革必然导致国有资产的流失。

过去的国有企业管理体制具有产权不清、政企不分、责权利不明、管理不科学等问题，其结果是国有企业效率低下。产权改革的根本含义是使产权明晰，权责利关系明确，有利于促进资源优化配置，提高经济活动的效率。党的十六大明确了产权是企业改革的主要问题，党的十六届三中全会进一步提出产权是所有制的核心和主要内容，建立现代产权制度是建立完善的社会主义市场经济体制的重要内容，是坚持和完善基本经济制度的内在要求。我国国有企业改革就是要建立产权清晰、权责明确、政企分开、管理科学的现代企业制度。

股份制是公有制的主要实现形式，大力发展国有资本、集体资本和非公有资本等参股的混合所有制经济，实现投资主体多元化。只要产权界定和交易按照市场规则公开、竞争地进行，国有企业产权改革不一定导致国有资产流失，在股份制这种公有制实现形式下，国有资产按股份行使责权利，并不会导致国有资产流失。

国有资产流失往往与产权不清晰有关，因为没有一个明确的责任主体对国有资产流失负责，这造成国有资产管理部门和国有企业控制人有机可乘，在产权界定或产权交易过程中，让国有资产大大低于市场价值，导致国有资产流失到私人手中。

二、简述当代资本主义社会剩余价值生产的新特点。

第二次世界大战以后，以信息技术、生物技术和新材料技术的飞速发展为标志的当代科技革命，大大促进了劳动生产率提高和生产力的发展，也引起资本主义社会的产业结构、就业结构发生很大的变化。生产的智能化、自动化使人和劳动对象的关系产生很大的改变。甚至出现无人工厂，无人车间等自动化生产体系。

同时，当代资本主义社会剩余价值生产也出现一些新特点：

（1）剩余价值生产的部门发生了变化，生产剩余价值的部门大为扩展。以前，生产剩余价值的主要是物质生产部门（第一产业和第二产业）。在当代，第一产业和第二产业在国民经济中的比重不断下降，而第三产业的比重不断上升，当前资本主义剩余价值的生产部门已从第一产业和第二产业扩大到第三产业。

（2）当代资本主义社会剩余价值生产在地域上扩大了。垄断资本家跨国经营，全球配置资源，获取尽可能多的剩余价值。剩余价值生产突破了国界限制。

（3）剩余价值生产的主体发生变化。生产剩余价值的劳动者由物质生产部门向第三产业转移，从体力劳动者向脑力劳动者转化。劳动者的劳动条件改善，体力劳动明显减少，脑力支出、紧张和专注程度提高了。

（4）生产剩余价值的手段发生变化，资本主义发展早期阶段强调高强度劳动以及泰罗制、福特制之类的剩余价值生产手段已被一些文明的"行为管理"所代替，强调激励劳动力的积极性、进取心和创新精神，缓和劳资矛盾，以提高生产劳动的质量和效率，增加剩余价值生产。

（5）剩余价值生产的载体发生变化。以前剩余价值的载体多是看得见、摸得着的物质商品，现在，剩余价值越来越多地凝结在劳务、信息、知识、科技等无形产品上。

（6）科技进步带来自动化生产体系，劳动力使用大量减少，但剩余价值数量却大量增长。劳动价值论并未过时，因为自动化的生产体系中蕴含了大量的复杂劳动，如科学研究、工程设计、技术安装、设备维修等，而且，生产规模扩大、劳动分工发展使劳动生产率大大提高。

三、简述固定资本与流动资本的区别。

按资本价值周转方式的不同，生产资本可以划分为固定资本和流动资本两个部分。

固定资本是指以厂房、机器、设备和工具等劳动资料形式存在的生产资本，在物质形态上参加生产过程，其价值按在使用过程中的磨损，一点一点地转移到新产品中去，产品售出后一点一点地收回，经过许多生产过程，实现价值的转移。正是根据这部分生产资本的实物形态在生产过程中保持不变，而价值一点一点地转移到新产品中，故称为固定资本。

流动资本是指以原料、燃料、辅助材料等劳动对象形式存在的和以劳动力形式存在的那部分生产资本。这些资本在物质形态上参加一次生产过程，全部价值一次转移到新产品中去。正因为其物质要素在每次生产中全部消费掉，因而每次生产都需要更新，故称流动资本。

固定资本和流动资本的区别如下：第一，价值转移方式不同，固定资本的价值逐渐转移到新产品中，流动资本的价值一次全部转移到新产品中去。第二，周转时间不同，固定资本周转一次所需要的时间较长，流动资料周转一次的时间较短，固定资本周转一次，流动资本可以周转多次。第三，价值回收方式不同，固定资本是一次预付，分批逐渐收回，全部价值的回收期较长，流动资本是一次预付，一次收回，全部价值的回收期较短。第四，实物更新方法不同，固定资本是一次购买，在它发挥作用的整个时期内不需要购买和更新，而流动资本随着每次生产过程要不断购买和更新。

四、简述转型期我国宏观经济调控方式的转变。

我国经济体制从计划经济向市场经济转变，宏观经济的调控方式也在发生转变。一国政府对宏观经济的调控方式主要是由这个国家的经济体制所决定的。我国的宏观调控方式由计划经济体制下的直接调控方式向市场经济体制下的间接调控方式转变。

（1）在传统的计划经济体制下，政府的宏观调控主要采取直接调控方式，即政府运用行政手段编制和实施全面的计划，直接配置经济资源，直接干预微观经济的运行，以达到某种调控目标。

（2）在市场经济体制下，政府的宏观调控一般采取间接调控方式，即政府综合运用多种手段调节市场，通过市场影响和引导微观经济行为，从而达到某种宏观调控目标。

（3）间接调控是政府对经济运行的一种干预，这种干预与计划经济体制下的直接调控的干预有实质区别。在直接调控方式下，政府与企业之间的关系是行政隶属关系，政府对宏观经济的调控通过计划来实现。在间接调控下，政府与企业之间的关系是由市场来联结的，政府的宏观调控通过市场来实现。

五、概述马克思劳动价值论的基本内容。

（1）商品是用来交换的劳动产品，商品包含使用价值和价值两个因素，是使用价值和价值的统一。使用价值是指物品或服务能够满足人们某种需要的属性，即物品和服务的有用性。使用价值是由物品的自然属性决定的。使用价值构成社会财富的物质内容。价值是蕴涵在商品中的无差别的一般人类劳动的凝结。正是由于商品中含有价值这种共同的东西，商品才可以比较和按一定的比例进行交换。价值在质上是相同的，在量上是可以比较的。商品的使用价值和价值是统一的，互相依存、缺一不可。价值以使用价值的存在为前提，使用价值是价值的物质载体。未经人类劳动创造的物品虽有使用价值，但没有价值，不能成为商品。有些物品虽有使用价值，也是劳动产品，但不是为了交换，而是用于自己的消费或无偿提供给别人消费，这也不是商品。

（2）劳动具有二重性：具体劳动和抽象劳动。劳动的二重性决定商品的二因素。具体劳动从劳动的具体形态考察，在一定的具体形式下进行的劳动，称为具体劳动。具体劳动创造使用价值，具体劳动反映人与自然之间的关系，具体劳动并不是所生产的使用价值的唯一源泉，具体劳动只有同自然物质相结合，才能创造出使用价值。抽象劳动是从劳动的抽象形态考察的劳动，如果抽象掉生产商品的劳动的具体形式，所有劳动都是人们的体力和脑力的支出。这种撇开劳动的具体形式的无差别的一般人类劳动，即为抽象劳动。抽象劳动是同质的、无差别的形成商品价值的劳动。抽象劳动形成价值，它体现的是人与人之间的社会关系，它是创造价值的唯一源泉。

（3）商品的价值量决定于生产商品的社会必要劳动时间。商品的价值是物化在商品中的抽象劳动，是无差别的人类劳动的凝结。从量的规定性来讲，它是由凝结在商品中的劳动时间来衡量的。商品价值量不是由个别劳动时间决定的，而是由社会必要劳动时间决定的。社会必要劳动时间指的是在现有的正常生产条件下，在社会平均的劳动熟练程度和劳动强度下制造某种使用价值所需要的劳动时间。价值量与社会必要劳动时间成正比，与劳动生产率成反比。

（4）劳动创造价值，复杂劳动是倍加的简单劳动，技术、管理、科研等劳动属于复杂劳动，它们在价值形成中的贡献要多倍于简单劳动。

（5）劳动力创造价值和剩余价值，剩余价值理论是在劳动价值论基础上创立的。劳动力商品的使用价值具有其他商品所没有的特殊性质，劳动力在使用过程中，不仅能够创造价值，而且能够创造出比自身价值更大的价值，即剩余价值。

六、试析坚持按劳分配与按生产要素分配相结合。

按劳分配是指以劳动者提供的劳动作为唯一的尺度来进行分配，多劳多得，少劳少得，不劳不得，等量劳动获得等量报酬。资本、技术、信息、土地、房地产等生产资料在价值创造过程中起到投入要素的作用，其所有者必然要求取得相应的报酬，按照投入要素的多少进行分配，叫按生产要素分配。我国坚持实行以按劳分配为主体，多种分配方式并存的分配制度。

（1）分配方式是由生产方式决定的。我国社会主义初级阶段的基本经济制度是公有制为主体、多种所有制经济共同发展。除了作为主体的公有制外，还有个体经济、私营经济、外资经济等非公有制形式。公有制为主体，多种所有制并存，决定了在分配上要以按劳分配为主体，多种分配方式并存。

（2）按劳分配是人类历史上分配制度的一场深刻革命，是由社会主义社会生产资料公有制决定的，实行按劳分配，可以将劳动者的劳动和报酬联系起来，起到激励劳动，促进社会生产力的作用。按劳分配实现劳动平等和报酬平等，有利于实现社会公平，从而调动劳动积极性。

（3）确立资本、技术、管理等生产要素按贡献参与分配的原则是社会主义市场经济发展的必然要求。生产要素按贡献参与分配有利于生产力的发展，可激励生产要素投入者投入的积极性，可激励生产要素使用者节约的积极性，使资源得到优化配置，提高资源的利用效率，促进经济的集约增长。

（4）社会主义初级阶段实行按劳分配与按生产要素分配相结合的分配制度，是由初级阶段生产力发展水平所决定的，生产力发展不平衡、多层次，非公经济和私人投资部门的资本、技术、管理、信息等生产要素也需要获得合理的投资回报。

（5）确立生产要素按贡献参与分配的原则是收入分配制度的进步。

在西方经济学的生产理论中，生产要素按边际生产力获得回报，是利润最大化的必然要求。随着科技进步，知识、技术、管理、创新等生产要素对经济增长的贡献不断上升，技术、管理等生产要素被视为劳动这一生产要素的延伸，强调这些生产要素参与分配，并不影响按劳分配的原则，而是收入分配制度的进步。

（6）生产要素按贡献参与分配是扩大中等收入阶层比重的重要途径。允许技术入股和投资分红，可以刺激发明创造，鼓励投资，通过发明创造和资本积累获得财富，有利于壮大中产阶层。

在我国社会主义初级阶段，坚持按劳分配为主体、多种分配方式并存，要把按劳分配和按生产要素分配结合起来，坚持效率优先、兼顾公平的原则。按劳分配与按生产要素分配，是并行不悖的，二者相结合，既可以调动劳动者的积极性，也可以调动生产要素的积极性，有利于调动所有资源的积极性，把分散的人力、物力、财力和技术动员起来进行现代化建设，实现社会资源的充分利用和合理配置。

七、用"囚徒困境"模型说明为什么双寡头市场的价格战难以避免。

双寡头在同一个市场上进行双寡头竞争。每家厂商的策略集是{降价，不降价}。因为是同质产品，任何一方降价，将获得全部消费者，另一方则收益降为零，将获得亏损。若两家厂商都降价，则每家厂商的收益将减少。

	厂商A	
	降价	不降价
厂商B 降价	10, 10	80, -20
不降价	-20, 80	50, 50

降价博弈是典型的囚徒困境，纳什均衡是（降价，降价），这是个体理性选择的结果，但双方的收益各为 10 个单位，总收益是 20 个单

位。若选择（不降价，不降价），则双方的收益各为 50 个单位，总收益是 100 个单位，显然，个体的理性不符合集体的理性。本博弈中，降价是寡头的理性选择，但降价对双方都是不利的，双方不降价更好。

八、说明税收归宿如何受到供求弹性的影响。

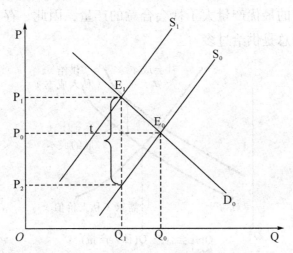

如图所示，征税相当于在需求曲线和供给曲线之间打入一个"楔子"。税收导致均衡数量减小，使买方支付的价格增加，使卖方得到的价格降低。税收由买卖双方共同分担。

买方分担的税收是 $p_1 - p_0$，卖方分担的税收是 $p_0 - p_2$，二者加起来正好等于税收 t。

买方双方对于税收的分担与需求曲线和供给曲线的弹性有关，税收的归宿取决于供求弹性的相对大小，税收会更多的落在相对缺乏弹性的一方。当供给弹性大于需求弹性时，消费者承担更多税收；当需求弹性大于供给弹性时，卖者承担更多税收；当需求弹性为零时，税收完全由消费者承担；当需求弹性无穷大时，税收完全由卖者承担。

九、画图说明生产的负的外部性如何导致市场失灵，以及解决的机制。

外部性有两种，一种是负外部性，指个人的行为对他人的福利带来负的影响，但并未对他人作出补偿。如图所示，社会成本 > 私人成本，私人决策的最优产量大于社会合意的产量，因此，存在市场失灵，负外部性行为总是供给过多。

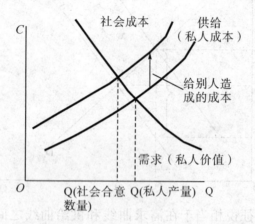

若某活动的私人成本小于社会成本：$C_P < C_S$，且私人价值大于私人成本并小于社会成本：$C_P < V_p < C_S$，显然，私人会做这项活动，因为 $C_P < V_p$，但对社会是不利的，因为 $V_p < C_S$。这时，帕累托最优状态没有出现。因为 $(C_S - C_P) > (V_p - C_P)$，若社会可以对该人作出补偿，这个人可以放弃这项行动，补偿量至少等于 $V_p - C_P$，就可以实现帕累托改进，因为可以让至少一方变好，而不让任何人变差。

外部性的解决机制包括：

（1）庇古税。通过征税，让外部性内在化。征税的大小等于外部性行为造成的外部成本。

（2）一体化。将外部性内部化。

（3）市场协议解决。根据科斯定理，只要交易成本为零，产权明确，不管最初的产权配置给谁，都可以通过市场契约解决外部性问题。

（4）政府管制。政府管制某些行为的数量或质量，如标准化、排放数量管理等。

（5）道德说教。宣传教育，不要产生负外部性行为，如不要在公共场所吸烟。

（6）慈善组织的活动。制止负外部性行为。

十、从经济增长率与工资率的相关关系中说明结构性通货膨胀的发生机制。

结构性通货膨胀是指在没有需求拉动和成本推动的情况下，由于经济结构的变动，出现一般价格水平的持续上涨。西方学者通常用生产率提高快慢不同的两个部门来说明结构性通胀。

联系到经济增长率与工资率的关系，一国经济可根据劳动生产率增长速度的差异划分为不同的部门：生产率增长较快的先进部门和生产率增长较慢的落后部门。生产率增长较快的部门增长速度快，工资水平增长快，产品价格上涨也较快。由于价格和工资具有刚性，落后部门的工人往往要求与先进部门的工资上涨率看齐，货币工资的整体水平与先进部门的劳动生产率同幅度增长。落后部门的生产成本上升，进而造成物价整体水平的上升。

十一、根据 LM 曲线的斜率说明政府财政政策有效性的条件。

货币供给等于货币需求：$m = ky - hr$

LM 曲线方程：$r = \dfrac{k}{h}y - \dfrac{m}{h}$

LM 曲线的斜率取决于 k/h，k 表示收入增加时，货币需求增加多少，一般认为 k 是稳定的，h 是货币需求关于利率变动的系数。

随着 h 的变化，LM 曲线的斜率发生变化：

h 趋于无限大时，LM 曲线的斜率趋于零，这是凯恩斯区域。

当 h 趋于无限小时，LM 曲线的斜率趋于无穷大，这是古典区域。

当 h 处在一般水平时，LM 曲线的斜率向右上方倾斜，LM 曲线处在凯恩斯区域和古典区域之间，叫做中间区域。

财政政策在凯恩斯区域非常有效，在古典区域完全无效，在中间区域部分有效。

因此，h 趋于无限小时，财政政策完全无效；h 趋于无限大时，财政政策非常有效；h 处在中间水平时，财政政策部分有效。

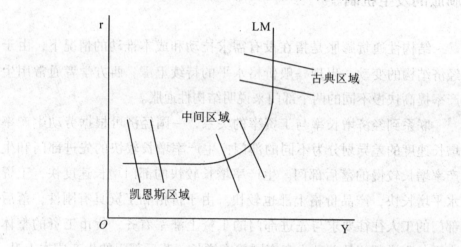

2006 年经济学综合（二）试题汇编及深度解析

一、辨析：劳动力成为商品是资本主义社会的特有现象。

此说法错误。劳动力成为商品不是资本主义社会特有的现象，社会主义市场经济条件下劳动力成为商品也是普遍现象。劳动力成为商品是商品经济的一般现象，而非资本主义社会的特有现象。劳动力成为商品是关于劳动力的资源配置方式，与反映社会制度的所有制关系没有必然的联系。资本主义生产需要劳动力，劳动力是剩余价值的源泉。社会主义市场经济中，生产也需要劳动力，劳动力是利润的源泉。只要是市场经济，劳动力成为商品就是商品经济的必然要求和基本条件，显然，劳动力成为商品对社会主义市场经济也是完全适合的。

马克思指出，劳动力成为商品必须具备两个条件：一是劳动力必须有人身自由，可以把自己的劳动力作为商品来出卖；二是劳动者除了自己的劳动力以外，既无生产资料，也无生活资料，必须出卖劳动力来维持生存。很多人据此认为劳动力成为商品是资本主义社会的特殊现象，这种理解是片面的，教条的。

劳动力的个人所有与劳动力的社会化使用之间的矛盾是社会主义条件下劳动力成为商品的理论基础，在社会分工和生产的社会化条件下，要使单个的劳动力得到利用，就必须通过一定的社会形式，把许许多多的单个劳动力汇成一个结合劳动力，然后才能与社会化的生产资料相结合生产出商品。

二、简述利润转化为平均利润的过程及意义。

由于资本有机构成和资本周转速度不同，各部门利润率不同。不同部门的资本家为了获得更高的利润率，必须展开激烈的竞争。竞争主要围绕争夺有利投资场所而展开。竞争的手段是资本转移，即把资本从利润率低的部门转移到利润率高的部门，资本转移会导致各部门生产规模的变化，进而引起产品供求关系以及产品价格相应变化，最终使不同部门的利润率趋于一致，形成平均利润率。利润率高的部门，会有资本进入，供给增加，价格下降，使利润率降低；利润率低的部门，会有资本撤出，供给减少，价格上升，使利润率上升，这种资本转移直到两个部门的利润率相等时才会停止。各部门不管从事何种生产，只能获得平均利润率，等量资本获得等量利润。

平均利润率的形成过程实际是全社会的剩余价值在各部门资本家之间重新分配的过程。平均利润率是一种利润率平均化的总的趋势，随着社会资本平均有机构成提高，平均利润率会趋于下降。

剩余价值转化为利润，掩盖了剩余价值的真正来源。利润转化为平均利润，许多部门的利润量与剩余价值量就不一致了。等量资本获得等量利润，似乎利润的多少只与资本量有关，这完全掩盖了利润的本质和来源。

三、简要说明社会主义初级阶段基本经济制度确立的条件。

我国社会主义初级阶段的基本经济制度是以公有制为主体，多种所有制经济共同发展。这是由我国社会主义初级阶段的国情决定的。

（1）我国是社会主义国家，必须坚持公有制作为社会主义经济制度的基础。离开了公有制为主体，就会影响我国社会主义的性质。为了发展社会化大生产，实现共同富裕，必须坚持公有制的主体地位。

（2）我国处于社会主义初级阶段，生产力发展不平衡、多层次，为与这种状况相适应，需要在公有制为主体的条件下发展多种所有制经济。生产资料所有制要与生产力发展状况相适应，才能促进生产力的迅速发展。与生产力发展状况相适应，我国公有制经济只能在经济中占主体地位，不能成为社会经济的唯一形式。这就需要多种所有制经济共同发展，鼓励非公有制经济共同发展，以促进生产力的迅速提高。

（3）以公有制为主体，多种所有制经济共同存在、共同发展已是我国当前现实经济中客观存在的事实。私营经济、外资经济在经济中占有不少比重。实践证明，这种所有制结构有利于社会生产力的发展，有利于增强综合国力，有利于提高人民生活水平。

四、试论价值形式的发展与货币的起源。

对于商品生产者而言，生产商品是为了取得价值，而消费者关心的则是商品的使用价值。商品的使用价值和价值对于生产者和购买者来说，只能实现其中一种属性，不能同时两者兼而有之。商品的使用价值和价值的矛盾只有通过交换才能解决。一旦交换不成功，生产者生产的商品的价值就不能实现，消费者也无法获得商品的使用价值。

商品的价值不能自我表现，必须在交换中通过另一种商品表现出来。因此，商品价值必然要有价值表现形式，即价值形式。价值形式随着商品交换的发展而发展，经历了简单的（个别的、偶然的）价值形式，总和的（扩大的）价值形式，一般价值形式，最后发展为货币形式。

（1）简单的价值形式是指一种商品的价值个别的、偶然的表现在和它相交换的另一种商品上，是价值形式发展的最初阶段。

（2）总和的或扩大的价值形式是指一种商品的价值表现在一系列商品上。在扩大的价值形式上，一种商品的价值不是偶然地表现在另一种商品上，而是经常表现在一系列商品上。作为等价形式的已经不是一种商品，而是一系列的特殊等价物。

（3）一般价值形式是指一切商品的价值都可以由某种商品来表现。这种商品从许多商品中分离出来成为一般等价物，人们可以用它来作为商品交换的媒介。一般价值形式的出现是价值形式发生了质的飞跃，这时，商品的交换由物物直接交换变为以一般等价物为媒介的间接交换。商品生产者只要将自己的产品换成一般等价物，他的劳动就得到了社会的承认，可以用它来换取自己需要的任何商品。

（4）货币形式。当某种商品（金，银）固定充当一般等价物时，这种商品就成了货币，这种价值形式就是货币形式。货币形式与一般价值形式并没有本质的区别，唯一的区别只是一般等价物固定于金银上。因为金银的自然属性，使其最适宜充当货币材料。

货币的起源是商品交换发展过程中自发形成的产物，是商品内在矛盾发展的结果。货币的出现使商品的内在矛盾外在化了。内在于商品中的使用价值和价值、具体劳动和抽象劳动、私人劳动和社会劳动的矛盾，在简单价值形式中表现为商品与商品的外部对立，现在发展为商品与货币的外部对立。整个商品世界划分为两极：一极是各种各样的具有使用价值的商品，另一极是货币。如果商品通过交换转换成货币，商品的内在矛盾就得到了解决，商品的价值得到了实现。

由此可见，货币的产生过程就是价值形式发展的过程，也是商品交换的发展过程，货币是商品交换发展到一定阶段的产物，是商品内在矛盾发展的必然结果。

五、试析我国改革新阶段如何进一步培育和完善现代市场体系。

市场体系是指确保市场机制有效运行的机构和制度的系统。社会主义市场经济要发挥市场机制在资源配置中的基础性作用，必须培育和发展完善的社会主义市场体系，既包括商品市场、要素市场，也包括市场运行有关的制度。

商品市场包括生活资料市场和生产资料市场，要素市场包括土地市场、劳动力市场、金融市场、技术市场、信息市场、经理人市场等。

构建一个体系完整、机制健全、统一开放、竞争有序的现代市场体系是完善我国社会主义市场经济体制的重要内容，要建立健全统一的开放市场，完善价格形成机制，规范市场秩序。

1. 加快建设并健全全国统一开放市场

加快形成统一开放的全国大市场，促进商品和要素实现跨地区自由流动。必须废止阻碍公平竞争、设置行政壁垒、排斥外地产品和服务的各种分割市场的规定，打破行政性垄断、行业垄断、经济性垄断和地区封锁，增强市场的统一性。加大反垄断力度；加快制定或修订保护和促进公平竞争的法律法规和政府规章制度，保障各类经济主体获得公平的市场准入机会；依法规范政府行为，界定政府在市场准入和市场运营方面的权限和行为，提高市场准入程序的公开化和准入的透明度；针对国内市场的分割问题，强化打破地区封锁的协调工作机制，消除行政壁垒、地方保护等分割市场的行为；推进现代流通进程，积极发展电子商务、连锁经营、物流配送等现代流通方式，促进商品和各种要素在全国范围自由流动和充分竞争。

2. 进一步完善和提升商品市场

在优化结构的基础上，努力扩大市场规模，完善市场功能，建立现代化的商品流通网络体系。进一步完善日用消费品市场，加快农产品市场体系建设，推进生产资料市场创新。

3. 培育和发展要素市场，完善价格形成机制

培育和发展要素市场，继续发展土地市场，积极发展劳动力市场，进一步健全技术市场，大力发展资本市场，建立多层次资本市场体系。加快资源价格改革步伐，进一步减少政府对资源配置和价格形成的干预，切实建立起反映市场供求、资源稀缺程度以及污染损失成本的价格形成机制。

4. 加快发展服务业特别是现在服务业

服务业是现代市场体系的重要组成部分。拓展生产性服务业和消

费性服务业，细化深化专业化分工，减低社会交易成本，提高资源配置效率和社会服务水平。要优化发展交通运输业，大力发展现代物流业，有序发展金融服务业，拓宽保险服务领域，积极发展信息服务业，规范发展商务服务业，继续发展和丰富消费性服务业，加快发展公用服务业。

5. 规范和整顿市场秩序

建立现代市场体系，必须规范和完善市场秩序。要建立和完善市场规则，加快推进法制建设、制度建设和社会信用体系建设，特别是要加快建立社会信用体系，建立失信惩戒机制。

六、说明规模报酬递减和边际收益递减规律的异同。

规模报酬递减指的是产量增加的比例小于各种生产要素增加的比例，对任意的 $t>0$，有 $f(tK, tL) < tf(K, L)$。

边际收益递减规律是指在其他条件不变的情况下，如果一种投入要素连续地等量增加，到了一定程度之后，所带来的边际产出会递减。准确地讲，是随着投入要素不断增加，其边际产出是先增加后减小的。

两者的相同之处是都经历一个先增加后减小的过程，规模报酬从递增到不变再到递减。边际收益也从递增到不变再到递减。除此之外，两者的含义明显不同。

规模报酬是从长期来看的。边际报酬递减是从短期来看的。在短期内厂商无法调整其生产规模，存在着固定成本与可变成本之分，随着可变成本的增加，会产生边际收益递减。在长期内厂商可以调整其生产规模，不存在固定成本一说，各生产要素的投入比例不变，仅仅是投入规模变了，其平均成本曲线经历一条 U 型曲线，从规模收益递增到规模收益不变再到规模收益递减不断变化。

规模报酬递减的主要原因一方面是由于企业生产规模过大，使得生产的各个方面难以协调，管理成本剧增，另一方面是由于规模巨大的厂商，投入要素的成本上升，使平均成本上升，从而造成规模不经济。

边际收益递减规律存在的原因是可变要素和不变要素之间存在一个最佳比例，随着可变要素投入量的增加，可变要素与固定要素之间的比例会发生变化。在可变要素很少时，相对于固定要素来说，可变要素投入过少，因此，随着可变要素投入量的增加，其边际产出递增，当可变要素与固定要素的比例达到最佳比例时，边际产出达到最大。如果再继续增加可变要素投入量，可变要素就相对过多，其边际产出递减。

七、分析说明劳动供给曲线"背弯"的原因。

"背弯"的劳动供给曲线指的是随着工资的上升，劳动供给先增加，当工资上升到一定程度，劳动供给反而减少，供给曲线向后弯曲。

居民拥有既定的时间，在劳动和闲暇之间分配，劳动供给是闲暇的反面，劳动的价格即工资也是闲暇的价格。因此，劳动供给可以用闲暇需求来说明。

工资上涨时，对闲暇需求造成两种效应，替代效应和收入效应。

替代效应是指工资上涨时，即闲暇价格上涨，人们会减少闲暇需求，用其他需求替代闲暇。

收入效应是指工资上涨时，人们的收入提高，会增加闲暇需求。

若替代效应大于收入效应，则工资上涨时，人们会减少闲暇需求，劳动供给增加，劳动供给曲线处在上升的阶段。

若收入效应大于替代效应，工资上涨时，人们会增加闲暇需求，劳动供给减少，劳动供给曲线处在背弯的阶段。

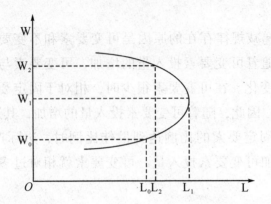

八、分析说明为什么公共物品只能由政府提供。

公共物品是指既无排他性，又无竞争性的物品，如国防。其特征主要有：①非排他性，即无法将消费者排除在外，或排除消费者成本高昂。②非竞争性，指消费者增加一单位物品的消费，并不影响其他人对该种物品的消费。正式地，一个消费者增加一单位物品消费时，不产生外部成本。

市场不能解决公共物品的供给问题。如图所示，公共物品具有非竞争性，各消费者的消费数量与市场总消费量相等，均为 R。公共物品的市场需求曲线是个人需求曲线的垂直相加。公共物品的供求曲线相交所决定的均衡数量就是公共物品的最优数量。在总消费量 R 上，边际成本等于每个消费者的边际利益之和，总的供给价格 T 等于各消费者支付的价格之和，T = L + N。

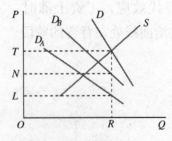

首先，消费者往往不清楚自己对公共物品的需求曲线，因此，其

需求价格无法确定。其次，为了少支付价格或不支付价格，消费者会低报甚至隐瞒自己对公共物品的偏好，因而得不到真实的市场需求曲线并确定公共物品的最优数量。最后，由于非排他性和非竞争性，消费者在享用公共物品时，充当"免费搭车者"，在享受利益时却不想支付成本。这会导致市场供给公共物品数量不足。

一般来说，公共物品应由政府来供给，政府通过征税来解决公共物品的问题。

九、解释"挤出效应"的作用机制，并画图说明。

"挤出效应"是指政府支出增加所引起的对私人投资或消费的抑制现象。

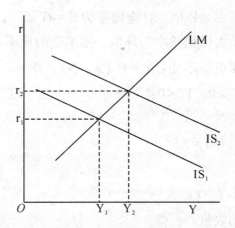

如图所示，政府支出增加，属扩张性的财政政策，IS 曲线右移。在 IS－LM 模型中，IS 曲线右移导致利率上升，产出增加。但是利率上升，会使私人投资减少，会使私人消费减少。

挤出效应的大小取决于以下因素：

第一，支出乘数，政府支出造成利率上升，挤出私人投资，在支出乘数作用下，引起国民收入减少，支出乘数越大，这个效果越大。

第二，货币需求对产出变动的敏感程度，货币需求函数（$L = ky - hr$）中，k 越大，挤出效应就越大。

第三，货币需求对利率变动的敏感程度，货币需求函数中 h 越大，挤出效应就越小，凯恩斯区域，挤出效应为零。在古典极端主义情况下，货币需求利率系数为零，挤出效应是完全的，即政府支出增加了多少，私人投资就被挤出多少，因而财政政策是无效的。

第四，投资需求对利率变动的敏感程度，投资利率系数越大，挤出效应就越大。

十、在新古典增长模型中，外生的储蓄率对人均收入水平的变化有何影响？给出模型稳定状态的条件，并画图说明。结合图说明新古典模型中稳态的性质和储蓄率在长期经济增长中的作用分析。

经济体的储蓄率 s 外生，社会储蓄为 $S = sY$；

经济体中劳动人口增长率为外生，按不变的比率 n 增长；

生产函数规模报酬不变：$Y = F(K, N)$，$tY = F(tK, tN)$，$t > 0$；

边际报酬递减：$F' > 0$，$F'' < 0$；

技术变量外生。

经济均衡时，有 $I = S$。

$\Delta K = I - \delta K$

$S = sY$，$\Delta K = sY - \delta K$

两边同除劳动数量 N，得：

$\Delta K / N = sy - \delta k$，y 为人均产出，k 为人均资本。

$k = K/N$，则 $\Delta k / k = \Delta K / K - \Delta N / N = \Delta K / K - n$

$\Delta K = (\Delta k / k) * K + nK$

同除 N，得 $\Delta K / N = \Delta k + nk = sy - \delta k$

$\Delta k = sy - (n + \delta) k$

这是新古典增长模型的基本方程。

要实现稳定状态，$\Delta k = sy - (n + \delta) k = 0$，

$sy = (n + \delta) k$，$(n + \delta) k$ 曲线和 $sf(k)$ 曲线的交点是稳态点。

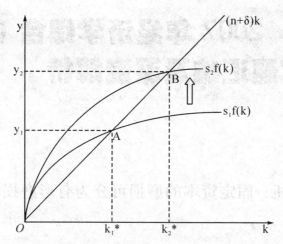

若外生的储蓄率从 s_1 增加到 s_2，如图所示，稳态点从 A 点变化到 B 点，在稳态下，人均资本从 k_1^* 增加到 k_2^*，人均收入从 y_1 增加到 y_2。

稳态指的是一种长期均衡状态，在稳态时，人均资本达到均衡值，并维持在均衡水平不变。人均产量也达到稳定的状态，因此，在稳态下，k 和 y 达到稳定水平，持久不变，如图所示，在稳态 A 点，实现了均衡的人均资本值 k_*1，如果 K 处在 k_1^* 的右边，sy 小于 $(n+\delta)$ k，人均资本就会减小，直到 k_1^*，如果 K 处在 k_1^* 的左边，sy 大于 $(n+\delta)$ k，人均资本就会增加，直到 k_1^*，因此，k_1^* 具有稳定的特性，即使偏离了均衡，也会有某种力量使其恢复到长期的均衡。

在长期，经济处于稳态，人均资本 k 和人均收入 y 都维持不变，稳态时，人均收入的增长率为零。总收入以人口增长率相同的速度增长。稳定状态中的人均收入的增长率独立于储蓄率，因此，虽然储蓄率的增加提高了人均收入和人均资本水平，但不影响稳态下的增长率。

2007 年经济学综合（一）
试题汇编及深度解析

一、辨析：固定资本的磨损可分为有形磨损和无形磨损两种。

此说法正确。

固定资本的磨损是指资本物品由于损耗造成价值减少。固定资本的损耗使固定资本的使用有一定的年限，到了一定年限，就必须更新，折旧是实现固定资本更新的基本途径。

固定资本的磨损可分为有形磨损和无形磨损两种。

固定资本的有形磨损是指厂商、机器设备等固定资本在物质形态上的损耗，它是由使用价值的损耗引起的，又称物质磨损。造成有形磨损的原因有两种：①因使用引起的物质要素的损耗，如机器的使用频率越高、强度越大、年限越长，一般磨损程度也越大。②因自然力作用引起的物质要素的损耗，如风化、腐朽、生锈、老化等。

固定资本的无形磨损是指机器设备等在其有效使用期内，由于技术的进步引起的资本价值的贬值，也叫精神磨损。造成无形损耗的原因有两种：①由于生产技术进步、生产效率提高，生产同类机器设备的社会必要劳动时间减少，使原来购置的机器设备贬值。②由于科技创新，市场上出现质量和功效更好的机器设备，使原有的机器设备性能相对下降，从而导致原设备贬值。

二、简述政治经济学研究对象与研究范围的关系。

关于政治经济学的研究对象，马克思曾指出："摆在面前的对象，首先是物质生产"。马克思在《资本论》第 1 卷序言中指出："我要在本书研究的，是资本主义生产方式以及和它相适应的生产关系和交换关系。"

首先，生产是政治经济学的出发点，生产不仅包括物质资料生产，也包括服务领域生产。这一对象决定了马克思主义政治经济学的研究范围，既不同于以流通为对象的重商主义，也不同于仅以农业部门为对象的重农主义，更不同于以分配为出发点的经济理论。另外，现代服务业也进入了政治经济学的研究范围。生产不仅涉及人和自然的关系，也涉及人们在生产过程中的相互关系，政治经济学研究的范围不是生产的自然属性，而是生产的社会属性。

其次，生产关系是政治经济学的研究对象，生产关系是人们在物质资料生产过程中所结成的社会关系，生产关系包括三个方面：生产资料的所有制形式，人们在生产过程中所处的地位，产品的分配关系。这一对象决定了马克思主义政治经济学的一些研究范围，政治经济学不是一般地研究生产，而是研究人们在生产过程中的生产关系，既要研究生产、交换、分配、消费之间的相互关系，也要研究人们在社会生产、交换、分配、消费中的关系。

再次，政治经济学对生产关系的研究，不可避免地要研究生产力。社会生产是生产力和生产关系的统一。政治经济学要研究影响和制约生产关系发展的生产力，特别注意生产力和生产关系的矛盾运动。研究生产力和生产关系的矛盾运动是马克思主义政治经济学的基本分析框架。

总之，政治经济学的研究对象和研究范围是统一的，研究对象是生产和生产关系，其研究范围围绕这些研究对象展开，包括研究现代服务业，结合生产力研究生产关系，结合生产总过程来研究生产关系等。

三、简述商品经济条件下按劳分配的实现特点。

1. 商品经济条件下，收入分配必须实行按劳分配和按生产要素分配相结合的分配制度

在商品经济条件下，收入分配不能实行单一的按劳分配，也不能实行完全的按生产要素分配，必须实行按劳分配和按生产要素相结合的分配制度。具体说来，通过以下方式实现：

（1）按劳分配与按资分配相结合。劳动取得工资收入，资本应取得资本收入。

（2）按劳分配与科学技术参与分配相结合。技术作为越来越重要的生产要素，应取得相应收入，如专利费、技术入股等。

（3）按劳分配与经营管理者职能参与收益分配相结合。管理作为生产要素，应取得相应收入，如薪酬、股权激励、提成等多种分配形式。

（4）按劳分配与按知识分配相结合。对于知识的创新和创造者，应取得相应收入，如咨询费、科研费等。

（5）按劳分配与按风险分配相结合，商品经济具有风险，高风险领域，收益应更高。

2. 商品经济条件下，按劳分配的实现采取商品、货币形式

在商品经济条件下，每个人的劳动不能直接表现为社会劳动，要看是否符合社会需要。劳动者生产的商品通过商品交换得到社会承认才能转化为社会劳动，并以商品价值的形式实现。商品价值经过各项扣除后，以货币形式分配给劳动者。所以，按劳分配的实现要通过一个间接迂回的过程，通过商品货币形式实现。

3. 按劳分配的实现受价格、货币币值以及市场供求关系等因素的制约

首先，供求关系影响按劳分配，如果某种商品供过于求，产品卖

不出去或者以低于其价值的价值出售，劳动耗费就得不到全部的补偿，就会降低劳动者收入；其次，物价会影响劳动力的价值，劳动力价值是生产、发展、维持和延续劳动力所必需的生活资料的价值，因此，物价改变，会改变劳动者的收入，一般是同步变化，物价上涨，劳动者工资也会上涨；再次，劳动者工资具有刚性，部分来自长期工资合同，若货币贬值，劳动者的实际收入将降低。

4. 按劳分配在全社会范围内没有统一的标准，主要以企业为单位来进行

在商品经济条件下，企业是商品生产和经营的主体，根据其利润最大化原则来决定分配。劳动者收入与企业经济效益密切相关，不同企业之间存在差异，这就决定了等量劳动领取等量报酬，还只能在企业范围内实现。

四、简述市场经济微观基础的含义及其特点。

在市场经济活动中，交换关系是最基本的经济关系。市场作为交换关系的总和，将各个有社会分工所形成的处于分离状态的利益主体有机地联系在一起，形成社会分工基础上的交换关系和协作关系，这些参与市场交换的利益主体就是市场经济的交换主体，在经济学上被称为微观经济主体。广义的市场经济微观基础就是指市场经济中微观经济主体的综合以及这些主体所具有的特征；而狭义的市场经济微观基础仅仅是指微观经济主体。市场中的微观经济主体主要有三类，即企业、个人和农户。我们所指的狭义的市场经济微观基础也就是由企业、个人和农户这三类微观经济主体构成的。除这三类主要的市场经济微观基础外，还有两类微观基础：一是政府，二是境外的个人、企业和政府。

企业是生产性组织，是市场经济中最重要的微观经济主体，完成从投入到产出、流通、分配的过程。

个人是消费者，一方面消费商品，另一方面供给生产要素。

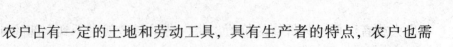

农户占有一定的土地和劳动工具，具有生产者的特点，农户也需要消费商品，并提供一些生产要素。农户兼有企业和个人的行为特征。

市场经济微观基础的基本特征包括平等性、自主性、逐利性和自发性四个特征。

平等性是指构成微观基础的微观经济主体之间的地位是相对平等的，不存在任何超经济的强制性权利和义务关系。市场经济的等价交换原则，要求交易主体处于平等地位。

市场经济微观基础之间的平等性直接决定了微观基础的自主性，即市场经济中各类微观基础独立自主地按照自己的真实意思决定自己的经济行为而不受其他主体的干涉，并有自己独立承担其经济行为的后果的能力。

逐利性是指在市场经济中，微观基础或微观经济主体的一切经济行为都以实现自身利益的最大化为最终目标。这里包括两个内容：一是经济主体的自利性，其所有经济行为均以自身的利益为出发点和归宿；二是经济主体的理性选择，即经济主体为了自身利益所实施的经济行为都是最优的，从而能够为其带来现有约束条件下最大的收益或满足感。

微观基础存在整体自发性或盲目性，经济个体的经济行为表现出计划性，但是从整个社会来看，微观基础有一定的自发性，这可能带来市场失衡风险，如经济危机。

五、如何理解在自动化生产条件下剩余价值的来源。

第二次世界大战以后，在发达的资本主义国家，由于科学技术的迅速发展，电子计算机在生产中广泛应用，出现了生产机械化向生产自动化过渡的趋势。在生产自动化的条件下，直接操纵机器的工人相对或绝对减少，甚至出现所谓"无人工厂"或"无人车间"，但资本家获取的剩余价值（利润）却急剧增加。在这个背景下，一些人认为技术和科学变成独立的剩余价值的来源，马克思的劳动价值论和剩余价值论已经过时了。

坚持马克思的劳动价值论和剩余价值论解决资本主义生产自动化条件下剩余价值的源泉问题。按照马克思劳动价值论和剩余价值论的观点，在资本主义生产自动化的条件下，资本家获得的巨额剩余价值或利润，仍然是工人的剩余劳动创造的。

（1）在生产自动化条件下，任何先进的机器设备作为固定资本，只能转移其价值，不能创造新价值。只有工人的剩余劳动才是创造剩余价值的唯一源泉。先进的自动化设备，作为剩余价值生产的一个物质条件，极大地提高了劳动生产率，提高了超额剩余价值生产或相对剩余价值生产，但价值的来源仍然是工人的剩余劳动。

（2）生产自动化条件下，生产工人的概念扩大了，雇佣工人概念的外延扩大了。价值和剩余价值是由总体工人的劳动创造的。因为，使用自动化设备进行生产，创造价值和剩余价值的，不仅是生产现场直接操纵自动化设备的普通工人，而且还包括间接参加生产的科技、研发、设计、维护人员和管理人员，生产工人的概念日益扩大，他们共同组成马克思所说的"总体工人"，他们都参加了自动化生产过程，为资本家创造巨额的剩余价值。

（3）在生产自动化条件下，雇佣工人的内涵发生了变化。生产工人的劳动变得更加复杂。复杂劳动能够创造更多的价值和剩余价值。自动化生产条件下，科学研究、技术进步、设备开发、设备使用需要劳动者有更高的知识水平，需要经过长期的专门培训，属于复杂劳动，复杂劳动等同于倍加的简单劳动，从事复杂劳动的工人比从事简单劳动的工人能够为资本家创造更多的价值和剩余价值。在技术水平较高的自动化生产中，虽然雇佣工人总人数相对或绝对减少，但是由于从事复杂劳动的工人在雇佣工人总数中所占比重增加，资本家获得的剩余价值同样会增加。

（4）在生产自动化条件下，个别生产技术水平高的企业能够获得更多的超额剩余价值。因为生产自动化代表更高的劳动生产率，其生产的商品的个别价值就大大低于社会价值，这样，资本家就可以获得较多的超额剩余价值。一旦全社会普遍使用自动化生产，整个社会劳动生产率提高，可以获得更多的相对剩余价值。因此，在生产自动化条件下，资本家可以利用提高劳动生产率的办法，不断提高对雇佣劳动者的剥削程度，获取更多的超额剩余价值和相对剩余价值。同过去机器的普遍使用一样，生产自动化也只能作为加强剩余价值剥削的手段，而剩余价值的根源仍是雇佣劳动者的劳动。

六、在我国转型时期，为什么要大力发展公有资本参股的混合所有制经济？

党的十六届三中全会通过的《中共中央关于完善社会主义市场经济体制若干问题的决定》提出，要完善公有制为主体、多种所有制经济共同发展的基本经济制度。要大力发展国有资本、集体资本和非公有资本等参股的混合所有制经济，实现投资多元化，使股份制成为公有制的主要实现形式。

混合所有制经济是指产权分属于不同性质所有者的经济形式，即所有制结构非单一性的经济形式，既有国有、集体等公有制经济，也有个体、私营、外资等非公有制经济，还包括拥有国有和集体成分的合资、合作经济。在微观层次上，混合所有制经济是指不同所有制性质的投资主体共同出资组建的企业。混合所有制已突破了公有制和私有制的界限，因为无论资本来源是公有的还是私有的，都已融合为企业的法人财产。

以公有制为主体、多种所有制经济共同发展是我国社会主义初级阶段的基本经济制度。公有制的主体地位主要表现在两个方面：一是公有资产在社会总资产中占优势；二是国有经济控制国民经济的命脉，对经济发展起主导作用。国有经济的主导作用主要体现在控制力上，坚持公有制的主体地位，并不意味着公有制经济的比重越大越好。

公有制有多种实现形式，不仅包括全民所有制经济和集体所有制经济，还包括混合所有制经济中的国有经济成分和集体经济成分。改革开放以来，一些新的公有制形式出现，如合作经济组织、股份制等。

在国企改革中，不少企业以建立现代企业制度为目标，以资本为纽带，实行了国有企业之间、国有企业与其他所有制企业之间的改组、改造、联合、兼并、形成多种所有制共存的混合所有制形式，这种形式的组织形式就是股份制。

党的十六届三中全会指出，要使股份制成为公有制的主要实现形式。股份制是一种现代企业的资本组织形式，适应于现代市场经济和社会化大生产发展的要求。

发展股份制可以放大国有资本的功能，增强国有经济的控制力和影响力。国有资本可以在股份制形式下吸引和组织更多的社会资本，扩大国有资本的支配范围，放大国有资本的功能，扩大企业规模，可以推动更多资本投向关系国家安全和国民经济命脉的重要行业和关键领域，增强国有经济的控制力。

发展股份制有利于国有资产流动重组，实现国有资产保值增值。股份制企业产权明晰，有利于国有资本通过资本市场在不同行业和企业间流动，国有资本有进有退，合理流动，可以提高资本配置效率。

发展股份制对于国有企业转换经营机制，成为独立的法人实体和真正的市场主体有着巨大的推动作用，通过发展公有资本参股或控股的股份制企业，可以建立现代企业制度，有利于所有权和经营权分离，有利于政企分离，有利于改善公司治理和提高资本的运作效率。

要使股份制成为公有制的主要实现形式，就要大力发展混合所有制经济，推行股份制，鼓励各类资本交叉持股、相互融合，实现股权多元化，按现代企业制度，提高企业效率。

七、用卡特尔模型分析说明石油输出国组织（OPEC）的产量安排如何影响国际石油市场价格。

卡特尔（Cartel）是生产同类商品的企业，订立合谋协议，目的是控制产量，提高价格，获得更高的利润。卡特尔就像是垄断组织一样行动。

卡特尔组织追求全体企业的总利润最大化：

$$\max\pi = p\,(y_1 + y_2)\,[y_1 + y_2] - C_1\,(y_1) - C_2\,(y_2)$$

$$\frac{\partial \pi}{\partial y_1} = 0, \quad \frac{\partial \pi}{\partial y_2} = 0$$

$$MR = p\,(y_1 + y_2) + \frac{dp}{dY}\,(y_1 + y_2) = MC_1\,(y_1)$$

$$MR = p\,(y_1 + y_2) + \frac{dp}{dY}\,(y_1 + y_2) = MC_2\,(y_2)$$

$$MR = MC_1\,(y_1) = MC_2\,(y_2)$$

卡特尔组织按各企业的边际成本都相等的原则，分配产量配额，如图所示。

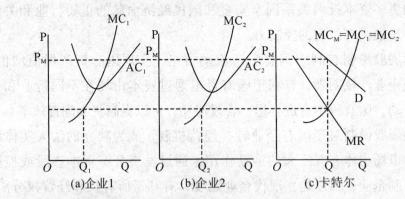

(a)企业1   (b)企业2   (c)卡特尔

卡特尔的需求曲线为 D，相应的边际收益曲线为 MR，卡特尔的成本 $C_m = C_1\,(y_1) + C_2\,(y_2)$，MR 与 MC_m 的交点确定了卡特尔的最优产量 Q 和最优价格 P_m。整个卡特尔的产量和价格确定后，按边际成本相等的原则进行分配，企业 1 和企业 2 的最优产量配额分别为 Q_1 和 Q_2。石油输出国组织通过形成卡特尔组织，限制产量，提高价格，从而抬高了国际石油市场的价格。

八、从 2006 年 7 月开始，我国对二手房交易征收营业税，请分析说明税收的归宿和对市场绩效的影响。

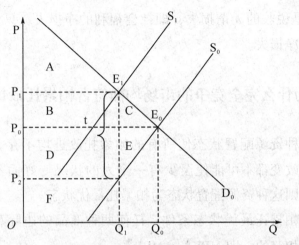

如图所示，征税相当于在需求曲线和供给曲线之间打入一个"楔子"。税收导致均衡数量减小，使买方支付的价格增加，使卖方得到的价格降低。税收由买卖双方共同分担。

买方分担的税收是 P_1-P_0，卖方分担的税收是 P_0-P_2，二者加起来正好等于税收 t。

买卖双方对于税收的分担，与需求曲线和供给曲线的弹性有关，税收的归宿取决于供求弹性的相对大小，税收会更多的落在相对缺乏弹性的一方。当供给弹性大于需求弹性时，消费者承担更多税收；当供给弹性小于需求弹性时，卖者承担更多税收；当需求弹性为无穷大时，税收完全由消费者承担；当供给弹性为零时，税收由卖者完全承担。

对于二手房买卖市场，需求的弹性较大，而供给的弹性较小，因此，卖方分担的税收更多一些。

征税会导致无谓损失，税收福利分析如表所示。

	消费者剩余	生产者剩余	税收	总福利
无税收时	A + B + C	D + E + F	0	A + B + C + D + E + F
征税时	A	F	D + B	A + B + D + F

C + E 是税收的无谓损失，即社会福利的净损失，只要有税收就存在社会福利净损失。

九、为什么完全竞争的市场均衡符合帕累托最优状态？

如果某种资源配置状态使所有的帕累托改进均不存在，即在该状态下，任意改变都不可能使至少一个人的状况变好而不使任何人的状况变差，则这种资源配置状态为帕累托最优状态。

交换的帕累托最优状态条件：任何两种商品的边际替代率对所有的消费者是相等的，即 $MRS_{XY}^{A} = MRS_{XY}^{B}$。

生产的帕累托最优状态条件：任何两种要素的边际技术替代率对所有生产者是相等的，即：$MRTS_{LK}^{C} = MRTS_{LK}^{D}$。

生产和交换的帕累托最优状态条件：任何两种产品的边际替代率等于它们的边际转换率，即 $MRTS_{XY} = MRS_{XY}$。

当上述三个条件均得到满足时，整个经济达到了帕累托最优状态。

对于完全竞争市场，假设有一组均衡价格，商品 X，Y 的均衡价格为 p_X，p_Y，生产要素 L，K 的均衡价格为 p_L，p_k。

在完全竞争市场均衡时，消费者效用最大化：$MRS_{XY}^{A} = \dfrac{p_X}{p_Y} = MRS_{XY}^{B}$

生产者利润最大化：$MRTS_{LK}^{C} = \dfrac{p_L}{p_K} = MRTS_{LK}^{D}$

在完全竞争市场均衡时，$MRTS_{XY} = \dfrac{\Delta Y}{\Delta X} = \dfrac{MC_X}{MC_Y} = \dfrac{p_X}{p_Y} = MRS_{XY}$

完全竞争市场均衡满足了三个帕累托最优条件，所以是帕累托最优状态。

十、持久收入—生命周期假定认为收入的时间模式对消费并不重要，请据此简要说明暂时性减税对消费行为是否具有显著影响。

（1）持久收入假说是美国著名经济学家弗里德曼于 1956 年提出来的。该理论认为，消费者的消费支出不是由他的现期收入决定的，而是由他的持久收入决定的。也就是说，理性的消费者为了实现效用最大化，不是根据现期的暂时性收入，而是根据长期中能保持的收入水平即持久收入水平来作出消费决策的。

（2）莫迪利安尼的生命周期理论认为，理性的消费者会根据一生的收入来安排自己的消费与储蓄，使一生的收入与消费相等。这一假说强调人们会在生命长河中计划消费和储蓄，实现整个生命周期内消费的最佳配置。

（3）基于这两个假说，消费由一生的或者持久的收入决定，现期收入对消费的影响较小，一次性暂时的收入变化引起消费支出变动很小，即边际消费倾向（MPC）很低，但来自持久收入的变动，其边际消费倾向（MPC）很大。暂时性的减税相当于暂时性增加消费者的收入，对消费变动的影响不显著。若税收是暂时性的，消费不会受到明显影响，只有永久性税收变动才对消费产生显著影响。

十一、分析固定汇率制度下资本完全流动的货币政策效应。

蒙代尔—弗莱明模型是研究开放经济下货币和财政政策的典范。该模型假设资本完全流动的小国经济，利率由世界利率 r^* 决定，是外生固定的。

在这一假设下，产品市场情况与 IS^* 曲线如图所示。

$$Y = C（Y - T）+ I（r^*）+ G + NX（e）$$

IS*曲线描述的是汇率 e 与收入 Y 之间的关系。若用横坐标表示收入，纵坐标表示汇率。汇率增加，使净出品减少，收入也会减少。IS*曲线向右下方倾斜。

货币市场与 LM*曲线如图所示。

$$M/P = L \ (r^*, \ Y)$$

因为汇率 e 没有出现在上述方程，故 LM*曲线是垂直的。

IS*曲线和 LM*曲线的交点决定均衡收入和均衡汇率。

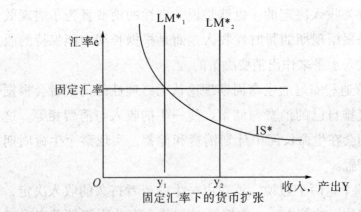

固定汇率下的货币扩张

在固定汇率制度下，中央银行宣布一个汇率值，并随时准备买卖本币把汇率保持在宣布的水平上。

在固定汇率制度运行下，若央行实施货币政策，力图增加货币供给，例如向公众购买债券，LM*曲线会右移，这会降低均衡汇率。但是，由于央行承诺维持固定汇率交易本币和外币。套利者对汇率下降作出的反应是向中央银行出售本币，导致货币供给减少，LM*曲线左移，直到回到它的初始位置。

因此，在固定汇率下，通常实施的货币政策是无效的。实行固定汇率，央行放弃了对货币供给的控制。

2007 年经济学综合（二）试题汇编及深度解析

一、辨析：国有经济的控制力就是指国有经济总量上占绝对优势。

此说法不正确。

以公有制为主体、多种所有制经济共同发展是我国社会主义初级阶段的基本经济制度。公有制的主体地位主要表现在两个方面：一是公有资产在社会总资产中占优势，二是国有经济控制国民经济的命脉，对经济发展起主导作用。国有经济的主导作用主要体现在控制力上，坚持公有制的主体地位，并不意味着公有制经济的比重越大越好，因此，不能说国有经济的控制力就是指国有经济总量上占绝对优势。

国民经济的控制力主要体现在以下几个方面：

（1）国有经济在关系国民经济命脉的重要行业和关键领域占支配地位，支撑、引导和带动整个社会经济的发展，在实现国家宏观调控目标中发挥重要作用。

（2）国有经济的控制力表现为国有资产整体质量的提高。

（3）国有经济的控制力表现为其本身的竞争力。

（4）国有经济的控制力表现为对社会资本的参与和支配。

（5）国有经济的控制力还表现为国有的或国有资本控股的企业，特别是大型企业集团在经济运行、增长和发展中能够发挥龙头、骨干作用。

（6）国有经济应保持必要的数量，更要有分布的优化和质的提高。在经济发展的不同阶段，国有经济在不同产业和地区的比重可以有所差别，其布局也要作相应调整。

二、简述竞争与垄断的关系。

1. 自由竞争产生垄断

垄断是在自由竞争中发展起来的，自由竞争引起生产集中，生产集中发展到一定阶段就必然引起垄断。自由竞争的结果是优胜劣汰，资本越来越集中到少数优胜的大企业，引起资本集中。信用制度和股份制公司使资本集中更为迅速，形成少数大规模的企业。生产高度集中的结果，必然引起垄断。垄断一经形成，代替了自由竞争，在经济生活中起决定作用。自由竞争是自由资本主义的基本特征，而垄断是垄断资本主义的基本特征。

2. 垄断并没有消除竞争，垄断与竞争并存

垄断是自由竞争的直接对立面。从自由竞争中生长起来的垄断并没有消灭竞争，而是凌驾于竞争之上，与之并存。在垄断资本主义阶段，不仅自由竞争在一定程度上和一定范围内仍然存在，而且产生了由垄断本身造成的新形式的竞争，包括垄断组织之间的竞争，垄断组织与非垄断组织之间的竞争，以及垄断组织内部的竞争。

垄断条件下仍然存在竞争，原因在于：第一，竞争是商品经济的必然产物，只要存在商品经济，竞争就不可避免，垄断的出现并没有、也不可能消灭商品经济，所以也不能消除竞争。第二，"绝对的垄断"是不存在的，没有加入垄断组织的局外企业之间仍然存在竞争。第三，所有的垄断组织合并为一个统一的垄断组织是不可能的，因此，存在垄断组织与垄断组织之间的竞争以及垄断组织与非垄断组织之间的竞争。第四，垄断组织内部的各个部门或子公司，也会为了争夺资源和控制权而竞争。

3. 垄断条件下的竞争出现一些新的特点

垄断条件下的竞争出现一些新的特点：第一，自由竞争时期，竞争的目标是获取平均利润或超额利润；在垄断时期，竞争的目的是为

了获得高额垄断利润。第二，自由竞争时期，竞争的手段是靠改进技术，提高劳动生产率，降低成本来打败竞争对手；在垄断时期，竞争的手段更加多样化，除了上述经济手段外，垄断组织还凭借强大的经济实力和政治上的统治力量，采取各种强制手段，暴力手段来打败竞争对手。第三，自由竞争时期，企业规模较小，力量单薄，彼此分散，这限制了竞争的激励程度；在垄断时期，垄断企业势均力敌，竞争更为激烈，更具破坏性。第四，自由竞争时期，竞争的范围主要在国内；在垄断时期，竞争的范围已由国内扩展到国外，而且由经济领域扩展到政治、军事和文化等领域。

总之，垄断并没有消除竞争，垄断从竞争中产生，反过来加剧了竞争。

三、简述财政政策的两种基本模式及其作用机制。

财政政策是政府为实现一定的宏观经济目标而运用财政调节手段来调节宏观经济总量的措施。财政政策是政府变动税收、公债、支出以影响总需求进而影响就业和国民收入的政策。财政政策有扩张性财政政策和紧缩性财政政策两种模式。

1. 扩张性财政政策

政府为扩大总支出而实施的财政政策。在经济衰退时期，通过发行国债，增加财政支出和减少税收，以刺激总需求增长，降低失业率，使经济尽快复苏，实现充分就业。其中，增加政府支出可以是增加政府购买，也可以是增加转移支付。

扩张性财政政策会使 IS 曲线右移，一方面增加产出，另一方面会提高利率，从而导致挤出效应。

2. 紧缩性财政政策

在经济高涨时，政府通过增税、减少政府支出等措施抑制总需求，以控制物价上涨。其中，减少政府支出包括减少政府购买和减少转移支付。

紧缩性财政政策会使 IS 曲线左移，会减少产出，降低利率。

四、试比较分析超额利润、平均利润和垄断利润的异同及其内在联系。

剩余价值转化为利润，商品的价值 $W = c + v + m$，若将 $c + v$ 视为成本价格，那么 m 就转化为利润。

剩余价值与全部预付资本（即成本价格）的比率，叫利润率。资本主义生产的目标是以最小的成本获得最大限度的利润。

现实经济运行中，劳动生产率的提高总是从单个企业开始的。单个企业改进生产技术与经营管理，提高劳动生产率，个别劳动时间低于社会必要劳动时间，个别价值低于社会价值，从而产生超额剩余价值，在利润形式上，因为降低成本，所以会产生超额利润。

由于资本有机构成和资本周转速度不同，各部门利润率不同。不同部门的资本家为了获得更高的利润率，必须展开激烈的竞争。竞争主要围绕争夺有利投资场所而展开。竞争的手段是资本转移，即把资本从利润率低的部门转移到利润高的部门，资本转移会导致各部门生产规模的变化，进而引起产品供求关系以及产品价格相应变化，最终使不同部门的利润率趋于一致，形成平均利润率。利润率高的部门，会有资本进入，供给增加，价格下降，使利润率降低，相反，利润率低的部门，会有资本撤出，供给减少，价格上升，使利润率上升，这种资本转移直到两个部门的利润率相等时才会停止。各部门不管从事何种生产，只能获得平均利润率，等量资本获得等量利润。

剩余价值转化为利润，掩盖了剩余价值的真正来源。利润转化为平均利润，许多部门的利润量与剩余价值量就不一致了。等量资本获得等量利润，似乎利润的多少只与资本量有关，这完全掩盖了利润的本质和来源。

垄断利润是垄断资本家凭借自己在社会生产中的垄断地位而获得的超过平均利润的高额利润，一般通过规定垄断价格来实现。在垄断阶段，垄断资本可以凭借其垄断地位，追求利润最大化，在边际成本等于边际收益上决定垄断产量和垄断价格，从而产生垄断利润。由于垄断造成的"壁垒"，生产要素不能自由流动到垄断部门，自由竞争阶段利润率平均化的趋势就难以发挥作用，这样，垄断利润可以长期存在，在长期内追求垄断利润的最大化。

三者的相同之处在于：超额利润、平均利润和垄断利润都是利润的范畴，这是基于收益减成本的分析。在来源上，超额利润、平均利润和垄断利润都源自于劳动者生产的、被资本家无偿占有的剩余价值。

三者的不同之处在于：超额利润是个别资本家率先采用先进技术，提高劳动生产率，使产品的个别生产价格低于社会生产价格，从而获得超过平均利润的那部分利润，超额利润一般只是暂时的，一旦新技术被广泛采用，超额利润就会消失；平均利润率是社会剩余价值总量和社会资本总额的比率，它是部门之间竞争形成的，一定量的资本根据平均利润率获得的利润是平均利润，等量资本获得等量利润；垄断利润是垄断的结果，通过垄断价格获取垄断利润。

三者的内在联系在于：个别资本率先采用先进技术，提高劳动生产率，可获得超额利润。如果在竞争市场，超额利润就会消失，形成平均利润。如果在垄断市场，超额利润不会消失，而是形成垄断利润。

五、你认为在我国经济转型期应怎样建立健全多层次社会保障体系，它对构建和谐社会有何意义？

社会保障制度是国家依据一定的法律和规定，对遇到疾病、生育、年老、死亡、失业、灾害或者其他风险的社会成员给予相应的经济的、物质的服务和帮助，以保证其基本正常生活需要的社会经济福利制度。

目前，我国已基本建立起了适应市场经济秩序的社会保障制度。一是完全由国家财政支撑的项目，包括对社会弱势群体的救助、对军人及军烈属的优抚安置、对无依无靠的孤老残幼、残疾人员的扶助；二是由用人单位、职工个人缴费、国家给予适当补助的三方共同筹资的项目，包括养老保险、医疗保险、失业保险、工伤保险和生育保险等，属于社会保险范畴。

社会保障的内容至少应包括社会保险、社会救助、社会福利等内容。社会救助是社会保障的最低目标，社会保险是社会保障的基本目标，社会福利是社会保障的最高目标。各种形式的社会保障相辅相成，构成一个完整的社会保障体系。

（1）社会保险。国家通过法律向劳动者征缴保险基金，在需要的时候向劳动者发放，提供基本生活保障，包括养老保险、失业保险、医疗保险、工伤保险、生育保险等。

（2）社会救助。国家和社会对无劳动能力和生活来源的社会成员以及因自然灾害或其他经济社会原因导致生活困难者，给予临时或长期物质帮助的一种社会保障制度，包括救济、救灾、扶贫等。

（3）社会福利。国家根据法律或政策向社会成员提供的旨在改善和不断提高其物质文化生活水平和质量的资金保障和服务保障，内容包括职业福利、社区服务等。

社会保障体系的运行离不开社会保障基金的筹集和运营，社会保障基金的筹集大致可采用三种模式：现收现付制，完全积累制，部分积累制。

我国根据具体国情和实际情况，社会保障基金采用部分积累制，创造了具有中国特色的筹资模式——社会统筹与个人账户相结合。

社会保障基金的运营，要力争保值增值，投资是保值增值的唯一途径，社保基金投资要遵循以下原则：安全性原则，收益性原则，流动变现原则，多样组合原则，社会效益原则。投资方式可以选择银行存款、债券、股票、投资基金等。

继续深化我国社会保障制度改革，加快建立覆盖城乡居民的社会保障体系需要从以下几个方面着手：

（1）扩大社会保障覆盖范围，逐步建立覆盖城乡所有劳动者的社会保障体系。

（2）合理确定支付水平，使社会保障水平同经济发展水平相适应。

（3）针对国民保障需求的多元化，建立多样化的社会保障模式。

（4）采取多种方式充实社会保障基金，加强基金监管，实现保值增值。

（5）加强社会保障立法，形成法制化、规范化、高效化的社会保障运行管理体制。

党的十六届六中全会通过的《中共中央关于构建社会主义和谐社会若干重大问题的决定》。提出民主法治、公平正义、诚信友爱、充满活力、安定有序、人与自然和谐相处的总要求。党的十六届六中全会对构建和谐社会作出了全面安排和战略部署，把"覆盖城乡居民的社会保障体系基本建立"作为 2020 年构建和谐社会的九大目标和主要任务之一。《决定》指出，虽然我国社会总体上是和谐的，但也存在六类影响社会和谐的矛盾和问题，其中社会保障是重要的一类。《决定》还明确提到：完善社会保障制度，保障群众基本生活。适应人口老龄化、城镇化、就业方式多样化，逐步建立社会保险、社会救助、社会福利、慈善事业相衔接的覆盖城乡居民的社会保障体系。多渠道筹集社会保障基金，加强基金监管，保证社会保险基金保值增值。完善企业职工基本养老保险制度，强化保险基金统筹部分征缴，逐步做实个人账户，积极推进省级统筹，条件具备时实行基本养老金基础部分全国统筹。加快机关事业单位养老保险制度改革。逐步建立农村最低生活保障制度，有条件的地方探索建立多种形式的农村养老保险制度。完善城镇职工基本医疗保险，建立以大病统筹为主的城镇居民医疗保险，发展社会医疗救助。加快推进新型农村合作医疗。推进失业、工伤、生育保险制度建设。加快建立适应农民工特点的社会保障制度。加强对困难群众的救助，完善城市低保、农村五保供养、特困户救助、灾民救助、城市生活无着的流浪乞讨人员救助等制度。完善优抚安置政策。发展以扶老、助残、救孤、济困为重点的社会福利。发扬人道主义精神，发展残疾人事业，保障残疾人合法权益。发展老龄事业，开展多种形式的老龄服务。发展慈善事业，完善社会捐赠免税减税政策，增强全社会慈善意识。发挥商业保险在健全社会保障体系中的重要作用。

拓宽资金筹集渠道，加快廉租住房建设，规范和加强经济适用房建设，逐步解决城镇低收入家庭住房困难。

社会保障是社会稳定的"安全网"、经济运行的"调节器"，是构建社会主义和谐社会的重要内容。如果老了有养老金维持生活、病了有医疗保险做支撑、失业了有失业金可花销、买房子有住房公积金可贴补、没收入有最低生活保障金来兜底……社会就会安定团结、幸福和谐。

六、某人想买一辆车，但是预算状况决定了只能考虑旧车市场。他对旧车市场不了解，于是咨询了几个朋友。一个说"你付出了多少就能得到多少"，一个说"买最便宜的车"，一个说"买旧车就等于是花钱买问题"。请问你如何分析此问题，并能给这个人提出相应的建议。

旧车市场存在信息不对称问题，也就是卖方掌握的信息比买方多，这会造成逆向选择问题。

旧车可能是好车，也可能是差车，这只有卖方知道，买方不知道。假设好车值 10 000 元，差车值 4 000 元，买方估计是好车的概率是 0.5，是差车的概率也是 0.5，买方按期望值来支付 7 000 元，结果若为好车，卖方不卖，若为差车，卖方则卖，此时，买方决定买，造成逆向选择，次品驱逐优品。

若上述情况发生，差车成交了，卖方因为信息优势获得好处，而买方吃亏了。因此，说"你付出了多少就能得到多少"是不正确的。

因为次品驱逐优品，旧车市场上好车退出了，只剩下差车，那么买方支付低价是合理的，因此，"买最便宜的车"有一定的合理性。若买贵的车，卖方可能利用信息不对称，以次充好，使买方吃大亏。显然，便宜的车质量肯定很差，问题肯定很多，"买旧车就等于是花钱买问题"，也有一定的道理。

买方知道自己可能吃亏，可能放弃购买，即市场失败。

解决逆向选择的办法主要是"信号传递"，好车车主要发送信号证明自己出售的车是好车，如免费保修两年，三个月内出故障可退货，则车主也可建立起良好的声誉，证明自己是诚信经营的，好车卖好价，差车卖差价，若存在欺骗，承诺高额赔偿。

因此，建议是：要求卖方发送上述信号。若卖方不愿意发送上述信号，则不买，若其愿意发送，则购买。

七、计算垄断厂商的利润最大化的产量、价格和利润，还有计算按完全竞争下的情况，并比较分析完全竞争和垄断下的效率差别。

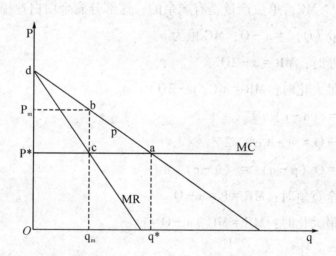

如图所示，垄断厂商是理性的，追求利润最大化，要满足 $MR = MC$ 的条件。这时，垄断产量为 q_m，垄断价格为 P_m，利润为四边形 $P_m P^* cb$ 的面积。

若完全竞争，厂商利润最大化，要满足 $MR = MC$ 的条件，因为完全竞争厂商 $MR = AR = P$，因此，完全竞争厂商 $P^* = MC$，产量为 q^*，利润为零。

显然，$P_m > P^*$，$q_m < q^*$。

垄断与完全竞争相比，产量更低，价格更高，通过低产量高价格获得垄断利润。

我们用总剩余来衡量效率，在完全竞争市场，$P^* = MC$，总剩余为 dP^*a 的面积，可以证明，完全竞争均衡时，是有效率的，即总剩余达到最大化。若 $P^* > MC$，单位产量有正的剩余，厂商会增加产量，若 $P^* < MC$，单位产量有负的剩余，厂商会减少产量，直到 $P^* = MC$ 为止，这时总剩余实现最大化。

垄断时，产量减少到 q_m，垄断价格为 P_m，消费者剩余为 dP_mb，生产者剩余为 P_mP^*cb，总剩余为 dP^*cb。和竞争时相比，垄断造成了无谓损失，无谓损失的大小为 bca 的面积。

这部分无谓损失正好是因为减少的产量 q_mq^* 所造成的，在这部分产量上，$P > MC$，单位产量是有剩余的，这部分剩余白白地损失了。

假设 $p(Q) = a - Q$，MC 恒为 c。

在垄断时：$MR = a - 2Q$

利润最大化时：$MR = MC$，$a - 2Q = c$

得 $Q = (a-c)/2$

$P = a - Q = (a+c)/2$

利润 $= Q(p-c) = (a-c)^2/4$。

在完全竞争时：$MR = P = a - Q$

利润最大化时：$MR = MC$，$a - Q = c$

得 $Q = a - c$

$p = c$

利润为零。

垄断造成的福利损失为 bca 的面积，即 $(a-c)^2/8$。

八、一个人消费 10 元的煤气，现在煤气价格上涨100%，政府给予 10 元补贴，在此条件下消费者效用变化。

（1）设煤气的消费量为 X_1，其他商品的消费量为 X_2，当煤气涨价

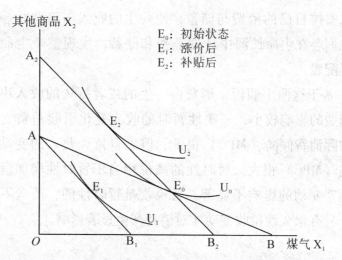

100%后，预算线从 AB 转动到 AB₁，消费者的最优选择为 E₁，效用水平 U₁ 比初始状态 U₀ 低。

（2）煤气涨价后，政府补贴，使得消费者至少能买得起最初的组合 E₀，使 AB₁ 向外平移至 A₂B₂，A₂B₂ 经过 E₀。此时，预算线为 A₂B₂，与初始预算线相交于 E₀，相当于是初始预算线围绕初始均衡点顺时针转动，消费者的均衡点要么处在 A₂E₀ 段，要么处在 E₀B₂ 段。根据显示偏好原理，消费者不会选择 E₀B₂ 段，因为选择这一段上的某点作为均衡点，消费者的福利将变差。可见，消费者的最优选择将位于 A₂E₀ 上，根据显示偏好原理，消费者的效用较初始效用上升。

九、运用持久收入—生命周期理论分析暂时减税对于消费者行为的影响。

（1）持久收入假说是美国著名经济学家弗里德曼于 1956 年提出来的。该理论认为，消费者的消费支出不是由他的现期收入决定的，而是由他的持久收入决定的。也就是说，理性的消费者为了实现效用最大化，不是根据现期的暂时性收入，而是根据长期中能保持的收入水平即持久收入水平来作出消费决策的。

（2）莫迪利安尼的生命周期理论认为，理性的消费者会根据一生的收入来安排自己的消费与储蓄，使一生的收入与消费相等。这一假说强调人们会在生命长河中计划消费和储蓄，实现整个生命周期内消费的最佳配置。

（3）基于这两个假说，消费由一生的或者持久的收入决定，现期收入对消费的影响较小，一次性暂时的收入变化引起消费支出变动很小，即边际消费倾向（MPC）很低，但来自持久收入的变动，其边际消费倾向（MPC）很大。暂时性的减税相当于暂时性增加消费者的收入，对消费变动的影响不显著。若税收是暂时性的，消费不会受到明显影响，只有永久性税收变动才对消费产生显著影响。

十、什么是附加预期的菲利普斯曲线，在什么情况下可以通过提高通货膨胀率来降低失业率？

1968 年，弗里德曼指出菲利普斯曲线的一个缺陷，即忽略了影响工资变动的一个重要因素：工人对通货膨胀的预期。为了显示预期通货膨胀的重要性，弗里德曼等人发展了附加预期的菲利普斯曲线。

短期菲利普斯曲线是指预期通货膨胀率保持不变时，表示通货膨胀率与失业率之间关系的曲线。

$(\pi - \pi^e) = -\varepsilon(u - u^*)$，$\pi^e$ 为预期通货膨胀率，u^* 为自然失业率，π 为通货膨胀率，u 为失业率。

短期菲利普斯曲线如图所示：

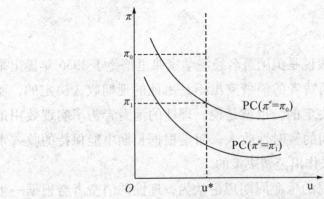

短期菲利普斯曲线有一个重要性质，当实际通货膨胀等于预期通货膨胀时，失业等于自然失业率水平。这意味着，短期菲利普斯曲线在预期通货膨胀水平上与自然失业率相交。

附加预期的短期菲利普斯曲线表明，失业率与通货膨胀之间存在替代关系，短期菲利普斯曲线向右下方倾斜，政策制定者可以选择不同的失业率和通货膨胀率的组合。例如，只要他们能够容忍高通货膨胀率，他们就可以拥有低的失业率，或者他们可以通过高失业来维持低通货膨胀率。在短期，扩张性财政政策和货币政策引起通货膨胀率上升，将对失业率有抑制作用，调节总需求的宏观经济政策在短期内有效。

2008 年经济学综合（一）
试题汇编及深度解析

一、辨析：劳动生产率提高会提高商品价值总量和商品数量。

该说法有片面性。劳动生产率提高会增加商品数量，但商品价值总量不变。

劳动创造价值，商品价值是无差别的一般人类劳动的凝结，即抽象劳动的凝结。商品价值量由凝结在商品中的一般人类劳动的数量决定，即用劳动时间来衡量。商品的价值量是由社会必要劳动时间决定的，社会必要劳动时间是指在现有的社会正常生产条件下，在社会平均的劳动熟练程度和劳动强度下制造某种商品所需要的劳动时间。只要在特定的技术和环境下，生产商品的社会必要劳动时间不变，商品的价值量就不会改变。

劳动生产率是指劳动者在一定时间内生产某种使用价值的效率，劳动生产率可以用两种方法来表示：一是用单位劳动时间内生产某种产品的数量来表示；二是用生产单位产品所耗费的劳动时间来表示。

显然，劳动生产率提高，一定时间内生产的商品数量会增加。

马克思指出："不管生产力发生了什么变化，同一劳动在同样的时间内提供的价值量是相同的。"意思是说，无论劳动生产率怎么变化，同一劳动在同一时间内所形成的价值量是相同的。劳动生产率提高并不会提高商品的价值总量。

劳动生产率的变化只会影响单位商品内所包含的价值量。劳动生产率越高，在同一时间内生产的商品数量就越多，单位商品所消耗的劳动时间就越少，单位商品凝结的价值量就越少。反之，劳动生产率越低，同一时间内生产的商品数量就越少，单位商品所耗费的劳动时间就越多，单位商品凝结的价值量就越大。劳动生产率与商品的使用价值成正比，同单位商品的价值量成反比。

二、简述相对过剩人口的形成原因。

相对过剩人口是指超过资本增值需要而形成的相对多余的劳动人口。

要分析相对过剩人口形成的原因，必须理解资本有机构成的概念。资本的构成包括价值构成和技术构成两个方面。从物质方面来看，资本是由一定数量和比例的生产资料和劳动力构成的，这种生产资料与劳动力之间的比例是由生产的技术水平决定的，称为资本的技术构成。从价值方面看，资本是由一定比例的生产资料价值和劳动力的价值构成的，叫做资本的价值构成。资本的价值构成以资本的技术构成为基础，资本的技术构成决定资本的价值构成。这种由资本技术构成决定，并反映资本技术构成变化的资本价值构成就叫做资本有机构成。

在资本主义制度下，资本有机构成有不断提高的趋势。通过改进技术和管理，提高劳动生产率，反映在资本构成上，生产资料价值所占的比例不断提高，劳动力价值所占的比例不断减少，也就是资本有机构成不断提高。

随着资本积累的发展和资本有机构成的提高，社会总资本中不变资本的比例不断提高，可变资料的比例不断下降。劳动力是可变资本的主要成分，总资本运动中，对劳动力的需要减少。劳动力需求由可变资本决定，而不是由总资本决定，即使总资本增长，可变资本也可能因为资本有机构成的提高而减少。这势必会造成资本对工人的需要相对地减少，这种人口过剩，不是绝对的，也不是自然的，而是因为超过资本增值需要而造成的，是相对的人口过剩。

另一方面，劳动力的供给情况也在发生变化。劳动力的供给日益增加。首先，随着技术的不断进步、机器的广泛使用，机器排挤出许多工人。其次，小生产者两极分化，大批农民和手工业者破产，加入了雇佣劳动者队伍。最后，随着资本主义竞争加剧，一部分中小资本家在竞争中破产沦为无产者，也加入到雇佣劳动者队伍中来。

随着资本积累的发展和资本有机构成不断提高，一方面造成资本对劳动力的需求相对减少，另一方面造成劳动力供给的不断增加，必然形成大量相对过剩人口。相对过剩人口是资本主义积累的必然产物。

三、简述经济体制与经济制度的关系。

经济体制是同经济制度既有联系又有区别的经济范畴。

经济制度是指人类社会发展到一定阶段占统治地位的生产关系的总和，主要内容包括：生产资料的所有制形式、人们在生产中的地位及其相互关系、产品的分配形式等。经济制度构成社会的经济基础，它规定着该社会生产、分配和交换的基本原则，规定着该社会生产关系的性质，是该社会的基本制度。生产资料所有制决定生产关系的性质和根本特征，是社会经济制度的基础，是区分经济制度的根本标志。我国要坚持社会主义道路，就必须坚持生产资料公有制的经济基础。一定社会的经济制度是由社会生产力发展的状况所决定的。历史上任何一种经济制度的出现，归根到底，都是由社会生产力的发展状况决定的。

经济体制是指一定社会经济制度所采取的具体形式、运行方式及其管理体系，是生产关系的具体实现形式和经济运行机制。

经济制度与经济体制相互联系。经济制度和经济体制是内容与形式、本质与表现的关系。一方面，经济制度是经济体制的基础，决定经济体制的根本性质和主要特点，规定着它的发展方向和活动范围，无论选择何种经济体制，都不能背离经济制度的要求；另一方面，经济制度也要通过与之相适应的经济体制反映出来，通过经济体制的运作和改革使经济制度得以巩固、发展和完善。

经济制度与经济体制也有差异。经济制度反映一个社会生产关系的根本性质，经济体制反映的是一个社会经济运行的基本特点和具体形态。由于经济体制不反映该社会经济制度的性质，因此，不同经济制度的国家可以实行类似的经济体制，相同经济制度的国家也可以实行不同的经济体制。而且，一定的经济制度在不同的历史阶段也可以有不同的经济体制。经济制度和经济体制具有不同的稳定性。经济制度具有相对稳定性，而经济体制可以在既定的经济制度下变革，经济体制的变化不一定会改变经济制度的属性。

四、什么是收入再分配，为什么要进行收入再分配？

国民收入的再分配是指国民收入继初次分配后在整个社会范围内进行的再分配，是指非物质生产部门获得收入的过程以及政府对初次分配结果进行再调节的分配活动。

市场机制所形成的初次分配结果，不一定能完全符合国家、社会的普遍利益和意愿，因此，在现代市场经济国家，出于各种考虑，政府通常会采取多种手段对初次分配结果进行调节，也就是收入再分配。政府进行收入再分配的手段主要有征税、转移支付等。

收入再分配的原因，主要有以下几个方面：

（1）控制收入差距、促进社会公平的需要。初次分配可能出现较大的收入差距，太大的收入差距和贫富分化不利于社会的普遍利益，如破坏社会稳定等。政府出面进行收入再分配可以促进社会公平。

（2）政府行使社会管理者职能的需要。政府发展公共事业需要收入再分配（如征税）来筹集资金。

（3）政府进行宏观经济调控的需要。收入再分配如征税、转移支付是政府实施宏观调控的手段。

（4）政府为了协调地区发展、支持战略性行业发展的需要。通过收入再分配为地区协调发展，扶持战略性产业发展筹集资金。

（5）建立社会保障制度和社会后备基金的需要。

（6）满足非物质生产部门发展的需要。国民收入初次分配过程中，只有物质生产部门的劳动者获得了原始收入，非物质生产部门必须通过国民收入再分配获得收入。

五、从我国基本分配制度论述群众财产性收入的合理性。

分配方式是由生产方式决定的。我国社会主义初级阶段的基本经济制度是公有制为主体、多种所有制经济共同发展。除了作为主体的公有制外，还有个体经济、私营经济、外资经济等非公有制形式。公有制为主体，多种所有制并存，决定了在分配上要以按劳分配为主体，多种分配方式并存。

按劳分配是指以劳动者提供的劳动作为唯一的尺度来进行分配，多劳多得，少劳少得，不劳不得，等量劳动获得等量报酬。按劳分配是人类历史上分配制度的一场深刻革命，是由社会主义社会生产资料公有制决定的，实行按劳分配，可以将劳动者的劳动和报酬联系起来，起到激励劳动，促进社会生产力的作用。按劳分配实现劳动平等和报酬平等，有利于实现社会公平，从而调动劳动积极性。

资本、技术、信息、土地等生产资料在价值创造过程中起到投入要素的作用，是生产过程不可缺少的劳动资料和劳动对象，它们和劳动者的具体劳动结合在一起，创造出各种各样不同的使用价值。同时，它们自身的价值转移到生产的商品中去。它们是人类劳动的载体，为劳动者的抽象劳动创造价值提供了必要的物质条件。没有资本、土地、技术等生产要素参与，是不可能创造价值和财富的，其所有者必然要求取得相应的报酬。按照投入要素的多少进行分配，这叫按生产要素分配。

确立资本、技术、管理等生产要素按贡献参与分配的原则是社会主义市场经济发展的必然要求。生产要素按贡献参与分配有利于生产力的发展，可激励生产要素投入者投入的积极性，可激励生产要素使用者节约的积极性，有利于生产要素向更有效的领域流动，有利于技术进步的加快，使资源得到优化配置，提高资源的利用效率，促进经济的集约增长。

社会主义初级阶段实行按劳分配与按生产要素分配相结合的分配制度，是由初级阶段生产力发展水平决定的，生产力发展不平衡、多层次，非公经济和私人投资部门的资本、技术、管理、信息等生产要素也需要获得合理的投资回报。

生产要素按贡献参与分配是收入分配制度的进步。在西方经济学的生产理论中，生产要素按边际生产力获得回报，是利润最大化的必然要求。随着科技进步，知识、技术、管理、创新等生产要素对经济增长的贡献不断上升，技术、管理等生产要素被视为劳动这一生产要素的延伸，强调这些生产要素参与分配，并不影响按劳分配的原则，而是收入分配制度的进步。

生产要素按贡献参与分配是扩大中等收入阶层比重的重要途径。允许技术入股和投资分红，可以刺激发明创造，鼓励投资，通过发明创造和资本积累获得财富，有利于壮大中产阶层。

社会主义市场经济条件下的分配制度应体现一般劳动的价值，调动广大劳动者的积极性和创造性；也应体现科学技术、经营管理等复杂劳动的价值，激发广大科技人员和管理工作者的企业精神和创新能力；还应体现包括土地、资本、知识产权等在内的生产要素的价值，以集中各种生产要素投入经济建设。也就是说，要形成与社会主义初级阶段基本制度相适应的分配机制，让一切劳动、知识、资本、管理和资本的活力竞相进发，让一切创造财富的源泉充分涌动，以造福于人民，造福于社会。

在我国社会主义初级阶段，坚持按劳分配为主体、多种分配方式并存，要把按劳分配和按生产要素分配结合起来，坚持效率优先、兼顾公平的原则。按劳分配与按生产要素分配，是并行不悖的，二者相结合，既可以调动劳动者的积极性，也可以调动生产要素的积极性，有利于调动所有资源的积极性，把分散的人力、物力、财力和技术动员起来进行现代化建设，实现社会资源的充分利用和合理配置。

基于上述分析，群众将各类财产作为生产要素提供给生产者，这些生产要素按贡献获得财产性收入是合理的。

六、结合反全球化运动现象论述全球化的二重性。

通常意义上的全球化是指全球各国和地区之间联系不断增强，人类在全球规模的基础上发展，国与国之间在政治、经济贸易上互相依存。各种生产要素或资源在世界范围内自由流动以实现生产要素或资源在世界范围的最优配置。尽管关于全球化的利弊存在争议，但经济全球化趋势不可逆转。

世界经济正进入全球化、一体化时代，但是，反全球化的浪潮也风起云涌，表现为一次次大规模示威和强烈抗议，反全球化运动者最大的口号就是抗议经济全球化。

全球化是一把"双刃剑"，既有利，又有弊。

全球化的利在于：经济全球化是生产社会化发展的更高阶段，国际分工不断深化，各国之间经济上的相互依赖不断加深。各种生产要素或资源在世界范围内自由流动以实现生产要素或资源在世界范围的最优配置。各国在全球经济密切交往中实现资源优势互补，充分发挥自身的相对优势。全球化是加快经济增长速度，传播新技术、管理经验、制度和提高各国生活水平的有效途径。对于发展中国家而言，全球化可以促进收入增长，增加就业机会，吸引资本投资、优秀人才。国际贸易可以互惠互利，为人们带来益处，全球化有利于更好地解决环境、资源、人口等人类面临的共同性问题。

全球化的弊在于：全球化可能给发展中国家带来风险甚至灾难，如南北矛盾激化和贫富差距扩大，发达国家利用贷款和巨额债务进行不合理的国际分工，金融殖民，技术殖民，转嫁环境危机，剥夺了民族国家的主权，侵蚀当地文化和传统，威胁经济和社会稳定，给民族国家的原有体制、政府领导能力、社会文化、价值观念等带来冲击，外资进入对民族资本和民族工业冲击较大，大量外资的进入容易造成债务负担，可能引发国际债务危机，跨国资本的进入增大了金融市场的投机性和风险度。全球化使各国的产业结构调整变成一种全球行为，既为一国经济提升竞争力创造了机会，也加深了对别国的依赖。

总体而言，全球化过程中发达国家和发展中国家的不平等地位使越来越多的人看到全球化背后的虚伪和不平等。发达经济体和一些跨国公司联手，组成强大的垄断资本，全世界都置于它们的控制和统治之下。

七、完全竞争厂商成本递增情况下对长期均衡的影响。

成本递增行业是这样一种行业，该行业产量增加所引起的生产要素需求的增加会导致生产要素价格上升，从而使成本递增。

厂商在长期生产中可以对全部生产要素进行调整，一方面，选择最优的生产规模；另一方面，自由进入或退出一个行业。

在长期内，厂商追求利润最大化，选择最优生产规模的条件为：$MR = LMC$。

在完全竞争市场，厂商自由进入或退出，使得完全竞争厂商在长期均衡时，利润为零，因此，长期均衡时，$P = \min LAC$。

长期均衡也要由一个短期生产规模来实现。

完全竞争厂商长期均衡的条件为：

$P = MR = LMC = LAC = SAC = SMC$

如图所示，开始时单个厂商的长期均衡点 E_1 和行业的一个长期均衡点 A 相对应，市场均衡价格为 P_1，厂商在曲线 LAC_1 的最低点实现长期均衡，且满足长期均衡的系列条件，厂商的利润为零。假定市场需求增加使市场需求曲线向右移至曲线 D_2 处，并与短期供给曲线 SS_1 相交形成新的更高的价格。在此价格上，厂商在短期内仍以曲线 SMC_1 所代表的生产规模进行生产，将获得利润。

在长期，新的厂商会进入该行业生产，整个行业供给增加。一方面，整个行业供给增加会增加对生产要素的需求，从而使生产要素市

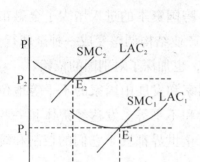
(a)厂商

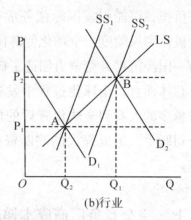
(b)行业

场价格上升，进而使厂商的成本曲线的位置上升；另一方面，行业供给增加导致行业供给曲线右移，直到形成新的长期均衡才会停止，成本曲线上升到 LAC_2 和 SMC_2 的位置，行业供给曲线右移到 SS_2 的位置，分别在 E_2 点和 B 点实现厂商的长期均衡和行业的长期均衡，$P = MR = LMC = LAC = SAC = SMC$ 都满足。此时新的市场均衡价格为 P_2，厂商的利润为零。

连接 A 点和 B 点，构成行业的长期供给曲线，成本递增行业的长期供给曲线向右上方倾斜，它表示：在长期，行业产品价格和供给量呈同方向变动。

八、外部不经济为什么导致市场失灵，用科斯定理如何解决？

外部不经济也叫负外部性，指个人的行为对他人的福利带来负的影响，且并未对他人作出补偿。如图所示，社会成本 > 私人成本，私人决策的最优产量大于社会合意的产量，因此，存在市场失灵，负外部性行为总是供给过多。

若某活动的私人成本小于社会成本，即 $C_P < C_S$，且私人价值大于私人成本，并小于社会成本，即 $C_P < V_p < C_S$，显然，私人会做这项活动，因为 $C_P < V_p$，但对社会是不利的，因为 $V_p < C_S$，这时，帕累托

最优状态没有出现。因为（$C_S - C_P$）>（$V_p - C_P$），若社会可以对该人作出补偿，这个人可以放弃这项行动，补偿量至少等于 $V_p - C_P$，就可以实现帕累托改进，因为可以让至少一方变好，而不让任何人变差。

科斯定理认为，只要产权是明确的，并且交易成本为零或者很小，无论在开始时将财产权赋予谁，都可以通过市场契约来解决外部性问题，实现资源的有效配置。

在这个问题上如何用科斯定理解决呢？假设法律赋予他从事这项活动的权力，产权是明确的，那么受影响的其他人找他协商，对他进行补偿，以让他放弃这项负外部性行为，补偿量至少等于 $V_p - C_P$。科斯定理有效的前提是交易成本为零或者足够少，若事情谈判困难，交易成本太大，外部性仍难以解决，特别是当事人的人数越多时，要达到一致的协议更为困难。反过来，若他人享有免受该人损害的权力，那么，该人要么停止负外部性行为，要么对他人进行补偿，补偿的数量至少等于外部成本 $C_S - C_P$，同样，在交易成本为零的情况下，可以通过市场契约解决这一问题。若交易成本很高，市场契约将难以解决。人数众多时，达到一致协议尤其困难。

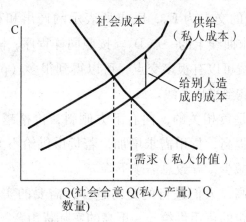

九、分析宏观总需求曲线与微观需求曲线的区别，它们向右下方倾斜的区别是什么？

总需求是经济社会对产品和劳动的需求总量。总需求由消费需求、政府需求、投资需求和国外需求构成。

宏观总需求曲线描述需求总量与价格水平之间的关系，可由产品市场 IS 曲线和货币市场 LM 曲线推导而来。总需求曲线反映的是产品市场和货币市场同时处于均衡时，产出水平与价格水平之间的关系。

由 IS 曲线：$s(y) = i(r)$

由 LM 曲线：$M/P = L_1(y) + L_2(r)$

联立求解，消去 r，就可以得到 P 与 y 之间的函数关系。

如图所示，不同的价格水平，对应不同的 LM 曲线。当价格水平为 P_1 时，LM 曲线为 LM（P_1），与 IS 曲线相交于 E_1，E_1 点所表示的产出和利率分别为 y_1 和 r_1，将 P_1 和 y_1 标在图中便得到总需求曲线上的一点 D_1。现在，假设价格从 P_1 下降到 P_2，LM 曲线移动到 LM（P_2）的位置，它与 IS 曲线的交点为 E_2，E_2 点所表示的产出和利率分别为 y_2 和 r_2，又得到总需求曲线上的一点 D_2。按照同样程序，随着价格的变化，LM 曲线和 IS 曲线可以有很多交点，可以得到很多（p，y）的组合点，这些点连起来就得到 AD 曲线。

总需求曲线是负相关的，向右下方倾斜，价格越高，需求总量越小。原因是价格提高，货币需求增加，若货币供给不变，则利率上升，会导致投资需求减少，导致总需求下降。

如果产出越高，人们进行的交易越多，需要的实际货币余额 m/p 就越多，对于固定的货币供给 m，更高的实际货币余额意味着价格水平越低。反过来，价格越低，实际货币余额越高，允许有更大的交易量，意味着产出的需求量越高。

微观需求是指消费者在预算收入和市场价格的约束下，实现效用最大化，对应的商品的最优需求量。

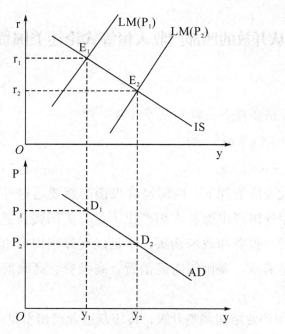

max u (x_1, x_2)

得 $P_1 x_1 + P_2 x_2 = m$

求解最优化得 $x_1 (P_1, P_2, m)$，$x_2 (P_1, P_2, m)$。

x_1 与 P_1 反向运动，x_2 与 P_2 反向运动。

在最优化时，要满足等边际原则，即 $MU_1/P_1 = \lambda$，当需求量增加时，边际效用递减，价格也必然下降，其比值才能为常数。

微观需求曲线是描述某种商品的价格和需求量之间的关系的曲线。

对于正常物品和低档物品，需求曲线向右下方倾斜，即价格下降，需求量增加。原因归结为替代效应和收入效应。

对于正常物品，价格下降时，替代效应为正，收入效应也为正，总效应为正，需求量增加。对于低档物品，价格下降时，替代效应为正，收入效应为负，替代效应大于收入效应，总效应为正，需求量增加。

十、从开放的四部门收入恒等式论述美国贸易逆差居高不下的原因。

开放经济条件下,收入恒等式为:

$Y = c + i + g + nx$

$nx = Y - c - i - g$

在开放经济条件下,内部经济失衡必然要通过外部经济调节达到均衡,即用外国产出弥补本国产出不足。美国贸易逆差,说明国内产出包括消费、投资和政府购买,不足以支撑国内需求,需要从国外进口来满足总需求。美国国内高消费、高投资、高政府支出将滋生贸易逆差。

1. 美国产业结构调整升级,传统制造业产出不足

美国巨额贸易逆差的直接原因是美国出现了工业空洞化。随着经济全球化趋势的深入发展,美国不断加快产业结构调整、转移的步伐,将传统的制造业向外转移,美国的产业结构不断转型升级,传统制造业在经济中的比重不断缩小,大量消费品和制造业产品依赖进口,一些劳动密集型产业的产品大多是人民日常生活必需品,主要依靠进口来满足,这导致贸易逆差扩大。

2. 美国国内高消费

美国的贸易逆差与其高消费率(或低储蓄率)有密切关系,美国的消费率高达80%以上,发达的金融市场促进了借钱消费,美国生产的商品不能满足国内消费,需要大量进口,从而加大贸易赤字。麦金农等经济学家将美国在经常项目上的巨大逆差归咎于美国的不节俭,即美国的高消费。

3. 高额政府支出

美国国民经济研究局主席 Feldstein(1993)认为美国的赤字财政政策是美国贸易逆差的一个原因。财政赤字会导致利率升高、外资流入、美元升值,从而导致进口增加,出口减少,产生贸易逆差。

4. 美元霸权

美元是世界上最主要的储备货币，享有独一无二的特殊地位，世界需要美国通过贸易逆差以输出美元来为世界提供交易或清偿手段，美国可以源源不断地印刷美元到世界各地进行采购。滥用美元霸权使美国具有不断扩大贸易逆差的动力。各国需要美元作为储备，需要扩大出口以换取美元，美国作为美元发行国，只要开动印钞机就可以了。这会造成美元贬值，但损失由持有美元储备的世界各国来承担，美国只需付出微小的印钞费，在这种情况下，美国没有动力降低财政赤字和消费水平。美国政府和居民很少储蓄，借钱消费，从美元贬值中获得好处。

5. 高投资

强势美元使美元资产更具有吸引力，并与美国劳动生产率和经济繁荣形成良性互动，美元资产炙手可热，各国投资者到美国投资，外资的大批涌入抬高了美元资产的价格，投资额上升使贸易逆差与经常项目赤字进一步扩大。

一些学者肯定巨额贸易逆差对美国经济的贡献，美国可以任凭贸易赤字居高不下而安然无恙的状况称为"无泪赤字"，贸易逆差有助于防止美国经济过热，并抑制通胀，存在贸易逆差是美国经济强大的表现，美国不断将广大发展中国家生产的最优良商品集中于美国，从中获取巨大的经济利益。这有利于美国充分使用海外廉价劳动力资源，更大限度地参与国际分工，将有利于美国发挥高科技优势，产业结构进一步向高科技方向发展，这对美国是有利的。但是，贸易逆差使美国付出了失业率上升、工资水平下降和收入不平等加剧等代价，并导致美国制造业竞争力下降。

从国际收支平衡的角度也可解释美国贸易逆差，为了维持国际收支平衡，一个国家发生经常账户的赤字，需要资本账户的盈余来支撑。美国持续的资本流入使得其贸易逆差得以维持，长期以来，美国都是世界上净资本流入最大的国家。美国因缺乏国内投资所需的储蓄而导致利率 r 上升，高利率诱使外国储蓄流入，美国使用借入的购买力获得外国的产品或资产，导致了与流入资本规模相当得产品流入，贸易逆差产生。

2008 年经济学综合（二）试题汇编及深度解析

一、辨析：剩余价值转化为利润，价值转化为价格。

此观点正确。

1. 剩余价值转化为利润

资本主义企业生产的商品的价值包括三个部分：不变资本的价值 c、可变资本的价值 v 和剩余价值 m，其中物化劳动耗费为 c，活劳动耗费为 v + m。对于资本家来说，生产商品所耗费的只是他的资本价值 c + v，剩余价值 m 是资本家无偿获得的。因此，c + v 构成商品的生产成本或成本价格。当不把剩余价值看成是雇佣工人剩余劳动的产物，而是把它看成是全部预付资本的产物或增加额时，剩余价值便转化为利润。这样，商品价值就转化为成本价格加利润。利润本质上是剩余价值，但在表象上表现为全部预付资本的产物，因此，价值转化为成本价格和利润，剩余价值转化为利润掩盖了资本主义的剥削关系。

2. 利润转化为平均利润

在现实经济中，各部门的资本家，无论从事哪一种商品生产，都能够大体上获得与他们的资本量相应比例的利润，即同量资本应获得同量利润，各部门的利润率趋于平均。

平均利润的形成是部门之间竞争的结果。投资于不同生产部门的资本家为了获得更高的利润率，相互之间必然展开激烈的竞争。这种竞争的手段是进行资本转移，即把资本从利润率低的部门撤出，转移到利润率高的部门。这样，原先利润率高的部门由于大量资本的涌入，商品供过于求，价格就会下降，利润率也就相应下降，而原先利润率高的部门由于大量资本撤出，会发生相反的变化。这个资本转移的过程以及由此而来的价格和利润率的变动要持续到两个部门的利润率大体平均的时候才停止，这样，便形成了平均利润。

3. 价值转化为生产价格

生产价格的形成是以平均利润率的形成为前提的，随着利润转化为平均利润，商品价值就转化为生产价格。生产价格 = 成本价格 + 平均利润。这样，在质的方面，生产价格只是同资本相联系，同活劳动没有联系，因为从生产价格的构成来看，生产成本是由耗费的资本构成的，平均利润也是按预付资本的比例分得的利润。在量的方面，生产价格和价值经常不一致。资本有机构成高的部门，其产品的生产价格高于价值；资本有机构成低的部门，其产品的生产价格低于价值；只有资本有机构成相当于社会平均资本有机构成的部门，其产品的生产价格正好同价值相等。

二、简述扩大再生产的实现条件和派生条件。

1. 扩大再生产的基本实现条件：$I (v + \Delta v + m/x) = II (c + \Delta c)$

第 I 部类原有的可变资本加上追加的可变资本，再加上第 I 部类资本家用于个人消费的剩余价值，三者的总和应当等于第 II 部类原有的不变资本加上追加的不变资本。这表明，在扩大再生产过程中，第 I 部类提供给第 II 部类的生产资料同第 II 部类对生产资料的需要之间，以及第 II 部类提供给第 I 部类的消费资料同第 I 部类对消费资料的需要之间，要求保持一定的比例关系。

2. 派生条件

（1）第二部类产业的实现条件：

$II (c + v + m) = (Iv + IIv) + (Im/x + IIm/x) + (I\Delta v + II\Delta v)$

在扩大再生产过程中，第 II 部类生产的全部消费资料，必须等于两大部类原有的可变资本价值、追加的可变资本价值和资本家用于个人消费的剩余价值之和。这说明，扩大再生产中，消费资料的生产和两大部类为实现扩大再生产对消费资料的需求之间必须保持一定的比例关系。

除了补偿两个部类原有工人所需的生活资料和两个部类的资本家所需的生活资料外，还必须能够满足两个部类新追加的工人所需要的生活资料。

（2）第一部类产业的实现条件：

$$I(c+v+m)=(Ic+IIc)+(I\Delta c+II\Delta c)$$

在扩大再生产过程中，第 I 部类的全部产品价值，必须补偿两大部类消耗的生产资料，还必须满足两大部类追加的不变资本价值。这说明，扩大再生产中，生产资料的生产和两大部类为实现扩大再生产对生产资料的需求之间必须保持一定的比例关系。

总之，扩大再生产的实现条件表明，社会生产两大部类之间，生产与消费之间必须保持合理的比例关系，再生产才能顺利进行。

三、简述市场经济条件下政府的作用。

市场经济强调通过市场机制配置资源，不管是理论上还是经验上，市场机制已经被证明是配置资源很好的手段。

既然市场是调节资源配置的很好的手段，为什么还要有政府调节呢？原因有以下几个方面：

（1）市场交易是建立在产权明晰，诚实守信，公平自愿的基础上，需要政府建立正式机构如法律、警察等来保护市场运行，维护市场秩序。

（2）市场失灵需要政府干预以促进效率。曼昆指出，政府干预经济的原因有两类：促进效率和促进平等。市场有时候是失灵的，不能有效地配置资源，如外部性、公共物品、垄断等，需要政府的参与，来改善市场结果。曼昆的经济学十大原理之七就是"政府有时可以改善市场结果"，如政府通过征税或补贴、管制来解决外部性，公共物品由政府来投资兴办。

（3）促进社会公平。市场竞争的结果是优胜劣汰，会造成贫富差距，而且社会底层的人，如失去劳动能力、疾病、年老、失业、自然灾害等会造成生存困难，政府应该通过税收、转移支付、社会保障等手段调节国民收入分配，促进社会公平。

（4）宏观经济调控。政府运用宏观调控手段，使宏观经济健康运行，实现想要的宏观调控目标，包括充分就业、物价稳定、经济增长、国际收支平衡等。

（5）制定和实施经济社会发展规划或产业发展战略，发挥政府对国有经济中的控制力和主导性。

（6）管理国有资产，实现国有资产的保值增值。

（7）提供公共服务、管理和监管作用。

四、论述社会主义初级阶段如何理解效率与公平的关系。

效率是指社会利用现有资源进行生产所提供的效用满足的程度。做到资源最合理的配置，才能实现社会福利最大化。效率通常包含以下三层含义：①技术效率，又称为生产效率，是指生产活动中根据各种资源的物质技术联系，建立起符合生产条件性质的经济关系，合理地组织各种生产活动，充分有效地利用资源，提供尽可能多的产出。②资源配置效率，具体标准就是帕累托效率原则。③制度效率，是指某种制度安排能够在成本最小化的状态下运行。制度运行的成本又称为交易成本，交易成本的高低是衡量效率的重要标准。

公平是指人与人之间收入或机会的平等性。经济学家倾向于从机会公平、结果公平两个角度来理解公平。经济学家普遍认为，社会应当努力消除机会的不平等，而容忍结果在一定程度上的不平等。

公平与效率面临权衡选择，效率与公平之间存在难以调和的矛盾。追求效率总是以某种程度的公平损失为代价。市场化的分配制度符合效率原则，也符合机会公平的原则，但因为人的天赋、能力、运气方面的差别总会产生不平等。反过来，追求公平要以一定的效率损失为代价，若政府通过再分配政策，使人际的收入均等化，必然会损害经济活动的积极性，从而损害效率。对于效率与公平，经济学家大致有三类观点，一是效率优先，二是公平优先，三是效率与公平兼顾。在社会主义初级阶段，处理好效率与公平的关系，应把握好以下几个原则：

（1）在初次分配领域，要健全和完善相关制度，在增进效率的同时，也要增进公平。初次分配中要注重效率，坚持效率优先，发挥市场机制在国民收入初次分配中的调节作用，增进经济效率，同时也要兼顾到公平。

（2）再分配要更加注重公平，强化政府对收入分配的调节职能。初次分配易造成收入差距过大，甚至两极分化，在再分配中，要更加注重公平的原则，抑制城乡、区域、行业、阶层间的收入差距过大，保护合法收入，调节过高收入，取缔违法收入，建立财政转移支付制度等。再分配以注重公平为主，但也要兼顾到效率，如过高的税收可能不利于激励作用的发挥，过高的救济导致产生不劳而获的思想和行为。

（3）坚持共同富裕的基本目标，让全体国民共享改革发展的成果。坚持共同富裕，兼顾效率与公平。

五、试说明在开放型经济条件中，我国当前面临的问题和宏观调控的重点。

2007年，我国经济出现高增长局面，经济增长动力强劲，投资、消费、出口和工业生产等均呈高速发展态势，企业效益明显提高。

不过，在经济运行中仍存在着一些突出矛盾和问题。一些经济指标明显超过年初的市场预期，这主要体现为：外贸顺差过大、货币信贷投放过多、投资反弹压力较大、工业增长偏快、物价上涨压力上升和节能减污形势严峻等，经济增长由偏快转为过热的趋势更为明显。

2007 年，我国经济发展过热，而且，通货膨胀突起。经济热度在过去的几年里处于较高水平，价格始终在高位徘徊。中国人民银行将"稳健的货币政策"调整为"从紧的货币政策"，既防止经济过热，又能抑制通胀。

2007 年，尽管中央有关部门出台了一系列调控措施，但调控力度在总体上看还是比较温和，宏观调控效果不明显。中国人民银行为抑制通胀，多次加息和提高银行存款准备金率，但通胀仍有愈演愈烈的趋势。贸易顺差导致的流动性过剩压力持续存在、经济增速偏快的情况下，预计下一阶段宏观调控政策将继续趋紧。

一直以来，拉动我国经济增长的"三驾马车"中，主要是投资和外贸，居民消费则停滞不前，而 2007 年，投资率过高、消费率过低的结构失衡问题出现了结构性变化，消费和投资都比较旺盛。

下一阶段，要把握好宏观调控政策，需要注意几个重点方面：

（1）实施稳健的财政政策，加大对结构调整的支持力度；

（2）货币政策要适度从紧，坚持把遏制经济增长由偏快转为过热作为当前宏观调控的首要任务；

（3）着力控制高耗能、高排放和产能过剩行业盲目扩张；

（4）努力缓解投资增长过快、信贷投放过多、外贸顺差过大的矛盾；

（5）控制价格总水平过快上涨，抑制不合理需求；

（6）把发展的积极性、充裕的资金、宝贵的资源更多引导到加强经济社会薄弱环节上来；

（7）坚持把解决好"三农"问题作为工作的重中之重，巩固和强化农业基础地位，加快建立健全支持农业和农村经济发展的长效机制，促进农业稳定发展和农民持续增收；

（8）坚持把节能减排作为调整结构和转变增长方式的重要抓手，力争节能减排取得更加明显的成效；

（9）坚持以人为本，抓住经济平稳增长和财政收入大幅增加的有利时机，中央和地方都要加大对涉及群众切身利益和关系经济长远发展的投入，让经济发展成果更多体现到改善民生上；

（10）要加快发展科技、教育、卫生、文化等社会事业；

（11）抓好防灾救灾工作，妥善安排受灾群众的生产生活。

总之，在2008年宏观调控中，将加强财政政策与货币政策和产业政策的协调与配合，把控总量、稳物价、调结构和促平衡有机结合起来，努力防止经济增长由偏快转为过热，防止价格由结构性上涨演变为明显通货膨胀，促进经济又好又快发展。

六、有人认为征收土地税不会造成社会福利的净损失，试分析其理论依据。

无谓损失的大小一方面取决于税收的大小，另一方面取决于需求曲线和供给曲线的弹性。一般而言，无谓损失随着税收规模的增加而增加，供给和需求的弹性越大，均衡数量下降的越多，税收的无谓损失也就越大。

土地资源是有限的，其供给完全没有弹性，征税对均衡供应量没有影响，因而没有福利损失，如图所示。

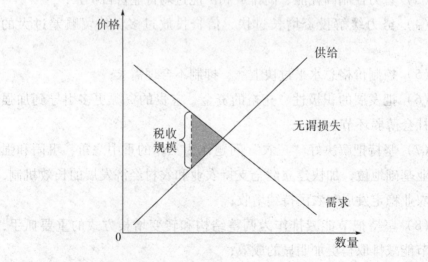

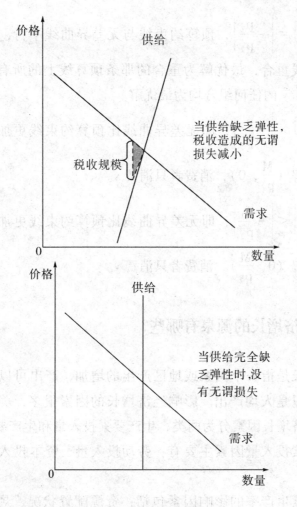

七、已知某消费者的效用函数是 U（x，y）= ax + by，a > 0，b > 0，试推导该消费者对这两种商品的需求曲线。

U（x，y）= ax + by（a > 0，b > 0）

该效用函数是完全替代的效用函数，无差异曲线是一条斜率为 $-\dfrac{a}{b}$ 的直线。

预算约束条件为：M = p_1x + p_2y，预算约束线斜率为 $-\dfrac{p_1}{p_2}$。

若 $\left|-\dfrac{a}{b}\right| = \left|-\dfrac{p_1}{p_2}\right|$，预算约束线与无差异曲线平行，并与其中一条无差异曲线重合，最优解为重合的那条预算线上的所有点，即预算约束线上 x 和 y 的任何组合均为最优解。

若 $\left|-\dfrac{a}{b}\right| > \left|-\dfrac{p_1}{p_2}\right|$，即无差异曲线比预算约束线更加陡峭，则最优解为交点解（$\dfrac{M}{p_1}$, 0），消费者只消费 x。

若 $\left|-\dfrac{a}{b}\right| < \left|-\dfrac{p_1}{p_2}\right|$，即无差异曲线比预算约束线更加陡峭，则最优解为交点解（0, $\dfrac{M}{p_2}$），消费者只消费 y。

八、经济增长的源泉有哪些?

经济增长是指一个国家或地区产出的增加，产出可以是经济的总产出，也可以是人均产出。影响经济增长的因素很多，美国经济学家丹尼森把经济增长因素分为两类，生产要素投入量和生产要素生产率。

生产要素投入量因素主要有：劳动投入量、资本投入量和土地投入量。

生产要素生产率的影响因素包括：资源配置状况、规模经济、知识进展和其他因素。

丹尼森认为，知识进展是发达资本主义国家最为重要的增长因素，包括技术进步、管理知识的进步，以及由此带来的结构变化和设备创新。

根据索洛对经济增长的核算，决定经济增长的因素是技术进步、资本形成和劳动投入。因此，鼓励技术进步是经济增长的因素，如研发、专利制度、教育。鼓励资本形成也是经济增长的因素，如鼓励储蓄和投资，增加劳动供给也是经济增长的因素，如人口增长，通过教育和培训促进人力资本形成。

诺贝尔经济学奖得主诺思认为，合理的制度也是影响经济增长的因素。

库兹涅茨认为，经济结构的变化，也能带来经济增长。

九、你认为政府在解决外部性问题方面如何发挥积极作用？

外部性有两种，一种是负外部性，指个人的行为对他人的福利带来负的影响，但并未对他人作出补偿；另一种是正外部性，指个人的行为对他人的福利带来正的影响，但他人并未对其作出补偿。

外部性会造成市场失灵，因而需要政府干预。

政府可以通过如下手段解决外部性问题：

（1）庇古税：通过征税，让外部性内在化，征税的大小等于外部性行为造成的外部成本，如燃油税。

（2）补贴：对正外部性行为进行补贴，补贴的大小应等于该行为的外部收益，如教育补贴。

（3）政府管制：政府管制某些行为的数量或质量，如标准化、排放数量管制等。

（4）道德说教：宣传教育不要产生负外部性行为，如不要在公共场所吸烟。

（5）鼓励和资助慈善组织的活动，如制止负外部性行为，扶持正外部性行为。

（6）鼓励一体化，将外部性内部化。

（7）明确产权，降低交易成本，鼓励科斯定理提倡的通过市场契约解决外部性问题。

（8）建立类似于可交易的排污许可权制度，以最有效率（成本最小）的方式实现管制数量。

十、写出奥肯定律的表达式及其主要结论，并说明潜在产出的含义。

美国经济学家奥肯根据美国的数据，提出了失业变动与产出变动的经验关系，即奥肯定律。

奥肯定律的内容是：失业率每高于自然失业率1个百分点，实际国内生产总值将低于潜在国内生产总值2个百分点。也就是说，相对于潜在国内生产总值，实际国内生产总值每下降2个百分点，实际失业率就会比自然失业率上升1个百分点。

公式表示为：$\dfrac{y - y_f}{y_f} = -\alpha\,(u - u_n)$，其中 y 为实际产出，$y_f$ 为潜在产出，u 为失业率，u_n 为自然失业率，α 为大于零的参数。

潜在产出 y_f 的含义为：一国在一定时期内可供利用的经济资源在充分利用的条件下所能生产的最大产量，通常指该国在充分就业状态下所能生产的国内生产总值。

奥肯定律的重要结论是：实际国内生产总值必须保持与潜在国内生产总值同样快的增长，以防止失业率的上升。如果政府想让失业率下降，那么该经济的实际国内生产总值的增长必须快于潜在国内生产总值的增长。

2009 年经济学综合（一）试题汇编及深度解析

一、辨析：某棉纺厂因棉花价格上涨而增加了资本的垫支，它影响该厂的资本有机构成。

这种说法是错误的。因为棉花价格的变化仅仅引起资本价值构成的变化，而这种变化并没有反映资本技术构成的变化，因而没有改变该厂的资本有机构成。

资本的构成包括价值构成和技术构成两个方面。从物质方面来看，资本是由一定数量和比例的生产资料和劳动力构成的，这种生产资料与劳动力之间的比例是由生产的技术水平决定的，叫做资本的技术构成。从价值方面看，资本是由一定比例的生产资料价值和劳动力的价值构成的，叫做资本的价值构成。资本的价值构成以资本的技术构成为基础，资本的技术构成决定资本的价值构成。这种由资本技术构成决定，并反映资本技术构成变化的资本价值构成就叫做资本有机构成。

棉纺厂的棉花价格上涨，因为生产资料（不变成本）和劳动力（可变成本）的价值比例发生了变化，因此，变化的只是资本的价值构成。技术水平并未变化，生产资料和劳动力的比例并未变化，因此，不能说资本的技术构成和有机构成发生了改变。

二、简述虚拟资本在市场经济运行中的作用。

虚拟资本指能定期带来收入的，以有价证券形式存在的资本。一种是信用形式上的虚拟资本，如期票、汇票等；另一种是收入资本化

XICAI KAOYAN JINGJIXUE ZONGHE LINIAN SHITI JIEXI

形式上产生的虚拟资本，如股票、债券等。虚拟资本是现实资本的所有权或债权证书，持有者可以据此获得资本收入，也可以出让证券换取现实的货币资本。之所以叫虚拟资本，是因为这些有价证券所代表的真实资本已经进入实体企业运行。虚拟资本是信用制度和资本证券化的产物。

虚拟资本在市场经济的运行中有着十分重要的作用。虚拟资本的发展在总体上可以促进实体经济的发展。

（1）虚拟资本的发展使经济发展中的资本约束被缓解。虚拟资本的发展为实体经济发展提供有效的融资工具。现代经济生活中，企业或政府通过发行股票、债券等方式筹集社会资本，扩大规模。

（2）虚拟资本的存在和发展有利于货币资本的有效配置，从而提高社会经济的运行效率。货币所有者通过对有价证券的购买，社会闲散货币可以最大限度被集中利用到各个部门作为长期投资。虚拟资本的价格变动自发地调节着货币资本在社会生产各部门中的流向和流量，货币资本会向有市场前景和经营效益好的行业和企业流动，有利于整个社会经济效益的提高。

（3）虚拟资本的发展有利于实体经济存量的重组和结构调整。资本证券化为实体经济重组和结构调整提供平台。同时随着虚拟资本的发展，新的金融衍生工具不断出现，不仅拓宽了企业的融资渠道，有利于企业充分利用资本市场实现资产重组，使资源得到优化配置，能够在低成本的基础上实现规模扩张。通过虚拟资本运作，人们在以往社会里长期不能拥有的生产力短时间里就可以成为现实。

（4）虚拟资本的发展可以降低实体经济中的投资风险。有价证券进入市场流通，实际上是向实体经济的投资者提供了一种风险规避机制。通过资本合理配置，可以分散企业经营者的风险。

（5）虚拟资本发展产生财富效应，会带动实体经济的活跃，扩大市场需求和投资需求。

（6）虚拟资本也有负效应，集中表现在投机过度引发"泡沫经济"。虚拟资本过度膨胀引起的股票、债券以及房地产价格过度上涨，形成经济虚假繁荣的现象，"泡沫经济"破灭时，会引发严重的经济危机，造成经济衰退。

三、如何认识在知识经济时代来临的情况下，引进国外先进科学技术的原则？

现阶段，我们引进国外先进科学技术必须坚持的正确原则主要有如下几个方面：

（1）从我国的国情、国力、特点和条件出发，结合国民经济各产业部门的技术发展特点，引进适当的技术和选择适当的方式。

（2）引进最新技术、尖端技术和适用技术相结合，硬件与软件相结合，重点是引进先进技术和关键设备，并以引进软件为主。

（3）必须量力而行，讲求经济效益。避免不必要的重复引进，在确定引进项目时，要做好各方面的综合平衡，考虑到国内的配套能力、利用能力和偿还能力。

（4）技术引进与消化吸收、改进创新相结合。引进技术要与独创结合起来，在引进的基础上加以改造、创新，不能盲目照抄照搬，真正做到"洋为中用"。

（5）搞好综合平衡，防止盲目引进和重复引进。

（6）在引技术的同时，也要努力扩大技术出口。

（7）引进技术的同时，也要引进先进的管理方法。

（8）积极引进我国紧缺的高端技术。

四、简要分析市场机制配置资源的积极作用和局限性。

市场机制是指主要通过市场配置资源的经济体制。市场机制包括供求机制、价格机制和竞争机制等。

在市场经济中，资源归产权人所有，经济主体独立平等，受法律保护，进行理性选择，自由进出市场，自由竞争，责权利自负。在市场这种资源配置中，生产什么、生产多少、消费什么、消费多少由经济主体独立决策，决策权高度分散。分散决策在信息、知识和灵活性上具有优势，价格信息是主要的决策依据。在市场竞争中，具有强烈的激励约束，优胜劣汰。

由市场配置资源，其积极作用表现在以下几个方面：

（1）以市场信号为调节器，使经济自动协调发展。

（2）自动按照市场需求调节资源流动与流向，实现产需衔接。

（3）推动科学技术和经营管理的创新，促进劳动生产率的提高。

（4）发挥竞争的优胜劣汰功能，刺激经济效率的提高。

市场机制的局限性体现在以下几个方面：

（1）市场调节的事后性和价格信号的滞后性会不可避免地造成一定程度的资源浪费。

（2）市场配置资源的过程中适者生存、优胜劣汰的竞争法则会导致严重的收入不均和两极分化现象。

（3）许多社会消费的公共产品和劳务难以通过正常的市场价格机制来加以分配。

（4）市场配置资源会带来内部的经济性和外部不经济的矛盾。

（5）市场配置资源不能自动导向整个国民经济的宏观平衡。

（6）市场调节有利于竞争，而竞争的结果必然引向垄断。

（7）市场调节难以抑制经济泡沫的形成或阻止泡沫的破灭。

（8）市场调节有时候会失灵，如外部性、公共产品、信息不对称等。

五、试比较分析价值规律在简单商品经济和资本主义商品经济不同发展阶段的作用形式。

价值规律是商品经济、市场经济的基本规律。商品的价值量由生产商品的社会必要劳动时间决定，以此为基础进行等价交换。

价值的作用：①自发地调节生产资料和劳动力在社会各部门之间

的分配。②刺激生产者的积极性。③优胜劣汰，导致生产者两极分化。

价值规律发挥作用的形式是价格围绕价值波动。使得价格偏离价值的现象出现的原因在于两个方面：一方面，价格偏离价值是受货币价值变化的影响；另一方面，价格偏离价值是受市场供给关系变动的影响。

价格偏离价值的运动总是围绕价值上下波动，这种现象不是对价值规律的否定，而是价值规律的作用形式，这是因为：①商品价格围绕价值上下波动始终是以价值为基础的。②价格的涨落会互相抵消，商品的平均价格和价值是相等的。③价格的变动会影响供求关系，使供求趋于平衡，从而使价格接近价值。

在简单商品经济中，价值规律的作用形式为是价格围绕价值上下波动。

资本主义的发展经历了两大发展阶段，即自由竞争的资本主义和垄断资本主义。

在自由竞争的资本主义阶段，剩余价值转化为利润，利润转化为平均利润，平均利润的形成是部门之间竞争的结果。投资于不同生产部门的资本家为了获得更高的利润率，相互之间必然展开激烈的竞争。这种竞争的手段是进行资本转移，即把资本从利润率低的部门撤出，转移到利润率高的部门。这个资本转移的过程要持续到两个部门的利润率大体平均的时候才停止，这样，便形成了平均利润。随着利润转化为平均利润，商品价值就转化为生产价格，生产价格 = 成本价格 + 平均利润。生产价格和价值经常不一致。资本有机构成高的部门，其产品的生产价格高于价值；资本有机构成低的部门，其产品的生产价格低于价值；只有资本有机构成相当于社会平均资本有机构成的部门，其产品的生产价格正好同价值相等。

生产价格是价值的转化形式，商品按照生产价格出售，生产价格成为商品交换的基础，市场价格围绕生产价格上下波动。这不是对价值规律的违背，而是价值规律的作用形式发生了变化，价值规律不是直接通过价值起作用，而是通过生产价格起作用。

在垄断资本主义阶段，垄断组织为了获得最大化的利润，凭借自己的垄断地位，制定垄断价格，垄断价格＝成本价格＋垄断利润。

由于垄断限制了资本在各部门之间的自由流动，利润转化为平均利润，价值转化为生产价格的过程受到阻碍，因此，垄断价格可以长期背离生产价格和价值。市场价格只能围绕垄断价格上下波动。

垄断价格一般高于自由竞争条件下形成的生产价格，这并不违背价值规律，而是价值规律在垄断资本主义阶段作用的具体形式。因为垄断价格的确定，并不能完全脱离商品的价值，价值仍然是价格的基础，从全社会看，整个社会商品的价值仍然是社会必要劳动时间创造的，垄断价格既不能增加也不能减少整个社会的价值总量，它只是对商品价值作了有利于垄断资本的再分配。从全社会看，商品的价格总额仍然等于商品的价值总额。

六、结合当前实际，你认为要使中国国有企业成为真正的市场经济微观基础，需要解决哪些主要问题？怎样解决？

市场经济微观基础包含一些基本特征，即平等性、自主性、逐利性、自发性。

市场经济微观基础的形成条件是明确的产权界定。产权是由法律规定的一组财产权利，这些权利的所有者能够在法律的保护下，自主地行使相应的财产权利，并取得一定的收益，且不受他人的干涉，从而使财产权利的所有者有动力去运用这些权利积极从事经济活动，增进自己的福利。

市场经济中的企业，无论是何种类型，首先应当拥有自己独立的产权，这是平等、自主经营的前提，也是追求利益最大化的激励动力。企业包括自然人企业和法人企业，后者是公司制企业，所有权和经营权可以分离。

现代企业作为市场经济中至关重要的微观主体，要建立起现代企业制度。构成现代企业制度的要素主要有法人产权制度、法人治理制度、有限责任制度和管理层级制度。

过去，我国的企业是单一的国有企业，存在一些明显的弊端，如政企不分，企业没有自主权，政府、企业、工人之间责权利不明，国有企业缺失激励。由于政企不分、经营机制不活和历史包袱沉重，传统国有企业在运行中大多数缺乏效率。

多年来，在整个经济体制改革中，国有企业改革处于中心环节，国有企业的改革主要通过两个方面来进行：一方面是转换和改善国有企业的经营机制，先后进行过下放经营自主权、推行承包制、实施政企分开、抓大放小、改制上市和建立现代产权制度等为主要内容的改革；另一方面是解脱国有企业所背负的历史包袱，解决国有企业冗员、国有企业办社会和国有企业债务三大难题，先后采取了战略性调整和改组、富余职工下岗分流减员增效、主辅分离、债务重组（如债转股、破产重组、并购重组、债务置换等）和技改优惠政策等措施。

国有企业的出路是深化改革，包括产权改革和结构调整。改革的总体目标是要建立产权明晰、政企分开、责权明确、管理科学的现代企业制度，使国有企业成为自主经营、自负盈亏、自我积累、自我发展的法人实体和市场竞争主体。

要使国有企业成为真正的市场经济微观基础，需要解决的主要问题是产权不清，即国有企业没有一个清晰的产权主体自主地行使责权利。传统体制下的国有企业，既无明晰的产权，又不能自主经营、自负盈亏。明晰国有产权主体，建立并强化其自负盈亏的权责机制，使其逐步成为真正能够参与市场竞争的微观经济主体，是国有企业改革的基本取向。

国有企业产权不清，导致的问题包括：

（1）所有者缺位、造成内部人控制。国有企业名义上是全民所有，实际上这些全民所有者没有承担所有者责任，也不直接分享企业收益。结果造成所有者缺位，由管理者实际控制国有资产，所有权和经营权分离，而且所有者无法有效监管内部控制人。这往往造成内部人滋生道德风险行为，如国有资产流失、浪费、腐败、成本控制激励不够、过高职务消费等。

（2）软预算约束问题没有得到有效解决。国有企业亏损时，每每向政府申请财政补贴，造成软预算约束，也就是说，国有企业盈利时，利润是自己的，而亏损时，政府财政为其承担，这会造成国有企业激励缺失，不可避免地造成低效率。

（3）国有企业行政化，政企不分，企业自主权不足，"企业办社会"、"企业办保障"负担沉重，国有企业要执行很多政府的意愿和功能，经营机制欠灵活。

解决上述问题，需要深化国有企业改革，关键是明晰国有企业的产权，以规范的股份制为典型形式，建立起现代企业制度，产权清晰、责权明确、政企分开、管理科学。为此，要深化国有资产管理和监督体制改革，塑造清晰的国有产权主体，切实保障国有资产保值增值。政府的公共管理职能要和国有资产出资人职能分开。要理清国有资产的委托代理关系，建立起责任制。要进一步健全和完善国有股份制企业的法人治理结构，有效地控制内部人控制问题。要推动和完善对国有经济的分类改革，国有企业要有进有退，有所为有所不为。

七、开放条件下的宏观经济模型即 IS－LM－BP 模型分为固定汇率和浮动汇率、完全资本流动和不完全资本流动等多种情形。只考虑完全资本流动的情形。（1）BP 曲线的斜率是由什么曲线决定的？并据此说明完全资本流动的含义。（2）在固定汇率条件下增加货币供给能增加国民收入吗？关于 LM 曲线能得到什么结论？（3）在一个浮动汇率的经济中，实现国际收支平衡的机制会有什么变化？

（1）BP 曲线方程：$r = \dfrac{\gamma}{\sigma}y + \left(r_w - \dfrac{n}{\sigma}\dfrac{EP_f}{P} - \dfrac{q}{\sigma}\right)$，因此 BP 曲线的斜率由 γ 和 σ 决定。其中 γ 表示边际进口倾向，即净出口变动与引起这种变动的收入变动的比率，由净出口曲线决定；σ 表示净资本流出对本

国利率与外国利率之差的反应系数，反映国际间资本流动的难易程度，由净资本流出曲线决定。

资本完全流动下，BP 曲线是一条位于国外利率水平 r_w 上的水平线。由 BP 曲线方程：$r = \dfrac{\gamma}{\sigma}y + \left(r_w - \dfrac{n}{\sigma}\dfrac{EP_f}{P} - \dfrac{q}{\sigma}\right)$，可知，当资本完全流动时，有 $\sigma \to \infty$，则 BP 曲线方程就变为 $r = r_w$，即 BP 曲线此时为一条位于国外利率水平 r_w 上的水平线。

（2）在固定汇率条件下增加货币供给不能增加国民收入。蒙代尔—弗莱明模型是研究开放经济下货币政策和财政政策的典范。该模型假设资本完全流动的小国经济，利率由世界利率 r_w 决定，是外生固定的。

在这一假设下，产品市场与 IS* 曲线满足下式：

$$Y = C（Y - T）+ I（r_w）+ G + NX（e）$$

IS* 曲线描述的是汇率 e 与收入 Y 之间的关系。若用横坐标表示收入，纵坐标表示汇率。汇率增加，使净出品减少，收入也会减少。IS* 曲线向右下方倾斜。

货币市场与 LM* 曲线满足下式：

$$M/P = L（r_w，Y）$$

因为汇率 e 没有出现在上式中，故 LM* 曲线是垂直的。

IS* 曲线和 LM* 曲线的交点决定均衡收入和均衡汇率。

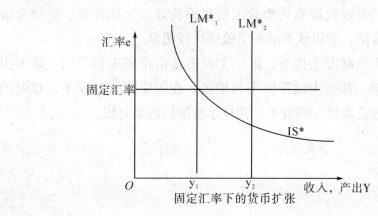

固定汇率下的货币扩张

在固定汇率制度下，中央银行宣布一个汇率值，并随时准备买卖本币把汇率保持在宣布的水平上。在固定汇率制度运行下，若央行实施货币政策，力图增加货币供给，例如向公众购买债券，LM*曲线会右移，这会降低均衡汇率。但是，由于央行承诺维持固定汇率交易本币和外币。套利者对汇率下降作出的反应是向中央银行出售本币，导致货币供给减少，LM*曲线左移，直到回到它的初始位置。

因此，在固定汇率下，通常实施的货币政策是无效的。实行固定汇率，央行放弃了对货币供给的控制。

关于LM曲线，在蒙代尔—弗莱明模型中，$M/P = L\ (r_w,\ Y)$

因为汇率 e 没有出现在上述方程，故 LM*曲线是垂直的。

在固定汇率制度运行下，若央行实施货币政策，LM*会先移动，后又回到它的初始位置，因此，在固定汇率下，通常实施的货币政策是无效的。

（3）在一个浮动汇率的经济中，由于汇率是随着市场变化自动调节的，因此，无论国际收支是处在顺差还是逆差状态，市场机制都会自动对国际收支进行调节。

在浮动汇率制度下，市场机制发挥着自动调节作用，使国际收支保持平衡。但在有些情况下，如经济过冷或过热，政府也会运用宏观经济政策来加以主动调节，如财政政策或货币政策，这两种政策的作用过程，都会引起利率的变动，从而使得BP曲线发生移动。在浮动汇率下，政府的财政政策和货币政策所呈现的效果大相径庭，财政政策的调节效果有限，货币政策的调节效果比较明显。

在固定汇率制度条件下，汇率主要不是由市场来调节的。政府为维护固定汇率，都会主动采取干预措施。在固定汇率制度下，政府的财政政策一般会取得好的效果，而货币政策的效果有限。

八、三部门经济中的总支出为 $y = c + i + g = \alpha + \beta$ （y - t） + i + g，其中 t 为从量税。（1）推导政府购买支出乘数，并解释为什么政府支出乘数与投资乘数相等。（2）假设政府预算是平衡的，政府增加相同数量的购买支出和税收，国民收入会发生变动吗？（3）推导出平衡预算乘数。

（1） $y = c + i + g = \alpha + \beta$ （y - t） + i + g

可解得： $y = (a + i + g - \beta t) / (1 - \beta)$

$k_g = \dfrac{\Delta y}{\Delta g} = \dfrac{1}{1 - \beta}$ ， $k_i = \dfrac{\Delta y}{\Delta i} = \dfrac{1}{1 - \beta}$

因此，政府支出乘数与投资乘数相等。

（2） $k_g = \dfrac{\Delta y}{\Delta t} = -\dfrac{\beta}{1 - \beta}$

$|k_g| > |k_t|$ ，改变政府购买水平对改变税收的效果更大。如果政府购买和税收同样各增加一定数量，会使国民收入增加。

（3）平衡预算乘数是指政府收入和支出同时以相等数量增加或减少时，国民收入变动与政府收支变动的比率。

用 Δy 代表政府支出和税收各增加同一数量时国民收入的变动量，则：

$$\Delta y = k_g \Delta g + k_t \Delta t = \dfrac{1}{1 - \beta} \Delta g + \dfrac{-\beta}{1 - \beta} \Delta t$$

由于假定 $\Delta g = \Delta t$ ，因此：

$$\Delta y = \dfrac{1}{1 - \beta} \Delta g + \dfrac{-\beta}{1 - \beta} \Delta t = \dfrac{1 - \beta}{1 - \beta} \Delta g = \Delta g$$

或 $\Delta y = \dfrac{1}{1 - \beta} \Delta g + \dfrac{-\beta}{1 - \beta} \Delta t = \dfrac{1 - \beta}{1 - \beta} \Delta t = \Delta t$

可见 $\dfrac{\Delta y}{\Delta g} = \dfrac{\Delta y}{\Delta t} = \dfrac{1 - \beta}{1 - \beta} = 1$

即为平衡预算乘数，其值为1。

九、画图说明征收消费税所造成的无谓损失，以及无谓损失如何受供给弹性和需求弹性的影响。

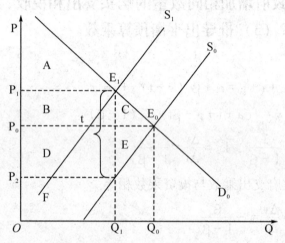

征税会导致无谓损失，税收福利分析如下表所示：

	消费者剩余	生产者剩余	税收	总福利
无税收时	A + B + C	D + E + F	0	A + B + C + D + E + F
征税时	A	F	D + B	A + B + D + F

C + E 是税收的无谓损失，即社会福利的净损失。

无谓损失的大小一方面取决于税收的大小，另一方面取决于需求曲线和供给曲线的弹性。无谓损失的大小受供给和需求的价格弹性的影响，供给和需求的价格弹性越大，税收导致的无谓损失就越大。

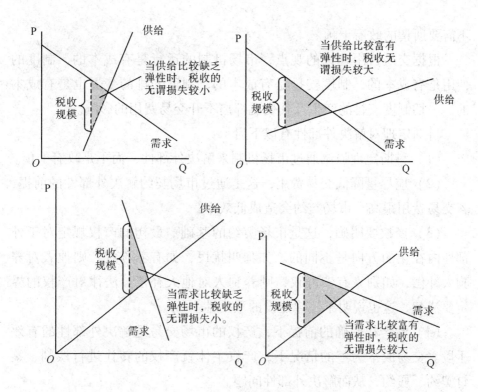

十、科斯定理的主要内容什么？它的提出在经济学理论发展中有什么重要意义？并说明建立产权市场在解决外部性中的重要作用。

科斯定理是以诺贝尔经济学奖得主罗纳德·哈里·科斯的名字命名的，一般认为，科斯定理由两部分构成。

科斯第一定理：如果交易成本为零，不管产权初始安排给谁，市场机制自动会使资源配置达到帕累托最优。

科斯第二定理：在交易费用大于零的世界里，不同的权利界定会带来不同效率的资源配置。

科斯定理发现了交易费用对制度安排的影响，交易费用理论构成经济学研究的一个重要工具。科斯定理是产权经济学研究的基础，强调了产权的重要性，法律界定和保护产权是市场经济有效率的前提。科斯定理强调外部性等市场失灵的领域，通过市场机制仍然可以解决，不需要所谓的政府干预。

根据交易费用理论的观点，市场机制的运行是有成本的，制度的使用是有成本的，制度安排是有成本的，制度安排的变更也是有成本的，一切制度安排的产生及其变更都离不开交易费用的影响。

科斯定理对解决外部性有以下启示：

（1）科斯定理强调通过市场机制来解决外部性，而不是政府干预。

（2）应尽量降低交易费用，这是通过市场契约解决外部性的前提，若交易费用很高，市场契约会造成低效率。

（3）产权要明确，这是市场契约的基础。最初的产权规定对于外部性内在化的方向是不同的。如狗叫扰民，如有养狗权，则他人对养狗人补偿，如别人有安静权，则养狗人对他人补偿。法律对产权的界定要清楚，这也说明了法律建设的重要性。

（4）在产权明确的前提下，产权的市场交易是解决外部性的有效手段。交易成本为零的情况下，产权主体就产权的转让进行谈判、签订契约、履约，从而解决外部性问题。

在有些情况下，如产权不明确，交易费用很高，人数众多时，难以达成一致的市场契约，这时科斯定理发挥不了作用，还是需要政府干预。

2009 年经济学综合（二）试题汇编及深度解析

一、辨析：一般情况下，获利水平低于平均利润率的资本是银行资本。

此说法是错误的。

一般情况下，借贷资本的获利水平要低于平均利润。借贷资本借贷给职能资本家，所有权和经营权发生了分离。职能资本家使用借贷资本在竞争的环境中只能获得平均利润。这平均利润必须分割为两部分，一部分作为借贷资本家出让资本所有权的报酬，采取利息的形式。另一部分归职能资本家所有，采取企业利润的形式。这体现借贷资本家和职能资本家共同瓜分剩余价值。借贷资本获得的利息要低于平均利润。

银行资本获得平均利润，而不是低于平均利润。根据等量资本获取等量利润的原则，银行资本与其他形式的资本一样，同样按平均利润率获得平均利润。

银行资本指银行资本家为经营银行所投入的自有资本和通过吸收存款获得的借入资本。银行家经营银行业务和工商业资本家经营工商业一样，目的都是为了获取利润。银行利润来自于存款利息和贷款利息之间的差额，由于贷款利息比存款利息高，贷款利息减存款利息，再扣除银行的业务费用，其余额就是银行利润。由于银行资本家和工商业资本家之间存在着竞争和资本的自由转移，银行资本将获得平均利润。如果银行资本得不到平均利润，银行家就会把资本转移到工商业等其他部门去，自由竞争的结果必然使银行资本和其他工商业的产业资本、商业资本一样获得平均利润。

二、劳动力商品和一般商品相比较，它的价值和使用价值有什么特点。

商品是用来交换的劳动产品，商品包含使用价值和价值两个要素，是使用价值和价值的统一体。使用价值是指物品或服务能够满足人们某种需要的属性，即物品和服务的有用性。使用价值是由物品的自然属性决定的。使用价值构成社会财富的物质内容。

价值是蕴涵在商品中的无差别的一般人类劳动的凝结。正是由于商品中含有价值这种共同的东西，商品才可以比较和按一定的比例进行交换。价值在质上是相同的，在量上是可以比较的。任何有用物品都具有使用价值，但只有这种有用物品作为商品时，它才具有价值，价值是商品的本质属性。

商品的使用价值和价值是统一的，互相依存、缺一不可。价值以使用价值的存在为前提，使用价值是价值的物质载体。任何物品如果没有使用价值，就是无用之物，即使付出了劳动，也没有价值。未经人类劳动创造的物品虽有使用价值，但没有价值，不能成为商品。有些物品虽有使用价值，也是劳动产品，但不是为了交换，而是用于自己的消费或无偿提供给别人消费，这也不是商品。由此可见，任何商品必须同时具有使用价值和价值两个要素。

劳动力商品作为商品，同任何其他商品一样，也有价值和使用价值。不过劳动力商品是特殊商品，其价值和使用价值具有不同于普通商品的特点。劳动力的使用价值具有特殊性，通过对它的使用能创造价值，而且能创造比自身价值更大的价值。劳动力商品的价值是由生产和再生产劳动力的社会必要劳动时间决定的，由于劳动力存在于人的身体之中，因而劳动力的生产和再生产也就是人的身体的生产和再生产，这就要消耗必要的生活资料。因此，生产和再生产劳动力所需要的社会必要劳动时间可以还原为维持劳动者自身生存所需要的生活资料价值。这包括：①维持劳动者自身生存所必需的生活资料价值，这用于再生产劳动力。②劳动者繁育后代所必需的价值，这用于延续劳动力的供给。③劳动力接受教育和训练所支出的费用。与其他商品相比，劳动力商品的价值决定具有特殊性，包含着历史和道德的因素。

三、简要分析近年来我国居民消费需求不足的原因。

内需不足是我国宏观经济运行中面临的突出问题，也是理论界和政府关注的焦点。我国内需不足的主要原因是居民消费需求不足。

居民消费不足的原因有以下几点：

（1）居民收入的增长赶不上国民经济的增长。劳动力在国民收入分配中所占的份额过低，而且存在下降趋势。

（2）收入差距扩大导致消费需求不足。高收入阶层的边际消费倾向通常低于低收入阶层的边际消费倾向。因此，收入差距越小，收入分配越均等，平均消费倾向越高。收入差距不断扩大，影响了我国整体消费水平的提高。

（3）居民储蓄持续增长，居民即期消费意愿不强。中国居民的消费行为具有谨慎、保守，喜欢储蓄、崇尚节俭的特征，高储蓄低消费是中国人的消费特征。

（4）体制变迁造成收入和支出预期的不确定性增加。我国以前实行的是低工资高福利的分配方式，现在收入分配、福利制度改革使得许多过去由国家负担的成本逐渐转移到国民身上，人们对未来的不确定性加剧，人们有钱不敢消费。教育、医疗、住房方面价格高涨，居民消费意愿不足，保持高储蓄倾向。

（5）消费信用发展不足。信用（借贷）消费不发达，金融机构不愿意给中低收入者提供消费信贷，导致人们的一部分消费需要不能形成有效消费需求。

（6）结构性消费不足和供给过剩。我国国民经济增长的特点是投资水平高，高投资必然会有高产出，而且劳动力收入份额一直在降低，导致有效需求不足和产能过剩。

（7）社会保障体系还不完善，居民储蓄意愿高，消费意愿低。

（8）市场交易秩序比较混乱，消费环境较差，消费者权益保护不力。假冒伪劣商品、虚假广告、不诚信经营等行为对消费者权益造成损害，对居民消费的增长造成了消极影响。

（9）现行的税收政策对中低收入层的消费不力，如有些行业税收很高，抑制消费。

四、试论马克思的级差地租理论及现实意义。

地租是指农业资本家租种土地所有者的土地而缴纳给土地所有者的租金，是土地所有者凭借土地所有权获得的非劳动收入。土地所有者把土地出租给农业资本家，农业雇佣工人创造剩余价值，一部分以平均利润的形式被农业资本家无偿占有，超过平均利润以上的那部分则以地租的形式被土地所有者无偿占有。资本主义地租有两种形式，即级差地差和绝对地租。

与土地等级相联系的地租形式就是级差地租。土地有优等、中等、劣等之分，如肥瘠不同、离市场远近不同。在其他条件相同的情况下，同量的资本投在等级不同的土地，劳动生产率和收益是不相等的。投资于劣等地，劳动生产率低，产量少，个别生产价格高，相反，投资于优等地，劳动生产率高，产量高，个别生产价格低。农产品按社会生产价格出售，因此，投资优等地的农业资本因产品的个别生产价格低于社会生产价格而获得超额利润。

土地的有限性使优等地和中等地生产的农产品往往满足不了社会需要，因此，劣等地必须经营投资。农产品的社会生产价格只能由劣等地的生产条件决定，否则，就没有人投资耕种劣等地。这样，经营中等地、优等地的农业资本家的个别生产价格就低于社会生产价格，从而获得超额利润。土地是有限的，具有垄断性，限制了农业资本家的竞争，不会产生平均利润，因此，租种较好土地的资本家能够稳定而持久地获得超额利润。

除了租种劣等地的资本家以外，其他农业资本家都能获得超额利润。农业资本家必须把这部分超过平均利润以上的超额利润，以地租的形式交给土地所有者，优等地交租多，劣等地交租少，这种同土地等级相联系的地租，就是级差地租。

级差地租有两种形态，级差地租Ⅰ和级差地租Ⅱ，级差地租Ⅰ是由于土地肥沃程度不同或距离市场远近不同而产生的级差地租。级差地租Ⅱ是在同一块土地上连续增加投资，从而劳动生产率不同而产生的级差地租。级差地租Ⅰ一般会在租约中约定，归土地所有者所有。级差地租Ⅱ有租约期内，归农业资本家所有。

优等地和中等地的农业雇佣工人创造的超额利润是级差地租的源泉，级差地租反映了农业资本家和土地所有者共同剥削农业雇佣工人的关系。

级差地租理论在现代仍然适用。在市场经济条件下，土地的所有权和使用权可以分离，土地流转一定是有偿的，这就要求对土地有合理定价和合理补偿。

（1）级差地租理论仍然适合社会主义农业生产。我国土地实行承包责任制，农户拥有长期的承包合同，土地可视为农户的"所有权"。农户不种土地时，可以将土地租给他人耕种，同样收取级差地租，优等地租金高，劣等地租金低。农产品价格应按照劣等地的农产品成本，加上平均利润来决定生产价格。这样，比劣等地好的土地就能收取级差地租。

（2）级差地租理论适合农村土地用于工商业。工业化、城市化过程中，工商业发展不可避免地需要租用农村土地，需要向土地所有者支付租金，位置好的土地租金高，位置差的土地租金低。土地价格取决于地租水平，而地租水平取决于土地等级（主要是位置）。

（3）级差地租理论适用城市地价确定。城市工商业、房地产发展等需要城市土地，级差地租理论适用城市地价确定。位置好的土地，地租高，位置差的土地，地租低。若是土地产权转让，地价的确定要反映土地等级，好位置的稀缺地段地价高。

五、用总量平衡理论分析当前中国宏观经济总量运行中存在的问题及解决的政策选择。

经济总量平衡是指总供给和总需求的平衡，两者相互关系的变化直接影响到宏观经济的稳定。对总供给和总需求进行必要的管理，保持两者基本平衡，是宏观经济管理的首要任务。

经济学常识告诉我们，一国长期经济由潜在供给能力决定，短期经济由总需求决定，总需求与潜在总供给扩张速度协调一致决定宏观经济均衡增长。

当前，我国经济增长中遇到的最大问题是总需求不足。总需求由消费需求、投资需求、政府支出和净出口构成。长期以来，我国一直存在内需不足的问题，经济增长主要依赖投资和出口拉动，但自从世界金融危机爆发以来，净出口状况恶化，总需求不旺。所谓内需不足，就是生产出来的东西没人买或买的数量太少，从而制约了企业再生产，限制了总体经济的持续发展。

在我国，总需求不足的主要原因是消费需求不足。

总需求不足的原因有以下几点：

（1）居民收入的增长赶不上国民经济的增长。劳动力在国民收入分配中所占的份额过低，而且存在下降趋势。初次分配向资本倾斜，意味着资本积累、投资增长快。一边是资本的积累，另一边是收入的不足，供给过剩成为必然。

（2）收入差距扩大导致消费需求不足。高收入阶层的边际消费倾向通常低于低收入阶层的边际消费倾向。因此，收入差距越小，收入分配越均等，平均消费倾向越高。

（3）社会保障体系还不完善，社会保障能力明显不足，社会保障覆盖面非常有限，使普通居民即使有钱，也不敢乱花。

（4）居民储蓄持续增长，居民即期消费意愿不强。中国居民的消费行为具有谨慎、保守，喜欢储蓄、崇尚节俭的特征，高储蓄低消费是中国人的消费特征。

（5）消费信用发展不足。信用（借贷）消费不发达，金融机构不愿意给中低收入者提供消费信贷，导致人们的一部分消费需要不能形成有效消费需求。

（6）体制变迁造成收入和支出预期的不确定性增加。我国以前实行的是低工资高福利的分配方式，现在收入分配、福利制度改革，使得许多过去由国家负担的成本逐渐转移到国民身上，人们对未来的不确定性加剧，人们有钱不敢消费。教育、医疗、住房方面价格高涨，居民消费意愿不足，保持高储蓄倾向。

（7）结构性消费不足和供给过剩。我国国民经济增长的特点是投资水平高，高投资必然会有高产出，而且劳动力收入份额一直在降低，导致有效需求不足和产能过剩。

（8）现行的税收政策对中低收入层的消费不力，如有些行业税收很高，抑制消费。

面对当前内需不足的局面，我们提出以下解决政策：

（1）实施扩张性财政政策，增加政府购买、公共投资、转移支付，适当减税以刺激需求，必要时实施扩张性货币政策。

（2）提高居民收入水平，调整初次分配，增加劳动力收入份额。

（3）调节收入差距，通过税制和转移支付途径，调节收入差距，关键是提高中低收入阶层的收入，培养中产者阶层。

（4）完善社会保障体系，提高社会保障能力，刺激居民消费。

（5）通过经济手段，如价格优惠鼓励居民消费。

（6）完善公共服务，如教育、医疗、养老等，解决居民后顾之忧，以刺激消费。

（7）发展消费信用，鼓励适当提前消费。

六、假设一个只有家人和企业的两部门经济中，消费 $c = 100 + 0.8y$，投资 $i = 150 - 6r$，货币供给 $m = 150$，货币需求 $L = 0.2y - 4r$（不考虑税收和价格因素，假设单位为亿美元）。（1）分别计算该经济状态下的 IS 曲线和 LM 曲线；（2）计算当产品市场和货币市场同时均衡时的利率和国民收入。

（1）IS 曲线描述的是产品市场均衡时产出 y 与利率 r 的关系，满足 $s = i$，即

$s = y - c = y - 100 - 0.8y = -100 + 0.2y$

$i = 150 - 6r$

由 $i = s$ 得：$-100 + 0.2y = 150 - 6r$

$y = 1250 - 30r$，这就是 IS 曲线。

LM 曲线表示货币市场处于均衡时产出 y 与利率 r，满足 $ms = md$，即

$m = 150$

$L = 0.2y - 4r$

由 $ms = md$ 得：$150 = 0.2y - 4r$

$y = 750 + 20r$，这就是 LM 曲线。

（2）当产品市场和货币市场同时均衡时，意味着：

$y = 1250 - 30r$，$y = 750 + 20r$ 同时成立，即

$1250 - 30r = 750 + 20r$

得出 $r = 10$，$y = 950$。

七、假设经济的总量生产函数为 $Y = K^{\alpha} L^{1-\alpha}$，**根据新古典增长理论，（1）分别求出稳态水平的人均资本存量** k^{*} **和人均收入水平** y^{*}；**（2）据此说明储蓄率的外生变化对人均收入水平的影响。**

（1）记人均收入为 y，人均资本为 k，由 $Y = K^{\alpha} L^{1-\alpha}$，得到人均生产函数：$y = Y/L = (K/L)^{\alpha} = f(k) = k^{\alpha}$。

新古典增长模型假设：经济体的储蓄率 s 外生，社会储蓄为 $S = sY$；经济体中劳动人口增长率为外生，按不变的比率 n 增长；生产函数规模报酬不变：$Y = F(K, N)$，$tY = F(tK, tN)$，$t > 0$；边际报酬递减：$F' > 0$，$F'' < 0$；技术变量外生。

经济均衡时，有 $I = S$。

$\Delta K = I - \delta K$

$S = sY$

$\Delta K = sY - \delta K$

两边同除劳动数量 N，得：

$\Delta K/N = sy - \delta k$，y 为人均产出，k 为人均资本。

$k = K/N$，则 $\Delta k/k = \Delta K/K - \Delta N/N = \Delta K/K - n$

$\Delta K = (\Delta k/k) \times K + nK$

同除 N，得 $\Delta K/N = \Delta k + nk = sy - \delta k$

$\Delta k = sy - (n + \delta) k$

这是新古典增长模型的基本方程。

要实现稳态，$\Delta k = sy - (n + \delta) k = 0$，

$sy = (n + \delta) k$，$(n + \delta) k$ 曲线和 $sf(k)$ 曲线的交点是稳态点。

由 $Y = K^{\alpha} L^{1-\alpha}$，我们可以得到人均生产函数为：$y = Y/L = \left(\dfrac{K}{L}\right)^{\alpha} = k^{\alpha}$，由稳态条件 $sy = (n + \delta)k$ 有 $sk^{\alpha} = (n + \delta)k$，解得人均资本存量

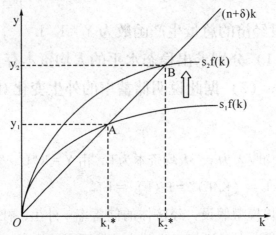

$k^* = [s/(n+\delta)]^{\frac{1}{1-\alpha}}$，人均收入水平 $y^* = [s/(n+\delta)]^{\frac{\alpha}{1-\alpha}}$。

（2）根据人均资本存量 $k^* = [s/(n+\delta)]^{\frac{1}{1-\alpha}}$，人均收入水平 $y^* = [s/(n+\delta)]^{\frac{\alpha}{1-\alpha}}$，可知：若其他条件不变，储蓄率上升，会使人均资本水平和人均收入水平上升，如图所示，随着储蓄率从 s_1 增加到 s_2，稳定均衡点从 A 点变为 B 点，人均资本和人均收入都会增加。

八、假设经济中的菲利普斯曲线为：$\pi_t = \pi_{t-1} - 0.5 (u - 0.06)$，（1）该经济的自然失业率是多少？（2）为使通货膨胀减少 5 个百分点，必须有多少周期性失业？

（1）菲利普斯曲线 $\pi_t = \pi_{t-1} - 0.5 (u - 0.06)$ 形如附加预期的菲利普斯曲线，人们把 $t-1$ 期的通货膨胀率作为第 t 期的预期通胀率。

附加预期的菲利普斯曲线有一个重要的性质，就是当实际通货膨胀率等于预期通货膨胀率时，失业率等于自然失业率。因此，当 $\pi_t = \pi_{t-1}$ 时，实际失业率 u 等于自然失业率。在这里，自然失业率为 0.06，即 6%。

（2）通货膨胀率减少 5 个百分点，有：

$$\pi_t - \pi_{t-1} = -5\% = -0.5 (u - 0.06)$$

解得 $u = 16\%$，即周期性失业率为 16%。

九、运用供求均衡分析法说明销售税在市场双方之间的分配，并分析销售税对社会的经济福利的影响。

如图所示，征税相当于在需求曲线和供给曲线之间打入一个"楔子"。税收导致均衡数量减小，使买方支付的价格增加，使卖方得到的价格降低。税收由买卖双方共同分担。买方分担的税收是 $P_1 - P_0$，卖方分担的税收是 $P_0 - P_2$，二者加起来正好等于税收 t。

假设对卖方征税，供给曲线左移，买方支付 P_1，$P_1 P_2$ 为征税，卖方实际得到 P_2，和不征税时相比，买方多支付 $P_1 - P_0$，卖方少得到 $P_0 - P_2$，二者加起来正好等于税收 t，税收由买卖双方共同分担。若对买方征税，同理可分析得到税收由买卖双方共同分担，买方分担的税收是 $P_1 - P_0$，卖方分担的税收是 $P_0 - P_2$。

买方双方对于税收的分担，与需求曲线和供给曲线的弹性有关，税收的归宿取决于供求弹性的相对大小，税收会更多的落在相对缺乏弹性的一方。当供给弹性大于需求弹性时，消费者承担更多税收；当供给弹性小于需求弹性时，卖者承担更多税收；当需求弹性为零时，税收完全由消费者承担；当需求弹性无穷大时，税收由卖者完全承担。

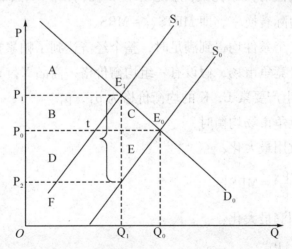

征税会导致无谓损失，税收福利分析如下表：

	消费者剩余	生产者剩余	税收	总福利
无税收时	A + B + C	D + E + F	0	A + B + C + D + E + F
征税时	A	F	D + B	A + B + D + F

C + E 是税收的无谓损失，即社会福利的净损失，只要有税收就会存在社会福利净损失。

十、什么是帕累托最优？联系图形分析说明完全竞争经济的一般均衡状态是帕累托最优。

如果某种资源配置状态，所有的帕累托改进均不存在，即在该状态上，任意改变都不可能使至少有一个人的状态变好而不使任何人的状况变差，则这种资源配置状态为帕累托最优状态。

交换的帕累托最优状态条件：任何两种商品的边际替代率对所有的消费者是相等的，即 $MRS_{XY}^A = MRS_{XY}^B$。

生产的帕累托最优状态条件：任何两种要素的边际技术替代率对所有生产者是相等的，即：$MRTS_{LK}^C = MRTS_{LK}^D$。

生产和交换的帕累托最优状态条件：任何两种产品的边际替代率等于它们的边际转换率，即 $MRTS_{XY} = MRS_{XY}$。

当上述三个条件均得到满足时，整个经济达到了帕累托最优状态。

对于完全竞争市场，假设有一组均衡价格，商品 X，Y 的均衡价格为 p_X，p_Y，生产要素 L，K 的均衡价格为 p_L，p_k。

在完全竞争市场均衡时，

消费者效用最大化：

$$MRS_{XY}^A = \frac{p_X}{p_Y} = MRS_{XY}^B$$

生产者利润最大化：

$$MRTS_{LK}^C = \frac{p_L}{p_K} = MRTS_{LK}^D$$

在完全竞争市场均衡时，$MRTS_{XY} = \dfrac{\Delta Y}{\Delta X} = \dfrac{MC_X}{MC_Y} = \dfrac{p_X}{P_Y} = MRS_{XY}$

完全竞争市场均衡满足了三个帕累托最优条件，所以是帕累托最优状态。

如图所示，生产的帕累托最优在 E_2 达到，对应生产可能性曲线上的 C 点，对应交换契约线上的 F 点，上述三个条件都得到满足。

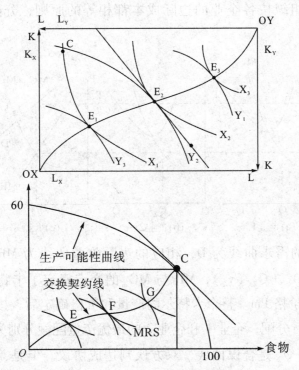

十一、联系图形说明卡特尔模型的主要内容，并分析卡特尔组织的稳定性问题。

卡特尔（Cartel）是生产同类商品的企业，订立合谋协议，目的是控制产量，提高价格，获得更高的利润。卡特尔就像是垄断组织一样行动。

卡特尔组织追求全体企业的总利润最大化：

$$\max\pi = p\,(y_1 + y_2)\,[y_1 + y_2] - C_1\,(y_1) - C_2\,(y_2)$$

$$\dfrac{\partial \pi}{\partial y_1} = 0, \quad \dfrac{\partial \pi}{\partial y_2} = 0$$

$$MR = p（y_1 + y_2）+ \frac{dp}{dY}（y_1 + y_2）= MC_1（y_1）$$

$$MR = p（y_1 + y_2）+ \frac{dp}{dY}（y_1 + y_2）= MC_2（y_2）$$

$$MR = MC_1（y_1）= MC_2（y_2）$$

卡特尔组织按各企业的边际成本都相等的原则，分配产量配额，如图所示。

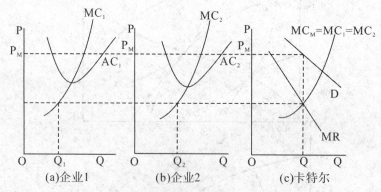

(a)企业1 　　　　(b)企业2 　　　　(c)卡特尔

卡特尔的需求曲线为 D，相应的边际收益曲线为 MR，卡特尔的 $C_m = C_1（y_1）+ C_2（y_2）$，MR 与 MC_m 的交点确定了卡特尔的最优产量 Q 和最优价格 Pm。整个卡特尔的产量和价格确定后，按边际成本相等的原则进行分配，企业 1 和企业 2 的最优产量配额分别为 Q_1 和 Q_2。

$Q = Q_1 + Q_2$ 是合谋曲线，双方谈判达成协议。但是，卡特尔成员有不遵守协议，暗中扩大产量，争夺份额的动机。给定对方遵守合谋协议，单方面违背协议、扩大产量对每个卡特尔成员都有极大的诱惑。所有卡特尔成员都有增大产量的激励，这导致卡特尔的不稳定性。

如果都扩大产量，这样会使市场产量增大，价格降低，卡特尔自然解体。

存在潜在的进入者，也使卡特尔不稳定。一旦卡特尔把价格维持在较高水平，卡特尔的高利润就会吸引新企业进入这个市场，卡特尔无法阻止新企业进入。这时，产量增加，价格会降低，此时卡特尔想继续维持原来的高价就很难了。

2010 年经济学综合（一）试题汇编及深度解析

一、辨析：股份制是现代企业的一种资本组织形式，不能笼统地说股份制是公有还是私有。

此说法正确。

党的十五大报告指出：股份制是现代企业的一种资本组织形式，有利于所有权与经营权的分离，有利于提高企业和资本的运作效率，资本主义可以用，社会主义也可以用。不能笼统地说股份制是公有还是私有，关键看控股权掌握在谁手中。国家和集体控股具有明显的公有性，有利于扩大公有资本的支配范围，增强公有制的主体作用。

股份制本身不具有公有还是私有的性质，属于现代企业资本组织形式的范畴，与生产资料所有制是公有还是私有并没有内在的联系。股份制和所有制是基本经济制度同具体实现形式之间的关系。股份制不是所有制，不存在公有、私有之分。公有制与私有制都可以通过股份制这一形式来实现，公有制经济占控股地位就具有明显的公有性，私有制经济占控股地位，就具有明显的私有性。

二、简述部门之间的竞争与平均利润的形成过程。

在竞争经济中，各部门的资本家，无论从事哪一种商品生产，都能够大体上获得与他们的资本量相应比例的利润，即同量资本应获得同量利润，各部门的利润率趋于平均。

平均利润的形成是部门之间竞争的结果。由于资本有机构成和资本周转速度不同，各部门利润率不同。不同部门的资本家为了获得更高的利润率，必须展开激烈的竞争。竞争主要围绕争夺有利投资场所而展开。竞争的手段是资本转移，即把资本从利润率低的部门转移到利润高的部门，资本转移会导致各部门生产规模的变化，进而引起产品供求关系以及产品价格相应变化，最终使不同部门的利润率趋于一致，形成平均利润率。利润率高的部门，会有资本进入，供给增加，价格下降，使利润率降低，相反，利润率低的部门，会有资本撤出，供给减少，价格上升，使利润率上升，这种资本转移直到两个部门的利润率相等时才会停止，这样，便形成了平均利润。各部门不管从事何种生产，只能获得平均利润率，等量资本获得等量利润。

三、如何理解社会主义市场经济的含义和主要特征？

市场经济是和计划经济相对应的范畴，市场经济和计划经济都是经济运行中的资源配置方式。市场经济的是指市场对资源配置起基础性作用的商品经济，市场经济是商品经济发展到成熟阶段后社会经济运行的基本形式和资源配置的有效方式。市场经济已经被证明是一种成功的经济体制。绝大多数发达国家都采用市场经济体制。

市场经济具有自主性、平等性、竞争性、开放性、法律性的特征。

在市场经济中，资源基本归属于有明确产权的自然人或法人所有。许多经济主体充分竞争，各经济主体是独立、平等的，受法律保护，可以在自身利益的驱动下，自由进出市场，自由竞争，优胜劣汰。

在市场经济中，价格是协调经济活动，实现资源配置的主要因素。经济主体独立、分散决策，在市场价格的约束下，追求利益最大化。价格充当"看不见的手"，调节经济的供需平衡。

市场经济具有很强的激励约束，市场竞争、优胜劣汰，通过理性选择实现稀缺资源的有效配置，竞争会提高效率，激励创新。

经济主体独立、分散决策，因此，经济主体具有详细的知识和信息，资源配置决策的准确性一般要比计划经济要高。

市场经济建立在自由契约和诚信的基础上，亚当·斯密认为市场经济依靠个人良好的"道德情操"。现代市场经济建立在法治的基础上，通过法律来保护产权，协调市场交易不可避免的纠纷。

由市场调节经济或配置资源，其优点主要表现在以下四个方面：①以市场信号为调节器，使经济自动协调发展。②自动按照市场需求调节资源流向，实现产需平衡。③推动科学技术和经营管理的创新，促进劳动生产率的提高。④发挥竞争的优胜劣汰功能，刺激经济效率的提高。

四、简要说明年剩余价值率和年利润率以及二者的主要区别。

商品价值为 $c + v + m$，剩余价值 m 是可变资本 v 创造的，剩余价值率是剩余价值与可变资本的比率，即 $m' = m/v$。

若将不变资本 c 和可变资本 v 视为生产的成本价格，那剩余价值转化为利润，利润率是剩余价值 m 与预付总资本的比率，即 $m/(c + v)$。

剩余价值率体现了资本家对工人的剥削关系或剥削程度。利润率表现为全部预付资本获得利润的程度，利润率掩盖了资本家对工人的剥削关系。

若以一年为计算周期，年剩余价值率是指一年内生产的剩余价值总量同一年内预付的可变资本的比率，$M' = M/v = n \times m/v = n \times m'$，$n$ 为资本的年周转次数。

年利润率为一年内生产的剩余价值总量同一年内预付的全部资本的比率。

$$\frac{M}{c + v} = \frac{n \times m'}{\frac{c}{v} + 1}$$

在量上，由于预付总资本在量上大于可变资本，从而年利润率总是小于年剩余价值率。

年剩余价值率体现了资本家对工人的剥削关系或剥削程度。年利润率表现为全部预付资本获得利润的程度,利润率掩盖了资本家对工人的剥削关系。

利润的来源是剩余价值,年剩余价值率是年利润率的一个决定因素,年剩余价值率提高,年利润率也会提高。但年利润率还受其他因素的影响,如资本有机构成,资本周转速度,不变资本的节约等。

两者的变化趋势不同,随着资本主义的发展,资本家不断地采用先进技术和管理方法,因此年剩余价值率有不断上升的趋势,但年利润率随着社会资本平均有机构成的提高会逐步趋于下降。

五、试析价值创造和财富生产的关系。

所谓价值,按照马克思主义政治经济学的解释和界定,价值"只是无差别的人类劳动的单纯凝结,即不管以哪种形式进行的人类劳动力消耗的单纯凝结"。价值是凝结在商品中的一般人类劳动,是看不见摸不着的东西。正是由于商品含有价值,商品才可以比较和按一定的比例进行交换。价值在质上是相同的,在量上是可以比较的。价值不是商品的自然属性,而是它的社会属性,体现着商品生产者互相交换劳动的社会关系。人们相互交换商品,实际上是相互交换各自的劳动。价值的本质在于它是社会关系的反映。

所谓财富,马克思认为"社会的财富表现为'庞大的商品堆积'","不论财富的社会形式如何,使用价值总是构成财富的物质内容"。由此可见,一切社会产品的使用价值的总和就是财富。简言之,财富就是使用价值,没有使用价值的东西就不能成为财富。使用价值即物的有用性,指能满足人的某种需要的属性,例如粮食可以充饥,衣服可以御寒等。

商品包含使用价值和价值两个要素,是使用价值和价值的统一体。价值以使用价值的存在为前提,使用价值是价值的物质载体。任何物品如果没有使用价值,就是无用之物,即使付出了劳动,也没有价值。

有些物品虽有使用价值，也是劳动产品，但不是为了交换，而是用于自己的消费或无偿提供给别人消费，这也不是商品。

可见，一切生产价值的劳动必然创造财富。但生产使用价值即财富的劳动，并不必然产生价值。在一切自然经济（非商品经济）中的劳动，都生产财富，但不形成价值。

商品的使用价值和价值这两个要素是由劳动的二重性决定的，劳动的二重性是指同一劳动具有具体劳动和抽象劳动两个方面。具体劳动创造商品的使用价值，抽象劳动创造商品的价值。具体劳动是指一定具体形式下进行的劳动，运用具体的劳动工具对具体的劳动对象通过一定的操作方法生产出具体的劳动成果。

价值的创造以财富的生产为前提。财富的物质内容由使用价值构成，价值作为一般人类劳动的凝结，只能存在于一定的载体之中，而这个载体就是使用价值或财富。所以，生产价值必须首先生产使用价值，创造价值的劳动过程必须同整个财富生产过程结合进行。

价值是由劳动创造的，劳动是价值创造的唯一源泉，价值中不包含任何一个自然物质的原子，物质要素虽然是价值创造的物质条件，但是它不创造任何价值，不能把生产价值的物质条件同创造价值的源泉混同起来。

财富是由所有生产要素共同创造的，在财富生产中，劳动、资本、土地、技术等生产要素都是不可或缺的。马克思肯定各种生产要素在财富生产中的同等重要性，认为"劳动并不是它所生产的使用价值即物质财富的唯一源泉"。正像威廉·配第所说："劳动是财富之父，土地是财富之母"。

从量的方面来讲，价值量的增加与财富量的增加并不是同比例对应的。随着社会生产力的发展，劳动生产率的提高，社会财富不断增多，但这并不代表价值一定增多，价值和财富并非始终保持同比例增长。随着科技进步，劳动生产率的提高，凝结在商品中的劳动的量逐步减少，商品的价值会降低，财富在增加，价值却在减少。

六、你认为在共同富裕的目标下，如何处理好我国转型期效率与公平之间的关系？

效率是指社会利用现有资源进行生产所提供的效用满足的程度，使资源最合理的配置，实现社会福利最大化。效率通常包含以下三层含义：①技术效率，又称为生产效率，是指生产活动中根据各种资源的物质技术联系，建立起符合生产条件性质的经济关系，合理地组织各种生产活动，充分有效地利用资源，提供尽可能多的产出。②资源配置效率，具体标准就是帕累托效率原则。③制度效率，是指某种制度安排能够在成本最小化的状态下运行。制度运行的成本又称为交易成本，交易成本的高低是衡量效率的重要标准。

公平是指人与人之间收入或机会的平等性。经济学家倾向于从机会公平、结果公平两个角度来理解公平。经济学家普遍认为，社会应当努力消除机会的不平等，而容忍结果在一定程度上的不平等。

公平与效率面临权衡选择，效率与公平之间存在难以调和的矛盾。追求效率总是以某种程度的公平损失为代价，市场化的分配制度符合效率原则，也符合机会公平的原则，但因为人的天赋、能力、运气方面的差别总会产生不平等。反过来，追求公平要以一定的效率损失为代价，若政府通过再分配政策，使人际的收入均等化，必然会损害经济活动的积极性，从而损害效率。对于效率与公平，经济学家大致有三类观点，一是效率优先，二是公平优先，三是效率与公平兼顾。

我国正处于转型时期，由计划经济向市场经济转型。计划经济模式下，平均分配倾向明显，全社会比较公平，但经济效率不高。经济转型就是要依靠市场机制来配置资源，提高经济运行的效率。在市场经济模式下，经济效率提高，但市场竞争，优胜劣汰，不可避免会加大贫富差距。在这种情况下，如何处理好效率和公平的关系格外重要。

对此，总的原则应该是效率与公平兼顾，具体而言有如下五个方面：

（1）在效率优先的前提下兼顾公平。经济转型的第一要务是提高效率，提高经济效率，发展经济，解放和发展生产力，只有经济总量做大了，才会使实现公平更有物质基础，公平必须以经济发展尤其是效率提高为条件。但是，效率优先并不意味着可以不顾公平让差距越来越大，在效率优先的原则下要尽可能考虑公平的要求，让差距保持在合理的程度。

（2）在初次分配领域，要注重效率，坚持效率优先，发挥市场机制在国民收入初次分配中的调节作用，增进经济效率，做大经济总量。同时，尽可能兼顾到公平。

（3）要针对公平和效率在不同时期所表现的不同特点，抓住问题的主要方面来协调两者的关系。在低效率领域，要更强调效率，如国有企业改革；在不公平的领域，应更强调公平，如社会保障。

（4）再分配要更加注重公平，强化政府对收入分配的调节职能。初次分配易造成差距过大，甚至两极分化，在再分配中，要更加注重公平的原则，追求共同富裕。要抑制城乡、区域、行业、阶层间的收入差距过大，保护合法收入，调节过高收入，取缔违法收入，建立财政转移支付制度等。再分配以注重公平为主，但也要兼顾到效率。

（5）要遵循一些公平与效率兼顾的基本原则。经济学家普遍认为，社会应努力消除机会的不平等，而容忍结果在一定程度上的不平等。社会应该照顾到最底层人群的基本生活保障。

七、利用 AD—AS 模型说明当总需求下降时，古典宏观经济学家与凯恩斯主义者的不同政策主张。

古典学派认为，在长期中，价格和货币工资具有伸缩性，劳动供给与劳动需求始终保持均衡，经济处在充分就业的状态上，总供给曲线是一条位于充分就业产量上垂直线。

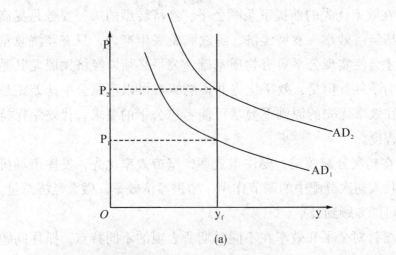

(a)

当总需求下降时，若通过宏观调控如扩张性财政政策增加总需求，会使 AD 曲线右移，从 AD₁ 移到 AD₂（如图（a）所示），总需求的扩张并没有带来产量的增加，却带来价格的上涨，因此，古典学派主张，总需求管理政策无效。

凯恩斯学派认为，货币工资和物价具有刚性，不能快速调整。萧条时，劳动力和资本等大量生产能力闲置。当国民收入增加时，货币工资和物价能保持不变，因此，凯恩斯总供给曲线被认为是一条水平线。在产量小于 y_f 之前，能以不变价格水平提供更多国民收入。当产量达到 y_f 之后，社会已没有多余的生产能力，不论价格多高，国民收入也不会增长。

凯恩斯供给曲线如图（b）所示，当总需求下降时，若通过宏观调控如扩张性财政政策增加总需求，会使 AD 曲线右移，从 AD₁ 移到 AD₂，国民收入会增加，价格不会上升，总需求管理政策有效。

在一般情况下，总供给曲线既非水平，也非垂直，而是向右上方倾斜。当总需求下降时，若通过宏观调控如扩张性财政政策增加总需求，会使 AD 曲线右移，从 AD₁ 移到 AD₂，国民收入会增加，价格也会上升，总需求管理政策有一定的效果，但是要谨慎。

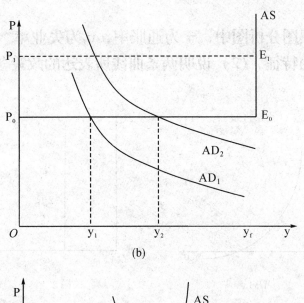

(b)

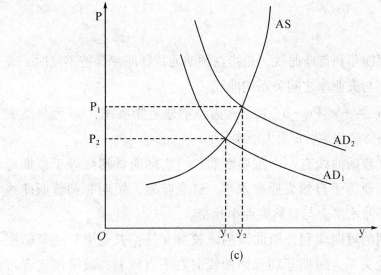

(c)

八、读图分析图中：π 为通胀率，u 为失业率。（1）说明两条曲线的特征。（2）说明两条曲线所表达的政策含义。

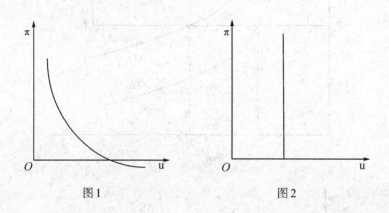

图1　　　　　　　　　　图2

图 1 为短期菲利普斯曲线，是指在预期通货膨胀率保持不变时，表示通货膨胀率与失业率之间关系的曲线。

$(\pi - \pi^e) = -\varepsilon (u - u^*)$，$\pi^e$ 为预期通货膨胀率，u^* 为自然失业率，π 为通货膨胀率，u 为失业率。

短期菲利普斯曲线有一个重要性质，当实际通货膨胀等于预期通货膨胀时，失业等于自然失业率水平。这意味着，短期菲利普斯曲线在预期通货膨胀水平上与自然失业率相交。

附加预期的短期菲利普斯曲线的政策含义是：失业率与通货膨胀之间存在替代关系，短期菲利普斯曲线向右下方倾斜，政策制定者可以选择不同的失业率和通货膨胀率的组合。例如只要他们能够容忍高通货膨胀率，他们就可以拥有低的失业率，或者他们可以通过高失业来维持低通货膨胀率。在短期，扩张性财政政策和货币政策引起通货膨胀率上升，将对失业率有抑制作用，调节总需求的宏观经济政策在短期内有效。

图 2 为长期菲利普斯曲线。长期来看，预期的通货膨胀率与实际通货膨胀率迟早会一致，工人要求改变名义工资，以使实际工资不变，

因此，通货膨胀不会起到减少失业的作用。在长期菲利普斯曲线中，失业率处于自然失业率水平，失业率与通货膨胀率之间不存在替换关系，长期菲利普斯曲线是垂直线。

长期菲利普斯曲线的政策含义是：从长期来看，政府运用扩张性政策不但不能降低失业率，还会使通货膨胀率不断上升。

九、运用"囚徒困境"理论说明公共物品提供中存在的问题，以及相应的解决方式。

囚徒困境是这样一类博弈，指无法相互沟通的个体在博弈时，个体理性不符合集体理性，或者说个体理性与集体理性相冲突。

在公共品提供这个问题上，可以用囚徒困境博弈加以分析。

例如，同一楼层的两家住户面临是否出资安装防盗门的决策，支付矩阵如下：

		B 住户	
		出资	不出资
A 住户	出资	50, 50	-50, 150
	不出资	150, -50	0, 0

博弈的纳什均衡是（不出资，不出资），不出资是双方的个体理性选择。但是，这一个体理性选择的支付比策略组合（出资，出资）要差，对集体来说，集体的理性选择是（出资，出资），因此，个体理性不符合集体理性。双方都不出资，这会造成公共品投资不足。

在公共品问题上，个体之所以不想出资，是因为公共品不具有排他性，个体想当"免费搭车者"，希望其他人出资，而自己不想出资。

公共品投资由于存在"搭便车"问题，私人投资是难以实现的。解决的方法一般是政府投资建设，供给公共物品，向私人依法征税。

十、考虑一个有两个厂商的行业，每个厂商的边际成本为零。这个行业所面对的反需求函数是 $p = 300 - Q$，这里，$Q = q_1 + q_2$。（1）如果两个厂商组成卡特尔，q_1、q_2、p 的均衡值为多少？各个厂商的利润为多少？（2）如果两个厂商进行古诺竞争，q_1、q_2、p 的均衡值又是多少？各个厂商的利润为多少？（3）如果厂商 1 先决定产量，厂商 2 跟随决定产量，q_1、q_2、p 的均衡值是什么？各个厂商的利润为多少？

（1）两个企业结成卡特尔组织，类似于垄断，追求卡特尔组织的利润最大化：

$\max \pi = (300 - Q) \times Q$

$d\pi / dQ = 300 - 2Q = 0$

$Q = 150$

$q_1 = q_2 = 75$

$p = 300 - Q = 150$

$\pi_1 = \pi_2 = (300 - Q) \times Q = 22500$

（2）两厂商进行古诺竞争，则：

$\pi_1 = (300 - q_1 - q_2) \times q_1$

$d\pi_1 / dq_1 = -2q_1 - q_2 + 300 = 0$

得到企业 1 的反应曲线：$q_1 = (300 - q2) / 2$

同理：$\pi_2 = (300 - q1 - q2) \times q_2$

$d\pi_2 / dq_2 = -2q_2 - q_1 + 300 = 0$

得到企业 2 的反应曲线：$q_2 = (300 - q_1) / 2$

联立企业 1 和企业 2 的反应曲线：

$q_1 = (300 - q_2) / 2$

$q_2 = (300 - q_1) / 2$

解出 $q_1 = q_2 = 100$

$p = 300 - Q = 100$

$\pi_1 = \pi_2 = 100 \times 100 = 10000$

（3）这是斯塔克博格模型，假设两个企业的成本相同，边际成本恒为 C，没有固定成本。

$\max \pi_2 = (300 - q_1 - q_2) \times q_2$

$d\pi_2 / dq_2 = -2q_2 - q_1 + 300 = 0$

得到企业 2 的反应曲线：$q_2 = (300 - q_1) / 2$

企业 2 是理性的，企业 1 知道企业 2 是理性的，因此，企业 2 的反应曲线可代入企业 1 的利润最大化问题中，则有：

$\max \pi_1 = [300 - q_1 - (300 - q_1) / 2] \times q_1$

$d\pi_1 / dq_1 = 150 - q_1 = 0$

则　$q_1 = 150$

再代入企业 2 的反应曲线得：

$q_2 = (300 - q_1) / 2 = 75$

$p = 300 - Q = 300 - 150 - 75 = 75$

$\pi_1 = 75 \times 150 = 11250$

$\pi_2 = 75 \times 75 = 5625$

2010年经济学综合（二）试题汇编及深度解析

一、辨析：相对剩余价值和超额剩余价值都是企业通过提高劳动生产率获得的，因此二者之间没有什么区别。

这种说法是错误的。

相对剩余价值和超额剩余价值都是企业通过提高劳动生产率获得的，但两者之间有区别，超额剩余价值是相对剩余价值的特殊形态。

相对剩余价值指在工作日长度不变的条件下，资本家通过缩短必要劳动时间，而相应延长剩余劳动时间。

相对剩余价值的生产是由必要劳动时间的缩短引起的，必要劳动时间是再生产工人劳动力价值所必需的时间，必须以全社会劳动生产率的提高为条件。

现实经济运行中，劳动生产率的提高总是从单个企业开始的。单个企业提高劳动生产率，个别劳动时间低于社会必要劳动时间，个别价值低于社会价值，但仍按社会价值出售其商品，从而获得超额剩余价值。

单个企业不能产生相对剩余价值，只能产生超额剩余价值，因为相对剩余价值是建立在社会必要劳动时间的基础上的，而不是决定于个别劳动时间。超额剩余价值是单个企业由于提高劳动生产率使商品个别价值低于社会价值的差额。

超额剩余价值是暂时的，为了追求超额剩余价值，资本家之间会激烈竞争，竞相采用新技术，部门的平均劳动生产率提高，生产该种商品的社会必要劳动时间降低，原来的先进生产条件变为平均的生产条件，个别价值和社会价值的差额消失，超额剩余价值消失，整个生产普遍获得相对剩余价值。

追求超额剩余价值是单个资本主义企业改进生产技术，提高劳动生产率的直接动机。而单个资本家追求超额剩余价值的结果，却形成了相对剩余价值。超额剩余价值是个别资本家首先采用先进技术，提高劳动生产率的结果，而相对剩余价值则是全社会资本主义企业普遍提高劳动生产率的结果。

超额剩余价值是特殊形态的相对剩余价值，相对对剩余价值是资本追求超额剩余价值的必然结果。前者是各企业提高劳动生产率的目的，后者是各企业追求超额剩余价值的结果。

二、分析资本积累对资本构成的影响。

资本家将剩余价值转化为资本，叫做资本积累。资本积累是扩大再生产的重要源泉，剩余价值是资本积累的唯一源泉。资本积累本质上是把资本的增值转化为实现资本进一步增值的手段。

在资本积累的过程中，资本在数量上不断扩大，在构成上也发生变化。资本的构成包括两个方面：价值构成和技术构成。从物质方面来看，资本是由一定数量和比例的生产资料和劳动力构成的，这种生产资料与劳动力之间的比例是由生产的技术水平决定的，叫做资本的技术构成。从价值方面看，资本是由一定比例的生产资料价值和劳动力的价值构成的，叫做资本的价值构成。资本的价值构成以资本的技术构成为基础，资本的技术构成决定资本的价值构成。这种由资本技术构成决定，并反映资本技术构成变化的资本价值构成就叫做资本有机构成。

随着资本积累的不断增进，可以扩大资本规模，扩大再生产，提高技术水平，提高劳动生产率。资本家必然使用先进的技术设备，通过机器大生产来提高劳动生产率。这样，用于购买生产资料的不变资本在总资本中的比例必然会提高，用于购买劳动力的可变资本比例必然下降。因此，随着资本的积累，资本的有机构成不断提高。

三、2009 年 9 月 4 日，《国务院关于开展新型农村社会养老保险试点的指导意见》以"国发（2009）32 号"文件形式正式发布。国务院决定，从 2009 年起开展新型农村社会养老保险试点，2009 年试点覆盖面为全国 10% 的县（市、区、旗），以后逐步扩大试点，在全国普遍实施，2020 年之前基本实现对农村适龄居民的全覆盖。请说明建立新型农村社会养老保险制度对刺激当前农村需求的意义。

根据党的十七大和十七届三中全会精神，深入贯彻落实科学发展观，按照加快建立覆盖城乡居民的社会保障体系的要求，逐步解决农村居民老有所养问题。国务院决定，从 2009 年起开展新型农村社会养老保险（以下简称新农保）试点。新农保是以保障农村居民年老时的基本生活为目的，建立个人缴费、集体补助、政府补贴相结合的筹资模式，养老待遇由社会统筹与个人账户相结合，与家庭养老、土地保障、社会救助等其他社会保障政策措施相配套，由政府组织实施的一项社会养老保险制度，是国家社会保险体系的重要组成部分。新农保试点的基本原则是"保基本、广覆盖、有弹性、可持续"。

新型农村社会养老保险制度关于待遇方面有两个要点，一是制度实施时年满 60 周岁以上的农民，不用缴费可向政府领取每月 55 元基础养老金；二是政府及村集体经济组织对农民参保给予补贴，达到 60 周岁时，个人缴费、集体补助、政府补贴及其所形成的利息作为个人账户计发个人账户养老金，与国家发给的基础养老金合并成养老金按月支付，直至终老，以此保障老年生活。

新型农村社会养老保险对刺激当前农村需求具有十分重要的意义：

第一，直接增加了老年人的收入水平，这会刺激消费，刺激农村需求。年满 60 周岁以上的农民，不用缴费就可向政府领取每月 55 元的基础养老金，缴费账户多缴多得，集体补助、政府补贴可以增加养老金收入。

第二，新型农村社会养老保险增加了农民居民的持久收入水平，这会刺激消费，刺激农村需求。

第三，新型农村社会养老保险是针对农村居民的一项社会保障制度，实现广大农村居民老有所养，这可以改变农民的预期，改变农村居民不敢消费，储蓄养老的行为习惯。

第四，新型农村社会养老保险降低了农村居民的不确定性，对未来充满信心，这可以增加消费信心，刺激农村需求。

第五，新型农村社会养老保险促进家庭和谐，有益身心健康，良好的生活状态有利于促进消费。

第六，新型农村社会养老保险可以逐步缩小城乡差距、改变城乡二元结构、减少农村贫困，这可以促进农村居民的消费升级。

农村需求不足从根本上说是因为人们的消费能力和消费信心不足。增加消费需要解决两个问题：一是有能力消费，二是愿意消费。前者取决于收入状况，后者主要取决于人们对未来的预期及信心。显然，新型农村社会养老保险既可以提高农村居民的收入，提高消费能力，也可以提高农村居民的消费信心，提高其消费意愿。

四、运用马克思的劳动价值理论，分析"提高劳动报酬占国民收入比重"的意义。

在我国初次分配领域，劳动者工资增长赶不上企业利润增长是一个普遍现象，企业财富明显向资本倾斜，并且这种差距有逐渐拉大之势。发达国家劳动报酬在国民收入中所占的比重一般在 55% 以上，我国目前则不到 42%，并呈逐年下降趋势。2003 年以前，劳动报酬占国民收入的比重一直在 50% 以上，2004 年下降到 49.6%，2005 年降至41.4%，2006 年更是仅为 40.6%；与此相反，资本回报占国民收入的比重节节上扬，从以前的 20% 提高到 2006 年的 30.6%。这意味着，在初次分配中劳动所得趋于下降，资本所得不断上升，这种利润侵蚀工资、机器排挤劳动的现象，不利于缩小收入差距，不利于扩大消费需求、拉动内需，影响社会和谐稳定。调整收入分配格局，提高劳动报酬占国民收入的比重，警惕资本所得挤占劳动所得，这已经取得共识。

经济发展过程中，资本积累、技术进步，资本有机构成提高，容易出现机器排挤劳动、资本所得挤占劳动所得的现象。提高劳动报酬占国民收入比重，需要理论的支撑。下面我们从马克思劳动价值论加以分析。

劳动价值论认为劳动创造价值。价值是凝结在商品中的无差别的人类劳动，即由抽象劳动所凝结。价值是由劳动创造的，劳动是价值创造的唯一源泉，价值中不包含任何一个自然物质的原子，物质要素虽然是价值创造的物质条件，它不创造任何价值，不能把生产价值的物质条件同创造价值的源泉混同起来。

活劳动在运用生产资料生产物质产品的过程中创造新的价值，生产资料、科学技术等物化劳动在劳动过程中实现价值转移。物化劳动并不创造价值。但是，现代科技革命使生产过程发生了变化，甚至出现无人车间、无人工厂，活劳动的耗费大大降低，而物化劳动成百倍地增长。对此，马克思主义的观点是，物化劳动越来越重要，但物化劳动并不创造价值，只有活劳动创造价值，物化劳动提高了劳动生产率，降低了必要劳动时间，延长了剩余劳动时间。

资本、土地、技术等生产要素在价值创造中充当物质条件，尽管不创造新价值，但是要转移物化的劳动所蕴含的价值。因此，"劳动并不是它所生产的使用价值即物质财富的唯一源泉"。正像威廉·配第所说："劳动是财富之父，土地是财富之母"，生产要素理所当然地要按贡献参与分配。

在分配过程中，如何核算劳动的贡献以及其他生产要素（可统称为资本）的贡献？随着资本积累和扩大再生产，资本构成中，生产资料价值的比重不断提高，而劳动力的价值比重不断减少，也就是说，资本有机构成不断提高。理所当然，生产资料的价值要按贡献获得补偿，因为它们转移了价值，否则再生产就难以为继，劳动力的价值也应该获得补偿，以继续劳动力的再生产。

坚持马克思的劳动价值论和剩余价值论解决资本主义生产自动化条件下剩余价值的源泉问题。按照马克思劳动价值论和剩余价值论的观点，在资本主义生产自动化的条件下，资本家获得的巨额剩余价值或利润，仍然是工人的剩余劳动创造的。但是，新创造的价值，也就是剩余价值或利润部分，被资本家当做资本投资的超额回报无偿占有了，这部分价值实际上是劳动者创造的。资本积累不断发展的结果会导致两个重要的社会经济后果，一是相对人口过剩，二是平均利润率下降，共同加剧资本主义经济制度的内在矛盾，使扩大再生产难以为继，导致经济危机。

要解决上述问题，一个办法就是提高劳动报酬占国民收入比重，要做到这一点需注意两个方面：

（1）剩余价值或利润部分，不能归资本家独享，而是所有劳动者分享这部分剩余价值。生产自动化条件下，生产工人的概念扩大了，雇佣工人概念的外延扩大了。价值和剩余价值是由总体工人的劳动创造的。因为，使用自动化设备进行生产，创造价值和剩余价值的，不仅是生产现场直接操纵自动化设备的普通工人，而且还包括间接参加生产的科技、研发、设计、维护人员和管理人员，生产工人的概念日益扩大，他们共同组成马克思所说的"总体工人"，他们都参加了自动化生产过程，为资本家创造巨额的剩余价值。因此，劳动者应该是广义的劳动者，既包括生产现场的劳动者，也包括不在生产现场的企业家、工程技术人员、管理人员、甚至包括资本管理、运营的资本家等，所有的劳动者分享价值的增值部分。

（2）先进的自动化生产模式下，雇佣工人概念的内涵也扩大了。机器设计、科学技术、知识生产、设备维护、企业管理、资本运营这些复杂的劳动，应该是倍加的简单的劳动，从事复杂劳动的工人比从事简单劳动的工人能够为资本家创造更多的价值和剩余价值。在技术水平较高的自动化生产中，虽然雇佣工人总人数相对或绝对减少，但是从事复杂劳动的工人在雇佣工人总数中所占比重增加。科技工作者

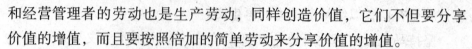

和经营管理者的劳动也是生产劳动，同样创造价值，它们不但要分享价值的增值，而且要按照倍加的简单劳动来分享价值的增值。

如何让资本家不独享剩余价值或利润部分，而是让渡给所有劳动者分享这部分剩余价值呢？这需要多方面的努力，如工会展开劳动谈判，罢工运动，政府的再分配手段，资本家为了避免周期性的经济危机而不断觉悟。

五、如何理解对非公有制经济的"不禁止即自由"的新思路。

十六届三中全会提出了发展非公有制经济的新思路，指出要大力发展和积极引导非公有制经济，允许非公有资本进入法律法规未禁入的基础设施、公用事业等行业和领域。《国务院关于鼓励和引导民间投资健康发展的若干意见》明确指出：鼓励和引导民间资本进入法律法规未明确禁止准入的行业和领域。

我国社会主义初级阶段的基本经济制度是公有制为主体、多种所有制经济共同发展。除了作为主体的公有制外，还有个体经济、私营经济、外资经济等非公有制形式。既要积极发展和壮大公有制经济，又要鼓励和支持非公有制经济的发展。这是由我国社会主义初级阶段的国情决定的。

（1）我国是社会主义国家，必须坚持公有制作为社会主义经济制度的基础。离开了公有制为主体，就会影响我国社会主义的性质。为了发展社会化大生产，实现共同富裕，必须坚持公有制的主体地位，坚持公有制是我国社会主义经济制度的基础。

（2）我国处于社会主义初级阶段，生产力发展不平衡、多层次，与这种状况相适应，需要在公有制为主体的条件下发展多种所有制经济。生产资料所有制要与生产力发展状况相适应，才能促进生产力的迅速发展。与生产力发展状况相适应，我国公有制经济只能在经济中占主体地位，不能成为社会经济的唯一形式。这就需要多种所有制经济共同发展，鼓励非公有制经济共同发展，以促进生产力的迅速提高。

（3）以公有制为主体，多种所有制经济共同存在、共同发展已是我国当前现实经济中客观存在的事实。私营经济、外资经济在经济中占有不少比重。实践证明，这种所有制结构有利于社会生产力的发展，有利于增强综合国力，有利于提高人民生活水平。

非公有制经济在与一定生产力相适应的条件下，都有各自的优点。非公有制经济是社会主义市场经济的重要组成部分，是公有制经济的有益补充。公有制经济和非公有制经济分别是主体、主导部分和辅助、补充部分的地位和作用，各得其所，互相配合，非公有制经济的存在和发展，非但不会改变我国社会主义经济的基本性质，它们同公有制经济之间还可以互为补充，互相学习，互惠互利，取长补短，共同提高，也可以互相竞争，互相激励，发挥各自的优势。这些都有利于改进整个社会的生产技术和经营管理，促进生产力的提高和社会繁荣发展。非公有制经济产权清晰，机制比较灵活，能及时适应市场需要进行生产，有较好的经济效益，因而具有较强的竞争力和创造力，对采用先进技术，提高劳动生产率，促进生产力发展有着积极作用。非公有制经济的发展，对于促进经济发展、调整产业结构、繁荣城乡市场、创造就业机会，提高人民生活水平，都有重要作用。

坚持和完善公有制为主体，多种所有制经济共同发展的经济制度，要做到：第一，必须毫不动摇地巩固和发展公有制经济。第二，必须毫不动摇地鼓励、支持和引导非公有制经济发展。第三，坚持公有制为主体，促进非公有制经济发展，统一于社会主义现代化建设进程中，不能把两者对立起来。

要贯彻落实毫不动摇地鼓励、支持和引导非公有制经济发展的精神，解放思想，对非公有制经济实行"不禁止则自由"的新思路，为非公有制经济的发展进一步扫清了制度性障碍，降低或取消它们的进入门槛，有利于充分发挥非公经济自由灵活的特点，发挥非公经济的作用。除了放松准入之外，还要让非公经济在投融资、税收、土地使用和对外贸易等方面，与公有制经济享有同等待遇，要改进对非公有制企业的服务和监管。

六、读图分析：（1）什么是 AS？（2）说明图 1 和图 2 的 AS 形状不同的原因。

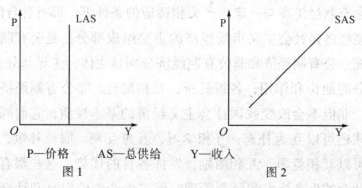

P—价格　　AS—总供给　　Y—收入

图 1　　　　　　　　　　　　　　　图 2

AS 是指总供给（Aggregate Supply）。总供给是经济社会所提供的总产量（或国民收入）。总供给曲线描述总产量和一般价格水平之间的关系。图中的 LAS 曲线和 SAS 曲线分别表示长期总供给曲线和短期总供给曲线。

图 1 表示长期总供给曲线。在长期，价格和货币工资具有伸缩性，劳动供给与劳动需求始终保持均衡，经济处在充分就业的状态上，总供给曲线是一条位于充分就业产量上垂直线。在长期，总需求的扩张不能带来产量的增加，却带来价格的上涨，因此，古典学派主张，总需求管理政策无效。

图 2 表示短期总供给曲线。在短期内，总供给与物价水平成同方向变动，总供给曲线是一条向右上方倾斜的曲线。短期总供给曲线可以用粘性工资理论、粘性价格理论和错觉理论来解释。例如，短期内，工资具有粘性，若实际的物价水平高于预期的水平，工人的名义工资仍然不变，因此，实际工资水平下降了，实际工资的减少使企业增加生产，总供给增加。粘性价格理论是指短期内价格具有粘性，难以调整。若物价总水平上升，一些企业不能迅速提高自己产品的价格，从而它的相对价格下降，销售增加，生产增加，总供给增加。错觉理论

是指错误地认为只有自己的产品价格发生变化，而其他物品的价格没有发生变化。若物价下降，实际上是各种物品与劳务的价格都下降，但企业更关注自己的产品，没有看到其他产品的价格下降，只觉得自己的产品价格下降了，产生悲观的判断，从而减少生产，引起总供给减少。短期总供给曲线向右上方倾斜，总需求扩张时，国民收入会增加，价格也会上升，总需求管理政策有效。

七、经济体 A、B、C 三个不同收入阶层。Y 为收入，Con 为消费，1 代表第一期，2 代表第二期，且 $Y(A_1) > Y(B_1) > Y(C_1)$，$Y(A_2) > Y(A_1)$，$Y(B_2) = Y(B_1)$，$Y(C_2) < Y(C_1)$。$b = MPC = \Delta C / \Delta Y$，且 $b(A_1) = b(A_2)$，$b(B_1) = b(B_2)$，$b(C_1) = b(C_2)$。各阶层由非收入因素决定的消费水平为常数且在两期不发生变化。（1）写出经济体的 Con_1 和 Con_2 的代数式。（2）说明 Con_2 相对于 Con_1 有什么变化并解释。

（1）$Con_1 = Con(A_1) + Con(B_1) + Con(C_1)$

$Con_2 = Con(A_2) + Con(B_2) + Con(C_2)$

代入 $Con = a + bY$，得到：

$Con_1 = 3a + b(A_1) \times Y(A_1) + b(B_1) \times Y(B_1) + b(C_1) \times Y(C_1)$

$Con_2 = 3a + b(A_2) \times Y(A_2) + b(B_2) \times Y(B_2) + b(C_2) \times Y(C_2)$

（2）$Y(A_2) > Y(A_1)$，$Y(B_2) = Y(B_1)$，$(C_2) < Y(C_1)$

$b(A_1) = b(A_2)$，$b(B_1) = b(B_2)$，$b(C_1) = b(C_2)$

$Con_2 - Con_1 = b(A_1) \times [Y(A_2) - Y(A_1)] + b(C_2) \times [Y(C_2) - Y(C_1)]$

一般来说，边际消费倾向递减，高收入阶层 A 的收入增加，边际消费倾向减小，以至于很低，甚至为零，若 $b(A_2)$ 很小，甚至为零，那么上式第一项接近于 0，符号取决于第二项，由于 $Y(C_2) < Y(C_1)$，因此很可能 $Con_2 - Con_1 < 0$，即 Con_2 相对于 Con_1 下降。

低收入阶层 C 的收入减少，因此，消费下降。高收入阶层 A 由于边际消费倾向减小到很低，因而消费增加很小，总体而言，高收入阶层因为收入增加而增加的消费比低收入阶层因为收入减少而减少的消费要少，因此总的消费 Con_2 相对于 Con_1 下降。

八、阐述伯兰特理论的基本内容，并说明这个模型的经济学含义和局限性。

伯兰特模型是寡头以价格作为决策变量的价格竞争模型。

伯兰特模型假设：①各寡头厂商决策价格，进行价格竞争；②各寡头厂商的生产是同质的；③各寡头厂商之间不能串谋。

伯特兰模型存在唯一的纳什均衡，即各寡头的价格相同且等于边际成本，每家厂商的经济利润为零。首先，厂商的定价不可能均衡于比边际成本低的价格上。其次，如果有厂商高于边际成本定价，则其他厂商就有略微降低价格，抢占市场份额的动机。最后，若每家厂商都采取降价抢占市场的策略，每家厂商的定价都等于边际成本，这样才达到均衡。

帕兰特模型的经济学含义是：经营同质产品、成本一样的寡头，价格竞争的结果是每家厂商按边际成本定价，获得零利润。

伯兰特模型的局限性有以下几个方面：①企业生产能力有限制。只要一家厂商的全部供应能力不能满足社会需求，则另一家厂商可以超过边际成本定价。②伯兰特模型假设寡头生产的产品是同质的，如果不是同质产品，就可以避免赤裸裸的价格竞争，产品的差异化会提高自主定价的能力。③伯兰特模型推出的结果过于极端，按边际成本定价，获得零利润，与现实不甚相符，这招致很多批评。

九、如果贸易前国内均衡价格低于世界市场价格，联系图形分析说明自由贸易会如何影响出口国的消费者剩余、生产者剩余和市场总福利。

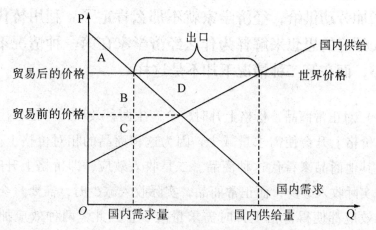

如图所示，贸易前的国内均衡价格低于世界市场的价格，一旦进行自由国际贸易，那么这个国家的国内价格将会上升至世界市场价格。此时，国内供给量就会大于国内需求量，这个国家就会向其他国家出口产品，成为一个出口国。

在贸易前，产品价格调整使国内的产品市场均衡，因而消费者剩余为 A + B，生产者剩余为 C，因而总剩余（市场总福利）为 A + B + C。

在贸易后，国内价格上升到世界价格，消费者剩余为 A，而生产者剩余为 B + C + D，总剩余为 A + B + C + D，如下表所示：

项目	贸易前	贸易后	福利变化
消费者剩余	A + B	A	− B
生产者剩余	C	B + C + D	B + D
市场总福利	A + B + C	A + B + C + D	D

比较贸易前后的福利变化，我们发现，出口国的生产者从贸易中

获益，生产者剩余增加 B + D，出口国的消费者从贸易中受损，消费者剩余减少 B，但是这个国家的总福利增加了 D。

十、大多数商品价格的上升都会导致人们对这种商品的消费减少，经济学家对此相当肯定。而对于工资的上升是否会使人们增加劳动供给，经济学家就不那么肯定了。利用替代效应和收入效应的思想来解释为什么经济学家在第一种情况下相当有信心，而在第二种情况下却不是这样。

（1）对正常商品，价格上升时，会产生两种效应，一是替代效应，即商品价格上升会使需求量减少，因为这种商品的相对价格上升，人们会用其他商品来替代这种商品。二是收入效应，即价格上升时，消费者的实际收入减少，而正常商品，实际收入减少时，需要量会减少。这两种效应都使得价格上升时需求量减少，因此，两种效应加起来，一定使需求量减少。

（2）工资上涨，是否会增加劳动供给呢？答案并不确定。因为，随着工资的上升，劳动供给先增加，当工资上升到一定程度，劳动供给反而减少，供给曲线向后背弯，这就是通常所说的"背弯"的劳动供给曲线。

居民拥有既定的时间，在劳动和闲暇之间分配，劳动供给是闲暇的反面，劳动的价格即工资也是闲暇的价格。因此，劳动供给可以用闲暇需求来说明。

工资上涨时，对闲暇需求造成两种效应，替代效应和收入效应。

替代效应是指工资上涨时，即闲暇价格上涨，人们会减少闲暇需求，用其他需求替代闲暇。

收入效应是指工资上涨时，人们的收入提高，会增加闲暇需求。

若替代效应大于收入效应，则工资上涨时，人们会减少闲暇需求，劳动供给增加，劳动供给曲线处在上升的阶段。

若收入效应大于替代效应，工资上涨时，人们会增加闲暇需求，劳动供给减少，劳动供给曲线处在背弯的阶段。

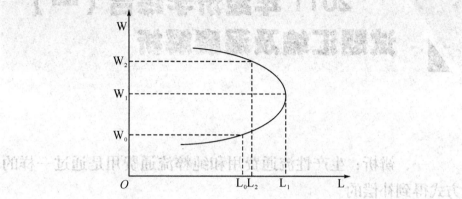

2011年经济学综合（一）试题汇编及深度解析

一、辨析：生产性流通费用和纯粹流通费用是通过一样的方式得到补偿的。

此说法错误。

商业资本家经营商业，除了需要垫付一定的资本购买商品外，还需要在商品流通过程中支付一定的费用，如运输、仓储、保管、包装、销售、广告、管理等环节的费用。这种费用称为流通费用。流通费用分为生产性流通费用和纯粹流通费用两种。

生产性流通费用与所购买商品的使用价值有关，是由商品的使用价值运动而引起的费用，如运输费、保管费、包装费等，一切商品作为使用价值，必须经过交换和分配才能进入消费领域，在生产完成后和进入消费领域之前的这段时间里，使用价值的维护、保存和转移等，和商品生产一样，是社会经济活动所必需的，是生产过程在流通领域中的继续。因此，用于维护、保护和转移使用价值方面的劳动也是生产性劳动，不仅耗费的生产资料的价值要发生转移，而且耗费的活劳动还会创造价值和剩余价值。可见，生产性流通费用可以增加商品的价值和剩余价值。这部分流通费用从商品的销售收入中收回，并带来平均利润。生产性流通费用可以通过商品的销售来补偿这部分费用。跟生产环节的价值补偿类似，从转移的价值和新创造的价值来补偿生产性流通费用。

纯粹流通费用是由商品的价值形态变化引起的，包括广告费、会计费用、店员工资、管理费等，这是由商品价值的运动引起的流通费用，商品在买卖过程中，由商品变为货币和由货币变为商品而产生的费用，是纯粹流通费用。这种流通费用同样要耗费一部分物资和劳动，但是，纯粹流通费用属于非生产性开支，这部分劳动是非生产性劳动，它不能增加商品的价值。纯粹流通费用必须得到补偿，而且按照平均利润率获得平均利润，社会再生产才能继续正常进行，纯粹流通费用只能从剩余价值总额中得到补偿，它是剩余价值的一种扣除。在实践中，商业资本家的纯粹流通费用，在形式上是通过提高商品售价来获得补偿的。

二、为什么说相对剩余价值的生产可以用资本家对超额剩余价值的追求来解释？

相对剩余价值指在工作日长度不变的条件下，资本家通过缩短必要劳动时间，而相应延长剩余劳动时间，这种剩余价值生产方法叫相对剩余价值生产方法。

相对剩余价值的生产是由必要劳动时间的缩短引起的，必须以全社会劳动生产率的提高为条件。

现实经济运行中，劳动生产率的提高总是从单个企业开始的。单个企业提高劳动生产率，个别劳动时间低于社会必要劳动时间，个别价值低于社会价值，但单个企业不能产生相对剩余价值，只能产生超额剩余价值，因为相对剩余价值是建立在社会必要劳动时间的基础上的，而不是决定于个别劳动时间。超额剩余价值是单个企业由于提高劳动生产率使商品个别价值低于社会价值的差额，工人在同样的劳动时间内，可以创造更多的价值。

超额剩余价值是暂时的，为了追求超额剩余价值，资本家之间会激烈竞争，竞相采用新技术，部门的平均劳动生产率提高，生产该种商品的社会必要劳动时间降低，原来的先进生产条件变为平均的生产条件，个别价值和社会价值的差额消失，超额剩余价值消失，整个生产普遍获得相对剩余价值。

追求超额剩余价值是单个资本主义企业改进生产技术，提高劳动生产率的直接动机。而单个资本家追求超额剩余价值的结果，却形成了相对剩余价值。超额剩余价值是个别资本家首先采用先进技术，提高劳动生产率的结果，而相对剩余价值则是全社会资本主义企业普遍提高劳动生产率的结果。

超额剩余价值是特殊形态的相对剩余价值，相对对剩余价值是资本追求超额剩余价值的必然结果。前者是各企业提高劳动生产率的目的，后者是各企业追求超额剩余价值的结果。

三、简述当宏观经济出现经济过热现象时，货币政策的运用。

货币政策是政府通过中央银行，为实现宏观调控目标而制定的各种管理和调控货币供应量及其结构的原则和措施。货币政策通过调控货币供应量及其结构，影响信贷规模、利率、汇率的变化，从而达到调控宏观经济总量，实现经济增长和稳定币值的目的。

货币政策目标是通过货币政策工具的运用来实现的，货币政策工具主要有利率、法定准备金率、公开市场业务、再贴现率等。

当一国经济过热，形成通货膨胀压力时，中央银行采取紧缩性货币政策，即紧缩银根、减少货币供应量，以抑制总需求的过度膨胀。具体措施可以提高利率、提高法定准备金率、提高再贴现率或在公开市场业务中卖出政府债务等。

紧缩性货币政策可以使 LM 曲线左移，可以提高利率，抑制总需求，降低总产出。

四、简述如何建立统一开放竞争有序的现代市场体系。

市场体系是指确保市场机制有效运行，由诸多市场和制度构成的有机统一体。现代市场体系处于不断丰富和发展过程之中，它不仅包括消费品和生产资料等商品市场，而且包括资本市场、劳动力市场、技术市场、信息市场以及房地产市场等生产要素市场。其中，商品市场、资本市场和劳动力市场是现代市场体系的核心，现代市场经济只有借助于完整的市场体系，才能有效地配置资源。

市场机制功能的充分发挥，要以完善的市场体系为基础，要建立健全现代市场体系，需要注意如下几个方面：

（1）要发展和完善商品市场；

（2）要发展和完善金融市场；

（3）要发展和完善技术和信息市场；

（4）要发展和完善劳动力市场；

（5）要发展和完善房地产市场；

（6）要发展和完善产权市场；

（7）要建立和完善市场规则和市场秩序。加快推进法制建设、制度规则建设和社会信用体系建设，特别是要加快建立社会信用体系，建立失信惩戒机制。

市场体系要做到统一性、开放性、竞争性和规范性。构建一个体系完整、机制健全、统一开放、竞争有序的现代市场体系是完善我国社会主义市场经济体制的重要内容，要健全全国统一开放市场，完善价格形成机制，规范市场秩序。

加快形成统一开放的全国大市场，促进商品和要素实现跨地区自由流动。必须废止妨碍公平竞争、设置行政壁垒、排斥外地产品和服务的各种分割市场的规定，打破行政性垄断、行业垄断、经济性垄断和地区封锁，增强市场的统一性。加大反垄断力度；加快制定或修订保护和促进公平竞争的法律法规和政府规章制度，保障各类经济主体获得公平的市场准入机会；依法规范政府行为，界定政府在市场准入和市场运营方面的权限和行为，提高市场准入程序的公开化和准入的透明度；针对国内市场的分割问题，强化打破地区封锁的协调工作机制，消除行政壁垒、地方保护等分割市场的行为；推进现代流通进程，积极发展电子商务、连锁经营、物流配送等现代流通方式，促进商品和各种要素在全国范围自由流动和充分竞争。

建立、完善和发挥金融、信息、中介组织、行业协会等市场服务业，提高市场运作的效率。

市场开放，即本地市场要向外部开放，本地产品既要面向国内各地区的市场，也要面向国际市场。

发挥市场在资源配置中的基础性作用，减少政府对资源配置和价格形成的干预，切实建立起反映市场供求、资源稀缺程度以及污染损失成本的价格形成机制。

规范和整顿市场秩序，要建立和完善市场规则，加快推进法律建设、制度建设和社会信用体系建设，特别是要加快建立社会信用体系，建立失信惩戒机制。

五、运用虚拟资本相关理论，联系现实股票市场和房地产市场，分析其价格运行及风险防范问题。

所谓虚拟资本，是指能定期带来收入的，以有价证券形式存在的资本。虚拟资本主要有两种形式，一种是信用形式上的虚拟资本，如期票、汇票、银行券、纸币等；另一种是收入资本化形式上产生的虚拟资本，如股票、债券等。

上述有价证券之所以成为资本，是因为它们是以货币等形式存在的现实资本的所有权或债权证书，证明一定数量的现实资本归有价证券的持有人所有，持券者可以凭证券定期获得资本收入，也可以出让证券换取现实的货币资本。之所以被称为虚拟资本，是因为有价证券所代表的真实资本已经进入实体企业运行。这些证券本身没有价值，只是一纸用于证明现实资本所有权的凭证，只是现实资本的纸质副本。

有价证券作为资本所有权凭证，可以带来定期收入，因此，可以在证券市场自由买卖，虚拟资本的独立运动构成证券市场，通过证券的交易，证券持有人可以做出调整，获得投机收益、规避风险、减少亏损等。

有价证券的交易价格由预期收入和利息率决定。对于股票而言，股票价格等于预期股息除以利息率。股息和利息率是决定股票价格的最基本因素。公司利润是直接影响股息的内部因素，从而影响股票价格，因此企业经营状况将影响股票价格。除此之外，一些外部因素也影响股票价格，如经济因素和政治因素。经济因素包括股票供求关系、经济周期、货币供应量、物价变动、通货膨胀、金融政策、税收政策等。政治因素有国际形势的变化、战争、政府领导人的更迭、重大政治事件等。一些人为因素也影响股票价格，如各种消息、投机活动等。

房地产市场与股票市场既有相同之处，也有不同之处。有人说房地产是虚拟经济，还有人说房地产是实体经济，也有人说房地产是准虚拟经济。可见，房地产是不是虚拟经济，并无定论。房地产市场的价格决定既与房地产实体的价值有关，也与房地产的预期收入和利息率有关，上述经济因素、政治因素和人为因素同样会影响房地产的价格。

可见，股票等有价证券的价格不是由实体资本的价值决定的，而是由预期收入和利息率决定的，虚拟资本价格的涨跌与证券市场的供求状况也有密切关系。这样，虚拟资本的价格变动与实体资本的价值变动可能背离，呈现相对独立的运动。股票这样的虚拟资本的价格决定远远地脱离了实体资本的价值，从而脱离实际生产过程的约束，从而面临巨大的风险，虚拟资本市场的泡沫可以吹得非常大，出现非理性的繁荣，只有当泡沫破灭的时候，价格大幅下跌，虚拟资本大幅缩水时，人们才感觉它的虚拟性质。

防范虚拟资本泡沫的风险，可把握以下原则，当利率很低，证券价格很高时，应该谨慎投资证券市场。当市场过度投机时，监管者要警示风险，投资者要收起贪婪之心。当证券市场过热时，央行要收紧流动性，紧缩银根，谨防流动性泛滥使货币供给流向证券市场。培育理性的市场主体，在产权界定不清，微观主体软预算约束时，投资者缺乏风险规避意识和动机，容易滋生投资冲动。除此之外，政府要建立和完善严格的虚拟经济发展法规和政策，规范证券市场，有效地监管市场，要有一个科学的监管指标体系，构建虚拟资本市场泡沫化程度指标体系，设立警戒值，防范系统风险。

六、结合我国发展观从"经济增长优先"向"发展社会目标"和"可持续发展"、"全面综合发展"的转变，分析我国收入分配制度中效率—公平关系的演变。

效率是指社会利用现有资源进行生产所提供的效用满足的程度，使资源最合理的配置，实现社会福利最大化。效率通常包含以下三层含义：①技术效率，又称为生产效率，是指生产活动中根据各种资源的物质技术联系，建立起符合生产条件性质的经济关系，合理地组织各种生产活动，充分有效地利用资源，提供尽可能多的产出。②资源配置效率，具体标准就是帕累托效率原则。③制度效率，是指某种制度安排能够在成本最小化的状态下运行。制度运行的成本又称为交易成本，交易成本的高低是衡量效率的重要标准。

公平是指人与人之间收入或机会的平等性。经济学家倾向于从机会公平、结果公平两个角度来理解公平。经济学家普遍认为，社会应当努力消除机会的不平等，而容忍结果在一定程度上的不平等。

公平与效率面临权衡选择，效率与公平之间存在难以调和的矛盾。追求效率总是以某种程度的公平损失为代价，市场化的分配制度符合效率原则，也符合机会公平的原则，但因为人的天赋、能力、运气方面的差别总会产生不平等。反过来，追求公平要以一定的效率损失为代价，若政府通过再分配政策，使人际的收入均等化，必然会损害经济活动的积极性，从而损害效率。对于效率与公平，经济学家大致有三类观点，一是效率优先，二是公平优先，三是效率与公平兼顾。

过去很长一段时间内，我国非常注重经济增长，强调经济增长优先，并且取得了巨大的成就。经济增长是指一个国家或地区的经济总量增加，指一定时期内产品和劳务的增长。过去的粗放型、数量型增长方式片面追求数量、产值和速度，致使经济增长质量低，效益差、结构失衡、生态环境破坏、资源利用率低、资源浪费严重等问题。因此，党中央意识到粗放型经济增长的弊端，提出转变经济增长方式。

党的十三大提出，经济发展要从粗放经营为主逐步转向集约经营为主。党的十四大提出，努力提高科技进步在经济增长中所占的含量，促进整个经济由粗放经营向集约经营转变。党的十四届五中全会明确提出，实现经济增长方式从粗放型向集约型的根本性转变。党的十七大报告也提出转变经济发展方式和增长方式。

转变经济增长方式，概括地说就是要使经济增长由粗放型向集约型转变，不可持续性向可持续性转变，从注重数量向注重质量转变，通俗地讲，要由高投入、高消耗、高污染、低产出、低质量、低效益转向低投入、低消耗、低污染、高产出、高质量、高效益。

当前，中央进一步提出转变经济发展方式，从注重经济增长向重视经济发展转变。转变经济发展方式是与转变经济增长方式既一脉相承，又与时俱进的科学命题。经济发展是一个国家或地区随着经济增长而出现的经济、社会和政治的整体改善。经济发展的内涵包括：经济在数量上增长，经济结构优化，经济质量提高，经济发展稳定，生态环境改善，政治、文化和人的现代化等。经济发展包含经济增长，但经济增长不一定包含经济发展。经济发展不仅重视经济规模扩大和效率提高，更强调经济系统的协调性、经济发展的可持续性和发展成果的共享性。不应再单纯关注经济增长速度，而是要重视社会建设和文化发展，从人民群众的根本利益出发，努力实现经济社会综合、全面、协调和可持续发展。

我国正处于转型时期，计划经济模式下，平均分配倾向明显，全社会比较公平，但经济效率不高。经济转型就是要依靠市场机制来配置资源，提高经济运行的效率，在市场经济下，经济效率提高，但是市场竞争，优胜劣汰，不可避免会加大贫富差距。因此，关于公平与效率的关系，总的原则是效率优先，兼顾公平。

我国处于社会主义初级阶段，经济增长优先，第一要务是提高经济效率，发展经济，解放和发展生产力，只有经济总量做大了，才会使实现公平更有物质基础，公平必须以经济发展尤其是效率提高为条件。但是，效率优先并不意味着可以不顾公平让差距越来越大，在效率优先的原则下要尽可能考虑公平的要求，让差距保持在合理的程度。因此，当强调经济增长优先时，在分配上强调效率优先、兼顾公平。

针对公平和效率在不同时期所表现的不同特点，抓住问题的主要方面来协调两者的关系。在注重经济增长阶段，着重强调效率，坚持效率优先，兼顾公平的原则。发挥市场机制在国民收入初次分配中的调节作用，增进经济效率。在市场经济中，社会应努力消除机会的不平等，而容忍结果在一定程度上的不平等。但是，社会也应该照顾到最底层人群的基本生活保障，做到基本的公平。

在注重经济全面发展的阶段，我国要遏制贫富差距过分拉大，应该更加注重公平，与此同时，仍然要注重效率，这是我国持续发展的基础。可以坚持"效率优先，增进公平"的原则。未来，当我国经济发展进入发达国家行列，实现小康水平之后，可以强调效率与公平兼顾，效率和公平同等重要。

关于公平和效率，有几个基本原则要把握：强调机会公平，而不是结果公平。社会应该照顾到最底层人群的基本生活保障。初次分配领域，要注重效率，坚持效率优先，再分配要更加注重公平。市场主导效率，政府主导公平。在低效率领域，要更强调效率，如国有企业改革。在不公平的领域，应更强调公平，如社会保障。

七、假定某种产品市场的需求函数为 $Q_d = -100P + 1900$，供给函数为 $Q_s = 50P - 200$。求解：（1）市场均衡时的均衡产量和均衡价格分别是多少？（2）市场均衡时的需求价格弹性和供给价格弹性分别是多少？（3）市场均衡时的消费者剩余和生产者剩余分别是多少？（4）如果政府对每单位产品征税 1.2 元，征税后的均衡产量和均衡价格分别是多少？（5）对于征收的 1.2 元税额，消费者和生产者分别承担多少税负？

（1）$Q_d = -100P + 1900 = Q_s = 50P - 200$

可解得 $P = 14$，$Q_d = Q_s = 500$。

（2）需求价格弹性：

$\varepsilon_{dp} = \dfrac{dQ_d}{dp} \dfrac{p}{Q_d} = -100 \times \dfrac{14}{500} = -\dfrac{14}{5}$，取绝对值，需求价格弹性

为 2.8。

同理可知供给价格弹性：

$\varepsilon_{sp} = \dfrac{dQ_s}{dp} \dfrac{p}{Q_s} = 50 \times \dfrac{14}{500} = 1.4$

（3）市场均衡时，

消费者剩余为：$CS = \dfrac{1}{2} \times 5 \times 500 = 1250$

生产者剩余为：$PS = \dfrac{1}{2} \times 10 \times 500 = 2500$

（4）$P_d = P_s + t = P_s + 1.2$

$Q_d = -100 (P_s + 1.2) + 1900$

$Q_s = 50P - 200$

$Q_d = -100 (P_s + 1.2) + 1900 = Q_s = 50P - 200$

可解得 $P_s = 13.2$，$P_d = P_s + 1.2 = 14.4$，$Q = 50P_s - 200 = 460$

（5）对于征收的 1.2 元税额，消费者承担 0.4 元，生产者承担 0.8 元

八、在毕业生招聘会上，我们经常看到一种现象：应聘者提供的简历和求职书越来越厚。请根据经济学的相关知识分析：应聘者采取这种行为的原因是什么？如果招聘单位不能确信求职书传递的信息，它将会做出怎样的反应？应聘者和招聘单位的策略选择将会形成怎么的结果？针对这种结果，市场管理者和应聘者可以采取哪些措施，提高招聘会的市场效率？

这是信息不对称引起的逆向选择问题。

信息不对称是指不同经济主体所掌握的信息不同，有些人比其他人拥有更多的相关信息。信息多的一方利用信息的优势获得利益。在

劳动力市场中，存在招聘方和应聘方，招聘方对应聘方的信息不了解。

在劳动力招聘市场，信息不对称会导致逆向选择。逆向选择是指在合同签署前，由于信息不对称，造成次品驱逐优品这样的选择行为。逆向选择是因为信息不对称所造成的市场失灵现象。

解决逆向选择的一个办法是发送信号。

具有信息优势的一方，主动地发送信号，来证明其产品是高质量的，如假一赔十，免费保修等，就是信号，表明其产品是高质量的。在劳动力市场上，应聘者发送信号证明自己是高质量的，因此，应聘者提供的简历和求职书越来越厚，大学校园也不断流行考证，参加各类竞赛获奖等，这些都是为了在就业市场上发送信号。

如果招聘单位不能确信求职书传递的信息，也就是说，信息不对称依然存在，应聘方可能是高素质的，值得高工资，假设是 10 000 元，也可能是低素质的，只值低工资，假设是 4 000 元。因为信息不对称，招聘方只能根据期望值给出薪金水平，假设高素质和低素质的可能性均为 1/2，那么当招聘单位给出的薪金水平为 7 000 元时，高素质的应聘者走了，低素质的应聘者欣然签约。结果是"劣币驱逐了良币"，是逆向选择。

若招聘方预期到只能招到低素质员工，要么是放弃招聘，则市场完全失败。要么是降低工资水平，那么上述选择过程重新上演，只会招到越来越差的员工，造成逆向选择。

因此，应聘者和招聘单位的策略选择将导致逆向选择，造成市场失灵。

针对这种结果，应聘方可以发送信号，以证明自己的能力，如文凭、考证、获奖等。按照斯宾塞的教育信号传递模型，教育程度是向雇主传递有关雇员能力的信号。例如重点大学的文凭，代表着高能力的信号，能考进重点大学，能从重点大学顺利毕业，本身就是一种能力。因此，有重点大学的文凭就能把他的能力与其他人区分开来，从而克服逆向选择问题。值得注意的是，发送信号必须是有成本的，而且两类人发送同样的信号的成本差异要足够大，这样的信号才是有效的。真正高质量的产品，发送免费维修信号的成本足够低，而低质量的产品，发送这样的信号的成本是很高的。高能力的人获得重点大学的文凭成本较低，而低能力的人获得重点大学的文凭，成本是巨大的，只有这样的信号才是有效的。

招聘方可以采用效率工资理论。面对信息不对称时，不是降低工资，而是提高工资。降低工资只会使受聘人员的质量越来越差。若提高工资的话，会吸引更多高质量的求职者，高质量求职者与低质量求职者之间的信号竞争，很容易就把低质量求职者筛选出去，高质量求职者之间的竞争，有利于招聘方招到更高质量人才。

招聘方也可以采用信号甄别理论，通过设计一种工资机制，让高质量和低质量的求职者主动显示出自己的类别，各就其位。高质量求职者不会选择低质量求职者对应的合同，而低质量求职者也不敢选择高质量求职者对应的合同，这样就可以把两者区分开来。

对于市场管理方，建立机制要求应聘方诚实守信，各就其位，如保证金制度、担保机制等，要求应聘方提供真实有效的信息，对欺骗行为进行惩罚等。

九、何谓生命周期的消费理论？据此分析人口老龄化对整个经济的储蓄率有什么影响？

美国经济学家莫迪利安尼提出生命周期理论。生命周期消费理论认为，人们会在生命周期内计划自己的消费开支，以达到在整个生命周期内实现消费的最佳配置。

一般说来，年轻人收入较低，消费较高，消费超过收入。随着他们进入壮年和中年，收入日益增加，收入会大于消费，不但偿还年轻时欠下的债务，还可以增加储蓄以备养老。等到年老退休，收入下降，消费又会超过收入，进入负储蓄阶段，也就是动用先前的储蓄来养老。

对一国来说，总的国民储蓄率取决于人口年龄结构及其变化，老年人口比重上升，国民储蓄率会随之降低。因为老年人收入下降，消费超过收入，多为负储蓄，这部分人越多，整个社会的储蓄率就会下降。壮年和中年的人口比例越多，整个社会的储蓄率就会增加。

十、举例说明什么是资本的边际效率？如何使用资本边际效率进行投资决策分析？

资本边际效率是一种贴现率，这种贴现率正好使一项资本物品的使用期内各期预期收益的现值之和等于这项资本品的供给价格（重置成本）。

假定某企业投资 30 000 元购买 1 台机器，这台机器的使用期限是 3 年，3 年后全部耗损。再假定把人工、原材料以及其他所有成本（如能源、灯光等，但利息和机器成本除外）扣除以后，各年的预期收益是 11 000 元、12 100 元和 13 310 元，这也是这笔投资在各年的预期毛收益，3 年合计为 36410 元。

如果贴现率是 10%，那么 3 年内全部预期收益 36 410 元的现值正好是 30 000 元，即 $11\ 000/(1+10\%) + 12\ 100/(1+10\%)^2 + 13\ 310/(1+10\%)^3 = 30\ 000$（元）。

由于这一贴现率（10%）使 3 年的全部预期收益（36 410 元）的现值（30 000 元）正好等于这项资本品（1 台机器）的供给价格（30 000 元），因此，这一贴现率就是资本边际效率（MEC）。

用公式表示为：

$$R_0 = R_1/(1+r) + R_2/(1+r)^2 + R_3/(1+r)^3 + \cdots + R_n/(1+r)^n + J/(1+r)^n$$

R_0 为供给价格，R_1，R_2，R_3，$\cdots$，R_n 为不同年份的预期收益，J 代表第 n 年末时的报废价值，r 就是资本边际效率。

如果 R_0，R_1，R_2，R_3，$\cdots$，R_n，J 都能估算出来，那么就能测算出资本边际效率。

只要资本边际效率大于市场利率，投资就是值得的，否则就不值得。

如果利率越低，资本的边际效率大于市场利率的可能性就越大，投资需求量也就越大。

资本的边际效率曲线如图所示，资本边际效率曲线反映的是利率和投资需求量之间关系，利率越高，投资需求量越小；利率越低，投资需求量越大，两者呈反向变化。

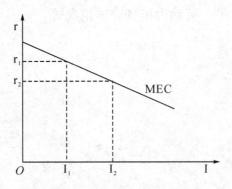

十一、给出一个关于自然失业率的定义，据此说明自然失业率的决定因素。

自然失业率为经济社会在正常情况下的失业率，它是劳动力市场处于供求稳定状态时的失业率，这里的稳定被认为是既不会造成通货膨胀也不会导致通货紧缩的状态。可见，自然失业率是充分就业下的失业率。由于人口结构的变化、技术的进步、人们的消费偏好改变等因素，社会上总会存在着摩擦性失业和结构性失业，因为摩擦性失业和结构性失业，自然失业率总为正。

设 N 代表劳动力，E 代表就业者人数，U 代表失业者人数，则 $N = E + U$，相应地，失业率为 U/N。l 代表离职率，即每个月失去自己工作的就业者比例，f 代表就职率，即每个月找到工作的失业者的比例。

因此，找到工作的人数是 fU，失去工作的人数是 lE，因此，劳动市场达到稳定状态的条件是 $fU = lE$。即 $fU = l(N - U)$。

解得 $U/N = l/(l + f)$

上式给出的失业率就是自然失业率，从中可以看出，决定自然失业率的因素是离职率和就职率。离职率越高，自然失业率越高；就职率越高，自然失业率越低。

影响就职率和离职率，进而影响自然失业率的因素包括以下一些：人口结构的变化、技术的进步、人们的消费偏好改变、产业升级、劳动力人口数量、劳动力就业偏好、经济增长速度、劳动生产率、资本有机构成、工资水平、劳动力市场完善情况等。

2011 年经济学综合（二）试题汇编及深度解析

一、辨析：以劳动力形式存在的流动资本，它的价值同原料、燃料和辅助材料等劳动对象的价值一样，都是一次性地转移到新产品中去。

此说法不正确。

流动资本是指以原料、燃料、辅助材料等劳动对象形式存在的和以劳动力形式存在的那部分生产资本。劳动力也是流动资本。

劳动对象的价值是一次全部转移到新产品中去，随着产品的出售一次收回，其物质要素在每次生产过程中全部消耗，因而每次生产过程都需要不断更新。

用于劳动力的资本以工资形式付给工人，工人用于购买消费品，因此，这部分价值并不像劳动对象这样的流动资本那样转移到新产品中去，而是在生产过程中由雇佣工人的活劳动重新创造出来。新创造出来的相当于劳动力价值的价值在商品出售之后，全部周转回到资本家手中。

因此，用于劳动力的资本是一次全部投入到生产过程，并随着商品的销售一次性全部收回，但不是转移的价值，而是新创造的价值。

二、实现产业资本正常循环的条件是什么？

产业资本正常循环，保持连续性，必须具备以下两个基本条件：

1. 产业资本的三种职能形式在空间上具有并存性

产业资本的三种职能形式要按合理的比例在空间上并存，同时存在货币资本、生产资本和商品资本三种职能形式。一部分货币资本用于购买生产资料和劳动力，一部分作为生产资本投入生产过程，一部分作为商品资本以商品的形式在流通。只有这样，资本的三种职能形式才能有序更替，产业资本的循环才不会中断。

2. 产业资本三种循环形式在时间上具有继起性

当一部分资本进行货币资本循环，从货币资本到生产资本转化时，另一部分资本必须进行生产资本的循环，从生产资本转化为商品资本，第三部分资本必须同时进行商品资本循环，从商品资本转化为货币资本。每一种资本形式必须同时顺次地通过资本循环的三个阶段，依次改变它们的形式，最后又回到原来的形式上。如果没有这种继起性，其中任何一种资本循环发生停顿都会使整个产业资本循环中断。

产业资本的三种职能形式的并存性和三种循环形式的继起性，是产业资本保持正常连续循环运动的必要条件，并存性和继起性是互为联系和互为条件的，没有并存性，就没有继起性。如果继起性受阻，并存性也无法实现。

三、简述我国当前的对外贸易发展战略。

对外贸易战略是一国或地区关于对外贸易的指导性思想。主要有进口替代战略、出口导向战略、混合型战略。

进口替代战略也就是内向型发展战略，主要是通过建立和发展本国工业体系，实现对进口工业品的替代，以达到消减进口、节约外汇、减少对国外依赖和发展本国工业的目的。

出口导向战略也就是外向型的发展战略，通过发挥国内的比较优势，鼓励出口，赚取外汇以弥补国内建设所需要的资金，从而促进经济的增长。

混合型对外贸易战略是指把进口替代战略和出口替代战略结合起来，最大限度地促进经济发展。

中国制定对外贸易战略应该遵循以下几个方面的原则：自由贸易与贸易保护良好结合；进口替代和出口导向良好结合；国内市场和国际市场良好结合。

中国对外贸易战略的演变大致有三个阶段：改革开放前的进口替代战略；有限开放时期的混合发展战略；全面开放时期的对外贸易战略。

改革开放前，我国对外贸易战略是一种比较单一的进口替代战略。举国强调自力更生，只有自己不能生产的才进口，而不是根据比较优势参与国际分工，发展对外贸易。

有限开放时期是指 1978—1992 年这段时期，这是改革开放的初期，仍以进口替代为主，逐渐向出口导向转变。1986 年，中国提出"复关"（关贸总协定）申请，为了适应关贸总协定所倡导的自由贸易原则，需要对进口替代战略进行调整。

邓小平同志南巡讲话和党的十四大确定了市场经济改革方向，中国改革开放进入全面开放时期，党的十四大确立了对外开放的目标，即"形成多层次、多渠道、全方位开放的格局"，并明确提出"继续深化外贸体制改革，尽快建立适应社会主义市场经济发展的，符合国际贸易规范的新型外贸体制"。

全面开放后，我国的对外贸易战略具体表现为：

（1）大经贸战略。以进出口贸易为基础，商品、资金、技术、服务相互渗透、协调发展，生产、科研、金融等部门共同参与的对外经贸发展战略。

（2）"内撑外开"型贸易战略。以国际比较优势为依据，以国内市场为依托，以适度保护为辅助，全面对外开放的贸易战略。

这一阶段，我国对外贸易遵循的具体战略包括：

出口导向战略，鼓励出口，发挥比较优势，特别是劳动力比较优势。

市场多元化战略，扩大对发达国家、新兴国家、周边国家、发展中国家等不同市场的出口，针对不同的国家和地区制定相应的出口政策。

以质取胜和品牌战略，加强出口商品的质量管理，以质取胜，重视品牌建设。

科技兴贸战略，提高我国高新技术产业的国际化水平，面向国际市场提高科研开发、技术创新、市场开拓的能力，提高出口产品升级和自主创新能力。

知识产权兴贸战略，发展创新型经济，鼓励知识创新、技术创新、制度创新，重视知识产权保护。

"走出去"战略，鼓励国内有优势的企业跨国经营，培育中国的跨国公司，开拓国际市场，利用境外资源，扩大和巩固中国在国际上的地位。

可持续发展战略，在对外贸易中，要考虑资源、环境、市场规模、人口规模等因素，符合可持续发展的战略要求。

在进口贸易战略中，主要提出积极引进先进的科学技术，适当提高高科技产品、设备和原材料在进口总额中的比重，大力发展技术贸易和服务贸易。

改革开放以来，我国的对外贸易战略主要延续以劳动力比较优势为基本特征、以出口导向为主要目的的战略。按照比较优势理论，中国作为一个世界上最大的发展中国家，劳动力丰富但资金稀缺，因此大力发展出口型经济，有利于发挥中国的比较优势，同时又能够通过引进外资、赚取外汇以弥补国内建设所需要的资金，从而促进经济的增长。实践证明，这种发展战略在过去是行之有效的，为中国的经济保持长期稳定的增长作出了巨大贡献。

但是强调劳动力成本优势和出口导向的对外贸易战略也存在诸多的问题和弊端。这集中体现在：一是对国内资源破坏严重；二是压制了劳动者工资福利水平的提高；三是引发了大量的贸易摩擦；四是以国外消费代替国内消费拉动经济增长，不但加大国内经济的不稳定性，也削弱了国内消费的扩张。过分依靠外需的发展方式也导致国民经济对外依赖性增强，经济波动性增大。总体而言，长期以来困扰中国的资金短缺的现象已经基本不存在。相反，在长期实行低利率政策和鼓励出口政策的刺激下，国内资金流动性泛滥和外汇储备规模过大同时出现。

因此，对于未来的对外贸易战略，要加快从劳动力比较优势向产业综合比较优势转变、出口导向型发展战略向综合平衡型发展战略转变，抛弃片面强调出口创汇、维持贸易顺差的做法，重视进出口基本平衡，重视通过对外贸易提高国内企业的自主创新能力和国际竞争力。

四、试用马克思社会资本再生产理论分析资本主义经济周期的发展与变化。

资本主义生产过程是劳动过程和价值增值过程的统一。从劳动过程的角度看，雇佣工人的具体劳动创造了具有一定使用价值的商品。从价值增值的角度看，雇佣工人的劳动，作为抽象劳动，形成了商品的新价值。雇佣工人创造的新价值，比他自身的劳动力的价值更大。由雇佣工人创造的被资本家无偿占有的超过劳动力价值的价值，就是剩余价值。剩余价值是雇佣工人剩余劳动的凝结，体现了资本家和雇佣工人之间剥削和被剥削的关系。

资本主义生产的实质就是剩余价值的生产，实现资本增值。资本的本性就是在不断的生产循环中获取剩余价值，实现价值增值。马克思指出：剩余价值的生产"是资本主义生产的直接目的和决定性动机"。剩余价值规律是资本主义的基本经济规律，资本主义的生产目的和动机是追求尽可能多的剩余价值。它决定着资本主义的一切主要方面和矛盾发展的全部过程；决定着资本主义生产的高涨和危机；决定着资本主义的发展和灭亡。

生产剩余价值的两种基本方法是绝对剩余价值生产和相对剩余价值生产。绝对剩余价值指在必要劳动时间不变的条件下，通过绝对延长工作日，从而绝对延长剩余劳动时间来生产出来的剩余价值。

绝对剩余价值生产受到工作日时间长度的限度制，又容易引起工人阶级的反抗，不能满足资本家追求更多剩余价值的贪欲。于是资本家采取相对剩余价值生产。相对剩余价值指在工作日长度不变的条件下，资本家通过缩短必要劳动时间，而相应延长剩余劳动时间，这种剩余价值生产方法叫相对剩余价值生产方法。

相对剩余价值的生产，是由必要劳动时间的缩短引起的，必须以全社会劳动生产率的提高为条件。

资本家对剩余价值无止境追求，把剩余价值转化为资本，实现资本积累。资本积累是扩大再生产的重要源泉，剩余价值是资本积累的唯一源泉。

随着资本积累，资本家可以扩大再生产，采用先进技术，资本有机构成不断提高，劳动生产率不断提高。资本积累会导致两个重要的社会经济后果，即相对人口过剩和平均利润率下降。

社会总资本中不变资本的比例不断提高，可变资料的比例不断下降。劳动力是可变资本的主要成分，总资本运动中，对劳动力的需要减少。劳动力需求由可变资本决定，而不是由总资本决定，即使总资本增长，可变资本也可能因为资本有机构成的提高而减少。这势必会造成资本对工人的需要相对地减少，这种人口过剩，不是绝对的，也不是自然的，而是因为超过资本增值需要而造成的，是相对的人口过剩。

另一方面，劳动力的供给情况也在发生变化。劳动力的供给日益增加：首先，随着技术的不断进步、机器的广泛使用，机器排挤出许多工人。其次，小生产者两极分化，大批农民和手工业者破产，加入了雇佣劳动者队伍。最后，随着资本主义竞争加剧，一部分中小资本家在竞争中破产沦为无产者，也加入到雇佣劳动者队伍中来。随着资本积累的发展和资本有机构成不断提高，一方面造成资本对劳动力的需求相对减少，另一方面造成劳动力供给的不断增加，必然形成大量相对过剩人口。相对过剩人口是资本主义积累的必然产物。

在其他条件相同的情况下，在剩余价值（率）不变时，资本有机构成的提高必然导致平均利润率下降。利润率下降，大量资本可能闲置，表现为资本过剩，所谓资本过剩，实质上是指利润率下降，不能由利润量的增加来抵消的那部分资本。

随着资本积累，资本有机构成不断提高。剩余价值生产与剩余价值的实现之间存在内在的矛盾。一方面，个别企业内部生产的有组织性和整个社会生产无政府状态之间存在矛盾。由于资本总量中劳动力资本部分比重不断减少，社会总资本两大部类再生产之间的比例关系遭到破坏，两大部类之间的不平衡使得生产过剩的危机时刻存在。另一方面，相对过剩的人口限制了社会的消费力，大规模的生产受到消费需求的限制，生产无限扩大的趋势和劳动人民有支付能力的需求相对缩小之间存在内在的矛盾，也就是生产与市场需求之间的矛盾或生产与消费之间的矛盾，这使得生产过剩的风险时刻存在。

为了追求剩余价值，资本家不断积累，资本有机构成不断提高，结果是劳动者有支付能力的需求落后于整个社会生产的增长，生产和需求的这种矛盾发展到一定程度，就会导致生产普遍过剩的经济危机。经济危机既是资本主义基本矛盾的必然产物，又是这一矛盾得以强制性缓解的方式。

经济危机是周期性的，从一次危机到下一次危机表现为经济周期，一个经济周期一般包括危机、萧条、复苏和高涨四个阶段。马克思认为，资本主义经济危机周期性爆发的根源是资本主义的基本矛盾。而固定资本更新是经济危机具有周期性的物质基础。

固定资本的大规模更新为暂时摆脱危机，促进复苏和高涨的到来准备物质条件。资本家为了追求无止境的剩余价值，在危机的时候，开始新一轮的固定资本投资，对原有设备进行技术改造，引进更高技术水平的设备，扩大投资可以摆脱危机。

固定资本的大规模更新，在推动生产增长的同时，又为下一次危机的到来准备了物质条件。因为固定资本的大规模更新又会加剧资本主义的基本矛盾，如提高生产社会化，提高资本有机构成，增加相对过剩人口等。

五、你如何看待国企的退出与产权改革？试析国有企业产权改革的历程、面临的主要问题和改革方向。

传统体制下的国有企业，既无明晰的产权，又不能自主经营、自负盈亏，显然是不能适应市场经济的要求的。过去的国有企业长期以来暴露出激励不足、效率低下、资源浪费等问题。因此，明晰国有产权主体，建立并强化其自主经营、自负盈亏的权责机制，使其成为真正能够参与市场竞争的微观经济主体，就是国有企业改革的基本取向。

过去相当长的时期内，存在一个误区，即把实行国有制、扩大国有经济和不断拓展国有企业的分布范围视为社会主义经济发展的主要标志。

党的十五大在总结过去经验教训的基础上，明确了社会主义市场经济中国有制及国有企业的地位和基本功能，在社会主义市场经济发展中，国有经济必须起主导作用，但国有经济起主导作用，主要体现在控制力上。对关系国民经济命脉的重要产业和关键领域，国有经济必须占支配地位，在此前提下，国有经济比重可以减少一些。要着眼搞好整个国民经济，抓好大的，放活小的，对国有企业进行战略性改组。

针对我国国有经济规模过大，分布过宽，整体素质不高，资源配置不尽合理的状况，党的十五届四中全会提出：必须对国有经济布局进行战略性调整，"坚持有进有退，有所为有所不为"。国有企业从那些不关系国民经济命脉的重要产业和关键领域中退出，从竞争性领域退出，国企退出和国企数量减少，可以实现国有经济分布优化和整体素质提高。

国有企业因为产权不明晰导致天生的激励不足、效率低下，在许多行业，国有企业的经济效益明显低于其他非国有企业。因此，为了搞好整个国民经济，必须坚持有进有退、有所为有所不为的原则，抓大放小，有进有退，该退出的退出，该淘汰的淘汰，战略性调整中构筑和发挥国有经济的新优势。

国有企业最大的问题是产权不清。国有企业的所有权在《宪法》中明确规定为全体人民所有，采取国家所有制的形式，但具体由谁承担责任，在实际经济运行中是不具体、不确定的。产权主体不确定，就不能明确责、权、利。作为市场经济微观基础的企业，应该是面向市场自主经营、自负盈亏、自我约束、自我发展的商品生产者和经营者。

国有企业所有者缺位，责、权、利不明确，这会造成很多问题，如缺失激励，软预算约束，政企不分，内部人控制，没有自主性，政府干预又不承担实质责任，市场反应缓慢，自我约束不够，盈亏都由政府负责，没有一个受法律保护的、清晰的投资主体享有财产收益或承担投资风险。

通过产权改革，明晰国有企业的产权主体，才能使国有企业转变为市场经济中自负盈亏、自主经营、自我发展、自我约束的经济主体。党的十六大明确了产权是企业改革的主要问题，十六届三中全会进一步提出产权是所有制的核心和主要内容，建立现代产权制度，是建立完善的社会主义市场经济体制的重要内容，是坚持和完善基本经济制度的内在要求。

国有企业产权改革的历程大体包括以下几个阶段：

第一阶段：放权让利阶段（1979—1983年）。

第二阶段：利改税，拨改贷，进一步扩大企业自主权阶段（1983—1985年）。

第三阶段：基于两权分离理论上的承包经营责任制推行阶段（1985—1992年）。

第四阶段：建立现代企业制度阶段（1993年至今）。

建立现代企业制度的目标是要通过产权结构的改造，使国有企业成为"产权清晰，权责明确，政企分开，管理科学"的现代企业。

现阶段来看，我国国有企业面临以下几个方面的问题，理论界以及公共舆论对此广泛关注。

1. 所有者缺位、造成内部人控制

国有企业名义上是全民所有，实际上这些全民所有者没有承担所有者责任，也不直接分享企业收益。结果造成所有者缺位，由管理者实际控制国有资产，所有权和经营权分离，而且所有者无法监管内部控制人。内部人滋生道德风险行为，国有资产流失、浪费、腐败、成本控制激励不够、过高职务消费等。

2. 软预算约束问题没有得到有效解决

国有企业亏损时，经常向政府申请财政补贴，造成软预算约束，也就是说，国有企业盈利时，利润是自己的，而亏损时，政府财政为其兜底。管理者干得好，吹功劳，拿重赏，干得不好，却不要承担责任，这会造成国有企业激励缺失，不可避免地造成低效率。

3. 国有企业因市场准入限制而导致的过度垄断问题

石油、石化、电信、电网、发电、钢铁、造船、航天、军工、铁路、公路、水利、供水、供气、供热、地铁、银行、保险等领域，垄断特征非常明显。垄断阻碍市场竞争而导致福利损失，如何解决好这种垄断局面值得研究。

4. 垄断暴利的存在使得国有企业与其他一般性行业存在巨大的收入差距

这一问题近年来民众反应越来越强烈，国企高官的巨额薪酬以及国企员工的高收入，已经让广大民众质疑其合理性。在国企内部，管理者强势与劳动者弱势，管理者与普通劳动者之间也存在收入分配上的巨大差距。这是引发社会不稳定的潜在因素。

5. 国有企业存在上缴红利比例过低

我国国有企业上缴利润的最高比例只有15%，这预示着国有企业85%的红利留存在企业。烟草、石化、电力、电信、银行等行业因垄断而获取巨额利润是事实，他们上交红利比例过低，导致企业过于富裕，成本节约和效率激励不足。

6. 除了垄断型国有企业，其他国企的经营绩效低下

这是国有企业的老问题，所有者缺位，内部人道德风险，激励机

制不够。垄断行业凭关系国计民生的天然优势以及垄断高价，可以获得很好的财务绩效，但除了少数几家垄断型国企之外，其他国企效益低下，盈利水平差。

7. 国有企业的经营界限混乱

国有企业凭借其融资能力，涉及一些竞争性领域，造成市场主体混乱的问题。

8. 国有资产流失问题

企业内部人或政府官员通过暗箱操作、损公肥私，在国有资产处置时以低价评估造成国有资产流失。

9. 债务负担沉重

一些国有企业债务负担沉重，银行贷款风险加大。

对于上述问题，我们提出以下解决办法，作为未来国有企业改革的方向性建议：

（1）为解决或减轻所有者缺位问题，可以深化国有资产管理体制改革，建立有效的国有资产管理体系。建立现代企业制度，构架法人治理结构，实现国有企业投资主体多元化，优化国有企业内部治理主体，形成相对分散、均衡的股权结构，解决一股独大的问题。

（2）发展股份制对于国有企业转换经营机制，成为独立的法人实体和真正的市场主体有着巨大的推动作用，通过发展公有资本参股或控股的股份制企业，可以建立现代企业制度，有利于所有权和经营权分离，有利于政企分离，有利于改善公司治理和提高资本的运作效率。

（3）对国有企业进行严格的预算约束，使国有企业成为真正自负盈亏的经营主体，对亏损的国有企业，要有破产机制或启动并购、重组机制。

（4）对国有企业的垄断问题，可放开民营资本进入，使民营资本参与经营某些环节。对垄断行为，要有管制，对严重的垄断案例，可启动反垄断诉讼程序。

（5）对于国有企业造成的收入差距，要规制国企高管的薪酬水平和国企员工的收入水平，收入与国企的绩效挂钩，也要考虑到国民收入的实际国情，遏制过高收入。

（6）提高国有企业上缴红利比例，至少要提高到科学、合理的水平。

（7）对于绩效低下的国有企业，可依法实施破产、兼并或重担。

（8）国有企业应该界定经营范围，国有企业只经营公共领域和国计民生领域。

（9）国有资产流失问题事实上是一个产权不清的问题，导致监管的激励不足。改革国有资产管理机制，明确管理责任，推行股份制，建立现代企业制度可缓解国有资产流失问题。

（10）一些国企债务负担沉重，有软预算的因素，也与产权不清楚有关，内部人投资冲动。因此，必须明晰产权、执行硬预算约束，甚至推行经营责任制。

六、与自己家里的藏书相比，图书馆的藏书更容易损坏。请运用相关知识解释这种现象产生的原因，并提出相应的解决思路。

"公地的悲剧"在图书馆的书中也会上演。只要是公共资源，就会发生公地的悲剧。曼昆的《经济学原理》讲了一个有趣的例子，野牛都被杀光了，但私人养的黄牛多的是。

图书馆的书籍是公共资源，没有排他性，但具有竞争性。因为不具有排他性，每个人都可以无成本地使用。但具有竞争性，意味着个人的使用，会带来负的外部性，负外部性的实质是个人决策的产量超过社会最优的产量。在这里，这意味着图书会被过度使用，造成破损。图书馆书籍的破坏所带来的损失和维护产生的成本不需要个人承担，而使用图书的收益归自己享有，这会激励个体过度消耗这些资源。

私人的书具有排他性。能排除他人使用，因此，书的使用频率减少。主人在使用私人物品时，收益和成本都属于自己，不存在外部性的问题，因为破损带来的损失和维护成本将完全由本人承担，因此，本人会爱惜保护好自己的图书。

公地的悲剧的解决方法有几种：建立排他性产权，如私有化；设置保养期，如公海的休渔期；外部性内在化，对损害书本的行为罚款；管制数量，发放使用许可证等。图书馆藏书的维护也适用上述方法。

七、中国有句古话："鹬蚌相争，渔翁得利"，它表明鹬蚌双方为了自己的利益相互争斗时，双方的利益并没变好，反而变差了。请运用博弈论进行解释，并举出一例现实生活中的例子。

这是"囚徒困境"的例子。比喻两个人或两股势力相争斗，两败俱伤，第三者不费吹灰之力，从两者身上得到好处。

"鹬蚌相争"的博弈标准式如下所示：

河蚌

		争	不争
鹬	争	（-3，-3）	（1，-5）
	不争	（-5，1）	（0，0）

唯一的纳什均衡是（争，争），这是个体理性选择的结果。

但是，个体的理性选择不符合集体理性。因为对于集体来说，（争，争）这个策略组合的收益-6不如（不争，不争）这个策略组合，后者的收益为0。

在（争，争）这个策略组合下，鹬、蚌的收益均为-3，唯一获益的是渔翁。

举例：寡头之间的价格战，就是"鹬蚌相争，渔翁得利"，两厂商进行价格战，双方都受损，受益的是消费者。

厂商2

		价格战	不价格战
厂商1	价格战	(-3, -3)	(1, -5)
	不价格战	(-5, 1)	(0, 0)

纳什均衡是（价格战，价格战），两厂商陷入了"囚徒困境"。

八、在劳动市场上，求职者通过提供简历和求职书来发出信号，争取获得招聘单位的职位，如果招聘单位不能确信这种信号的真实性，这将会导致什么现象？招聘单位和求职者应该分别采取哪些措施来改善这种状况？

这是信息不对称引起的逆向选择问题。

信息不对称是指不同经济主体所掌握的信息不同，有些人比其他人拥有更多的相关信息。信息多的一方利用信息的优势获得利益。在劳动力市场中，存在招聘方和应聘方，招聘方对应聘方的信息不了解。

在劳动力招聘市场，信息不对称会导致逆向选择。逆向选择是指在合同签署前，由于信息不对称，造成次品驱逐优品的选择行为。逆向选择是因为信息不对称而造成的市场失灵现象。

解决逆向选择的一个办法是发送信号。

具有信息优势的一方，主动地发送信号，来证明自身是高质量的，像假一赔十，免费保修等，就是信号，表明自身是高质量的。在劳动力市场上，应聘者发送信号证明自己是高质量的，因此，应聘者提供的简历和求职书越来越厚，大学校园也不断流行考证，参加各类竞赛获奖等，这些都是为了在就业市场上发送信号。

如果招聘单位不能确信求职书传递的信息，也就是说，信息不对称依然存在，应聘方可能是高素质的，值得高工资，假设是 10 000 元，也可能是低素质的，只值低工资，假设是 4 000 元。因为信息不对称，招聘方只能根据期望值给出薪金水平，假设高素质和低素质的可能性均为 1/2，那么期望薪金水平为 7 000 元，这样的话，高素质的应聘者走了，低素质的应聘者欣然签约。结果是"劣币驱逐了良币"，这便导致了逆向选择。

若招聘方预期到只能招到低素质员工，要么是放弃招聘，则市场完全失败。要么是降低工资水平，那么上述选择过程重新上演，只会招到越来越差的员工，导致逆向选择。

因此，应聘者和招聘单位的策略选择将导致逆向选择，造成市场失灵。

针对这种结果，应聘方可以发送信号，以证明自己的能力，如文凭、考证、获奖等。按照斯宾塞的教育信号传递模型，教育程度向雇主传递有关雇员能力的信号。例如，重点大学的文凭，代表着高能力的信号，能考进重点大学，能从重点大学顺利毕业，本身就是一种能力。因此，有重点大学的文凭就能把他的能力与其他人区分开来，从而克服逆向选择问题。值得注意的是，发送信号必须是有成本的，而且两类人发送同样的信号的成本差异要足够大，这样的信号才是有效的。真正高质量的产品，发送免费维修信号的成本足够低，而低质量的产品，发送这样的信号的成本是很高的。高能力的人获得重点大学的文凭成本较低，而低能力的人获得重点大学的文凭，成本是巨大的，只有这样的信号才是有效的。

招聘方可以采用效率工资理论。面对信息不对称时，不是降低工资，而是提高工资。降低工资只会使受聘人员的质量越来越差。若提高工资的话，会吸引更多高质量的求职者，高质量求职者与低质量求职者之间的信号竞争，很容易就把低质量求职者筛选出去，高质量求职者之间的竞争，有利于招聘方招到更高质量人才。

招聘方也可以采用信号甄别理论，通过设计一种工资机制，让高质量和低质量的求职者主动显示出自己的类别，各就其位。高质量求职者不会选择低质量求职者对应的合同，而低质量求职者也不敢选择高质量求职者对应的合同，这样就可以把两者区分开来。

九、什么是 CPI？说明 CPI 的构造步骤，并分析 CPI 和 GDP 平减指数的差别。

CPI 是消费者物价指数。是根据居民消费的产品及劳务价格统计出来的物价变动指标。通常作为通货膨胀水平的考察指标。

要构造 CPI，一般分成以下几个步骤：

（1）固定消费篮子，要包括最重要的消费品，以及赋予恰当的权重。

（2）获得消费篮子中每种物品或劳动在各个时点的当时价格。

（3）计算这一消费篮子的费用，根据当时的价格乘以数量计算得到。

（4）选择一个时点作为基期，如选择某年作为基年。

（5）计算消费者物价指数 CPI：

CPI =（固定篮子的当期价值/固定篮子的基期价值）×100

GDP 平减指数也可反映物品和劳务的价格水平：

GDP 平减指数 =（名义 GDP/实际 GDP）×100

名义 GDP 是按现期价格计算得到的 GDP，实际 GDP 是按基年价格计算得到的 GDP。GDP 平减指数反映了相对于基年物价水平的现期物价水平。

GDP 平减指数与消费者物价指数 CPI 主要有两个差别：

第一个差别：GDP 平减指数反映了国内生产的所有物品和劳动的价格，而 CPI 反映的是消费者购买的物品和劳动的价格。例如飞机生产商生产的飞机售给军方，价格上升了，反映在 GDP 平减指数中物价上升了，但 CPI 没有上升。国内购买国外的汽车，价格上升了，这时，CPI 会上升，但没有反映在 GDP 平减指数中。

第二个差别：CPI 的篮子是比较固定的，而 GDP 平减指数的物品和劳动组合自动随着时间的变化而变化。

十、在凯恩斯的消费函数中，消费倾向是决定家庭消费水平的重要变量。（1）证明当消费函数是线性时，边际消费倾向 MPC 小于平均消费倾向 APC。（2）画图并解释随着收入的增加，平均消费倾向逐渐趋近于边际消费倾向。

MPC 是边际消费倾向，APC 是平均消费倾向。

对于线性消费函数 $c = b + ky$

则 $MPC = dc/dy = k$

$APC = (b + ky)/y = k + b/y$

因此 $APC > MPC$

由 $APC = k + b/y$

当收入 y 不断增加时，b/y 不断减小，y 趋于无穷大时，b/y 趋于零，即 APC 趋近于 k，所以，APC 随着收入的不断增加而趋于 MPC。如图所示。

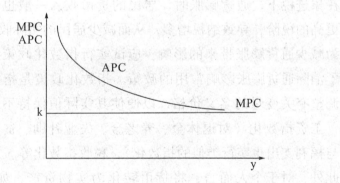

十一、通货膨胀主要通过哪些途径影响居民的实际收入？你认为居民可以通过哪些方法来减少通货膨胀的损失。

实际收入 = 名义收入/物价水平，若名义收入不变，通货膨胀时，物价上涨，导致居民实际收入减少。通货膨胀相当于征收一种通胀税，物价上涨时，钱包里的钱就没那么值钱了，通胀税是一种向每个持有货币的人征收的税。

若名义收入随着通胀而同步增加，那么实际收入并不会发生变化。虽然买的商品和劳务涨价，但卖的商品和劳务也会同步上涨，消费者通常出售劳务而获得收入，这种情况下，通货膨胀并不改变实际变量，犹如货币中性理论给出的那样。

通货膨胀时，若名义工资刚性，购买的商品和劳务价格上涨，则实际收入会下降。

通货膨胀时，若名义工资可迅速调整，而商品和劳务价格存在刚性，则实际收入反而会增加。

通货膨胀时，若名义工资和购买的商品和劳务价格同步上涨，则实际收入不变。

但是，通货膨胀时，会造成皮鞋成本、菜单成本等，使居民的实际收入减少。

通货膨胀会影响到财富的再分配。未预期到的通货膨胀对债权人不利，对债务人有利。同理，未预期到的通货膨胀对储蓄者不利。

在累进税下，通货膨胀时，居民的货币收入一般也会提高，可能进入更高的税阶，导致纳税增多，从而减少居民的实际收入。

为减少通货膨胀带来的影响，应试实行指数化政策，指数化政策是为了消除通货膨胀影响常用的政策。指数化政策是指按通货膨胀指数来调整有关变量的名义价格，以便使其实际值保持不变。如利率指数化，工资指数化（对退休金、养老金、失业补助、贫困补助等社会保险与福利支出也实行类似的指数化），税收指数化等。

此外，对于个人而言，将货币转化为实物资产，如房产、黄金、粮食等，也可一定程度上减轻通货膨胀的影响。把资金存入银行，购买有价证券等，在通货膨胀时，也能一定程度上减轻通胀的影响。

2012 年经济学综合（一）试题汇编及深度解析

一、辨析：资本不是物，它是以物的形式反映的生产关系。

此说法正确。

马克思在《资本论》第 1 卷的最后一章揭示了资本的本质："资本不是一种物，而是一种以物为媒介的人和人之间的社会关系。"

资本是能够带来价值增值的价值。在物质形态上，资本可以表现为生产经营过程的一切要素，如生产资料、劳动力等，但资本的本质是价值增值，资本是带来剩余价值的价值，而剩余价值是生产过程中由雇佣工人的剩余劳动创造的。资本的唯一目的和动机就是获取尽可能多的剩余价值，体现资本家剥削雇佣工人的社会关系。上述物质形态只是资本获得剩余价值的物质承担者。

资本在形式上表现为一定数量的货币和生产资料，但货币和生产资料本身并不是资本，只有在劳动力成为商品的前提下，货币和生产资料被资本家用来作为剥削雇佣工人的手段时，才转化为资本。离开这种生产关系，货币和生产资料都不能成为资本。作为资本，它必须投入到社会经济体系中，参与社会生产或经营，才能体现其增值的特性。在这种意义上说，资本不是普通的物，普通的物也不一定是资本。

马克思指出资本的现象形态（如货币和物质资料）掩盖着它的本质，资本表现为一定的物，如原料、机器、设备、房屋等，这会使人们误认为这些物天然是资本，将物的自然属性与物在一定经济条件下体现的生产关系混同，但实际上这些物成为资本，不是由于它们用于生产一定的使用价值，而是由于它们是吸收雇佣工人剩余劳动的手段。

所以，资本不是物，而是一定的、社会的、历史的社会形态的生产关系，是通过物体现出来的资本家与雇佣劳动者之间的剥削与被剥削的生产关系，是一个历史的范畴。现代经济的发展，资本的领域早已突破物质形态，无形资本、虚拟资本、智力资本等形式广泛存在。

我们对资本的定义必须考虑它的社会性，不同社会经济制度下的资本反映不同的社会生产关系，这是资本的特殊属性。

二、为什么说社会总资本再生产的核心问题是社会总产品的实现。

社会总资本连续不断的运动，不仅需要价值补偿，而且需要物质补偿，社会总产品和服务的各个组成部分经过流通，进入消费，在价值上得到补偿，在使用价值上得到替换，这就是社会总产品的实现。

社会总产品的实现是在市场上完成的，是社会总资本再生产的核心问题。

（1）社会总资本再生产反映了资本的现实运动，而资本从商品形态向货币形态转化，是资本运动之"惊险的跳跃"。它表明既有生产过程能顺利完成，也表明下一个生产过程能否正常开始。如是社会总产品能够通过交换实现其价值，就意味着社会生产所耗费的资本能够在价值上得到相应的补偿，社会总资本的周转又回到原来的出发点，可以重新购买生产要素，开始新一轮再生产。否则，如果社会总产品不能顺利地销售，所耗费的资本就不能得到价值补偿，社会再生产就不能再次进行。

（2）社会再生产的进行，不仅要求生产中所耗费的资本在价值上得到补偿，而且要求所耗费的物质资料得到实物的替换。就是说，用实现的价值重新购买生产资料，满足社会再生产的需要。物质资料的补偿不仅要满足总量补偿和替换，而且还存在内部结构问题。

因此，社会总产品的实现包括了价值补偿和物质补偿，既包括总量补偿，也包括结构性补偿。所有这些补偿和替换过程就是社会总产出在价值和物质形态上得到实现的过程。社会总产品的实现是社会再生产循环下去的前提和基础，因而是社会总资本再生产的核心问题。

三、近年来，我国出台了诸如"家电下乡、汽车下乡、摩托车下乡"等一系列刺激农村消费的政策，结合实际，说明出台这些政策的背景和意义。

"家电下乡、汽车下乡、摩托车下乡"是国务院及相关部门作出的对农村地区购买家电、汽车和摩托车进行财政补贴的系列政策。是我国财政政策和贸易政策的创新突破，是实现惠农强农目标的需要，以激活农民购买能力，扩大农村消费，积极扩大内需的重要举措。

出台这些政策的背景大致有以下几个方面：

（1）长期困扰我国的内需不足，产能过剩的局面，限制了经济的持续增长。中国经济增长的瓶颈是内需不足，多年来中国一直在设法提高内需，使内需能够拉动中国经济持续增长。因此，扩大内需几乎是中国经济界使用频率最高的词之一。中国政府提出家电下乡、汽车下乡、摩托车下乡、家电以旧换新、汽车消费税减半等措施，就是为了刺激消费，扩大内需，保持经济增长。

（2）我国消费占国内生产总值的比重长期偏比，还呈现下降的趋势。居民消费在 2007 年仅占国内生产总值的 35% 左右，有经济学家预计消费占国内生产总值的比例将进一步下降。在发达国家，消费占国内生产总值的比重是 60% 左右。中国的经济增长主要靠投资拉动，但投资会扩大产能，没有消费的支撑，无疑将制约经济的可持续增长，甚至会滋生新一轮的产能过剩。

（3）美国次贷危机引发的全球金融危机造成全球性经济衰退。中国也遭受很大的冲击，出口受阻，内需不足。国内出台了 4 万亿的扩张性财政政策，家电下乡、汽车下乡、摩托车下乡、家电以旧换新、汽车消费税减半等政策正是在此背景下出台的。

（4）中国农村地区的消费亟待升级，农村地区的生活水平偏低，城乡差距显著，新农村建设要求农村焕发新面貌，但农村地区的消费动力不足，消费潜力长期没有挖掘。

全国范围内推广家电下乡、汽车下乡、摩托车下乡等政策对于扩大内需、保持经济平稳较快增长具有重要意义：

（1）刺激农村消费，激发农村地区的消费潜力。国家财政补贴间接地降低了产品的价格，会刺激这些产品的需求。把农村潜在的巨大消费需求转化为现实购买力，为我国强大的生产能力提供有力支撑，为国民经济持续平衡增长提供持久拉动力。

（2）扩大内需，稳定经济增长。在全球金融危机背景下，家电下乡、汽车下乡、摩托车下乡可扩大内需，有利于解决这些行业的产能过剩，有利于企业调整产品结构、促进行业健康发展。

（3）有利于改善民生。贯彻国家工业反哺农业、城市支持农村的方针，逐步缩小城乡发展差距，实现农村经济社会全面发展。

（4）有利于完善面向农村的生产和流通服务体系。通过发挥财政资金的杠杆作用，引导更多的企业关注农村市场，不断建立和完善面向农村的生产、流通和售后服务网络，改变长期形成的单一供给结构。

四、简述我国社会保险制度的内容及其基本特征。

社会保险制度是由国家通过法律手段对社会全体劳动者强制征缴保险基金，用以对其中丧失劳动能力或失去劳动机会的成员提供基本生活保障的一种社会保障制度。社会保险由养老保险、失业保险、医疗保险、工伤保险与生育保险组成。

社会保险包含以下几个方面：

（1）社会保险是一种社会政策，是在国家法律或法令保证下实施的，为达到既定社会目标的一种强制性措施。

（2）社会保险是劳动者的一种权利，是由国家法律保证实施的。在履行缴纳保险费的义务之后，每一个社会成员都有享用社会保险来保障个人及其家属的基本生活的权利。

（3）社会保险是一种有效的经济补偿手段，它通过所有成员的互助共济实现对少数遇险成员的收入损失补偿，使遇险成员的经济损失降到最低程度。

（4）社会保险作为现代社会保障体系的一部分，还体现了由国家根据全体社会劳动者的共同需求，采取保险的形式对个人收入实行调节，是一种特殊性质的个人消费品的再分配形式。

社会保险具有强制性、保障性、普遍性、互济性、福利性五个基本特征：

（1）强制性。社会保险是由国家通过立法形式强制实施的一种保障制度。

（2）保障性。在履行缴纳保险费的义务之后，每一个社会成员都有享用社会保险，保障个人及其家属基本生活的权利。

（3）普遍性。社会保险覆盖范围广泛，合法公民都可享受社会保险服务。

（4）互济性。社会保险是按照社会成员共担风险的原理组织实施的，社会保险基金的使用体现"大家为一人"的互助共济原则。

（5）福利性。在出现困难的时候，社会保险可提高当事人的收入，助其渡过难关。

五、试述相对剩余价值理论并说明劳动力价值降低与名义工资和实际工资提高同时存在的原因。

相对剩余价值指在工作日长度不变的条件下，资本家通过缩短必要劳动时间，而相应延长剩余劳动时间，这种剩余价值生产方法叫相对剩余价值生产方法。

相对剩余价值的生产，是由必要劳动时间的缩短引起的，必须以全社会劳动生产率的提高为条件。现实经济运行中，劳动生产率的提高总是从单个企业开始的。单个企业提高劳动生产率，个别劳动时间低于社会必要劳动时间，个别价值低于社会价值，但仍按社会价值出售，因而产生超额剩余价值。超额剩余价值是暂时的，为了追求超额剩余价值，资本家之间会激烈竞争，竞相采用新技术，部门的平均劳动生产率提高，生产该种商品的社会必要劳动时间降低，原来的先进生产条件变为平均的生产条件，个别价值和社会价值的差额消失，超额剩余价值消失，整个生产普遍获得相对剩余价值。

追求超额剩余价值是单个资本主义企业改进生产技术，提高劳动生产率的直接动机。而单个资本家追求超额剩余价值的结果，却形成了相对剩余价值。超额剩余价值是个别资本家首先采用先进技术，提高劳动生产率的结果，而相对剩余价值则是全社会资本主义企业普遍提高劳动生产率的结果。

相对剩余价值的生产导致劳动力价值降低，原因在于，相对剩余价值生产，是由于社会劳动生产率普遍提高，必要劳动时间的缩短引起的。必要劳动时间是再生产劳动力价值的时间，要缩短必要劳动时间就要降低劳动力的价值。劳动力价值由维持工人及其家属生活所必需的生活资料的价值所构成，这些生活资料的价值与生产它的劳动生产率成反比。要降低生活资料价值就必然提高这些生产部门的劳动生产率，同时，生活资料的价值中包括生产资料转移的价值，这些生产资料部门的劳动生产率提高了，也会降低生活资料的价值。因此，相对剩余价值的生产由于社会劳动生产率提高，降低了劳动力的价值。

名义工资和实际工资提高，原因在于劳动生产率提高。相对剩余价值的生产是以全社会劳动生产率的提高为条件。劳动生产率提高，说明单位在职工人在既定的时间生产出更多的产出，因此工资提高。技术进步，劳动者的培训费用大大增加，工资水平理应提高。工人阶级长期斗争，使的工人的工资或社会保险和社会福利增加。

六、试述价格机制在资源配置中的作用。联系我国现阶段的实际情况，就如何充分发挥价格机制在资源配置中的基础性作用谈谈你的看法。

资源是稀缺的，而欲望是无穷的，无限的欲望和稀缺的资源之间面临矛盾，经济主体需要有效地配置资源。资源配置的方式有很多，如计划，市场等。市场机制被证明是一种成功的资源配置方式。

价格机制是市场机制中的基本机制。所谓价格机制，是指在市场运行中，与市场供给和市场需求紧密联系而形成的价格形成机制和价格调节机制。商品市场的供给和需求共同形成均衡价格。市场价格调节消费者和生产者的行为。

商品市场上，需求和供给两个方面共同决定商品的价格，市场内在的力量会使市场运行实现市场均衡，形成均衡价格。若供给大于需求，产品过剩，供给方为了多售出产品，会降低价格，直到需求和供给相等为止。相反，若需求大于供给，产品短缺，需求方愿意增加价格以购买到所需商品，价格就会上升，直到需求和供给相等为止。市场内在的力量会形成均衡价格。

价格会调节市场经济主体的行为，价格上升，需求方会减少需求，供给方会增加供给，价格下降，需求方会增加需求，供给方会减少供给。价格涨落是社会资源流向的"导航仪"，价格就像"看不见的手"协调生产者和消费者的行为，在每个经济追求利益最大化的同时，也让全社会实现合意的结果。

消费者追求效用最大化，即 $\max U(X_1, X_2)$，约束条件是 $P_1X_1 + P_2X_2 = M$，求解效用最大化，得消费者均衡 $X_1(P_1, P_2, M)$，$X_2(P_1, P_2, M)$，消费者对资源的最优配置受价格因素的影响，价格作为一种非人格化参数，起到信号的作用，价格作为核心变量调节消费者的行为。商品的价格上升，需求量会减少，价格减少，需求量会增加。

对于生产者追求利润最大化，即 $\max Pf(L, K) - wL - rk$，求解利润最大化，得生产者对劳动力和资本的最优配置 $L(P, w, r)$，$K(P, w, r)$。同样，生产者对资源的最优配置受价格因素的影响，价格作为非人格化参数，起到信号的作用，调节生产者行为。某种生产要素的价格上升，需求量会减少，价格减少，需求量会增加。产品的供给 $f(L(P, w, r), K(P, w, r))$ 也受价格的影响。

价格机制通过对消费者和生产者的引导，能解决社会生产什么、生产多少，消费什么、消费多少的问题。①传递信息。价格以其自身变动的方向和幅度，传递市场商品供销等经济信息，有利于提高决策的效率。②调节资源配置。价格高低，影响供求，引导生产与消费，因而调节资源的合理配置。③调节收入。价格高低决定生产者、消费者的经济利益，是调节收入分配的尺度。④价格是竞争的有力工具，实现优胜劣汰。⑤价格机制推动科学技术和经营管理创新，促进劳动生产率提高。⑥价格也是国家进行宏观调控的重要依据。国家从各种商品的价格变动信息中，了解商品的供求状况，从而从宏观调控和产业政策上干预市场活动，以避免市场自发调节所引发的巨大经济波动。

充分发挥价格机制在资源配置中的基础性作用要注意以下三个方面：

（1）建立主要由市场形成价格的机制，市场供求关系形成商品价格，这是发挥市场对资源配置起基础性作用的关键。市场均衡价格反映真实的信息。政府制定的价格不能反映真实的信息。应减少政府对价格的干预。政府对价格的管制不但会造成市场过剩或市场短缺，而且会造成福利的损失。管制型价格不能使价格及时地随着商品价值和供求关系的变化而变化，使价格信号失真。因此，价格机制充分发挥作用的关键是放活价格，使其随商品供求的变动而变化，自动形成市场均衡价格。

（2）价格变化灵活，价格信息畅通，经济主体对价格信号的搜寻成本足够低。价格变化及时反映商品供求变化，价格信息易于被经济主体所获得。否则，价格就无法协调经济主体的资源配置。

（3）建立和健全法规，规范市场运行，保护产权，形成规范有序的市场秩序。

经济主体产权明确，在市场里进行自由交易，在市场中地位平等，交易主体遵守契约精神，诚实守信，等价交换，产权受法律保护，充分竞争，反对垄断，这是价格机制充分发挥资源配置作用的前提，这需要建立和健全法律法规。

七、假设一国政府的当前预算赤字为 75 亿美元，边际消费倾向为 b = 0.8，边际税率 t = 0.25，如果政府为降低通货膨胀率减少购买支出 200 亿美元，试问政府支出的这种变化是否最终能够消除财政赤字？

根据乘数效应，政府支出 G 减少 200 亿美元导致国民生产总值 Y 减少 1000 亿美元。

$$\Delta Y = \frac{\Delta G}{1 - b} = \frac{200}{0.2} = 1000$$

进而，税收减少 250 亿美元，$\Delta T = t\Delta Y = 250$。减少购买支出的举措导致财政赤字扩大为 $75 + 250 - 200 = 125$ 亿美元。所以最终财政赤字不能消除。

八、运用凯恩斯的货币需求理论分析导致流动性陷阱的原因及其对货币政策的影响。

凯恩斯认为，对货币的需求又称流动性偏好，由于货币具有使用上的灵活性，人们宁肯牺牲利息收入而储存不生息的货币来保持财富的心理倾向就是流动性偏好。正是因为货币具有这种使用上的灵活性，人们对货币的需求具有以下三种不同的动机：

（1）交易动机，人们需要货币是为了进行正常的交易活动。

（2）谨慎动机或预防性动机，为预防意外支出而持有一部分货币的动机。

（3）投机动机，人们为了抓住有利的购买有价证券的机会而持有一部分货币的动机。

交易动机和预防性动机所产生的对货币的需求主要决定于收入，即 $L_1 = kY$。

凯恩斯认为，货币的投机需求与利率呈反向变动的关系，即

$L_2 = -hr$。

流动性陷阱是指人们不管有多少货币都愿意持在手中。原因是当利率极低时，人们会认为这时利率不大可能再下降，或者说有价证券市场价格不大可能再上升而只会跌落，因而人们会将所持有的有价证券全部换成货币。人们有了货币也不肯去购买有价证券，以免证券价格下跌时遭受损失。

利率极低时，人们对货币的需求趋于无穷大，货币需求曲线处于水平状态，当货币供给增加，利率也不会下降，这时，货币政策无效。

九、假设经济的总量生产函数为 $Y = K^a * L^{1-a}$，根据新古典增长理论：（1）分别求出稳态水平的人均资本存量 k^* 和人均收入水平 y^* 的值；（2）据此说明储蓄率的外生变化对人均收入水平的影响。

（1）记人均收入为 y，人均资本为 k，由 $Y = K^\alpha L^{1-\alpha}$，得到人均生产函数：

$y = Y/L = (K/L)^\alpha = f(k) = k^\alpha$。

新古典增长模型假设：经济体的储蓄率 s 外生，社会储蓄为 $S = sY$；经济体中劳动人口增长率外生，按不变的比率 n 增长；生产函数规模报酬不变，$Y = F(K, N)$，$tY = F(tK, tN)$，$t > 0$；边际报酬递减，$F' > 0$，$F'' < 0$；技术变量外生。

经济均衡时（I = S），

$\Delta K = I - \delta K$

$S = sY$，$\Delta K = sY - \delta K$

两边同时除以劳动数量 N，得：

$\Delta K/N = sy - \delta k$，y 为人均产出，k 为人均资本。

$k = K/N$，则 $\Delta k/k = \Delta K/K - \Delta N/N = \Delta K/K - n$

$\Delta K = (\Delta k/k) \times K + nK$

两边同时除以 N，得：$\Delta K/N = \Delta k + nk = sy - \delta k$

$\Delta k = sy - (n + \delta) k$

这是新古典增长模型的基本方程。

要实现稳态，$\Delta k = sy - (n + \delta) k = 0$，

$sy = (n + \delta) k$，$(n + \delta) k$ 曲线和 $sf(k)$ 曲线的交点是稳态点。

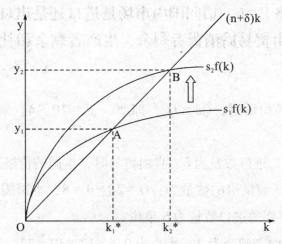

由 $Y = K^\alpha L^{1-\alpha}$，我们可以得到人均生产函数为：$y = Y/L = \left(\dfrac{K}{L}\right)^\alpha = k^\alpha$，由稳态条件 $sy = (n + \delta)k$，有 $sk^\alpha = (n + \delta)k$，解得人均资本存量 $k^* = [s/(n + \delta)]^{\frac{1}{1-\alpha}}$，人均收入水平 $y^* = [s/(n + \delta)]^{\frac{\alpha}{1-\alpha}}$。

（2）根据人均资本存量 $k^* = [s/(n + \delta)]^{\frac{1}{1-\alpha}}$，人均收入水平 $y^* = [s/(n + \delta)]^{\frac{\alpha}{1-\alpha}}$，可知：若其他条件不变，储蓄率上升，会使人均资本水平和人均收入水平上升（如图所示），随着储蓄率从 s_1 增加到 s_2，稳定均衡点从 A 点变为 B 点，人均资本和人均收入都会增加。

十、假定某种产品国内市场的需求函数为：$Q = 20 - P$，国内厂商的供给函数为 $Q = 2P - 4$。求解：（1）国内市场均衡时的均衡产量和均衡价格分别是多少？（2）如果允许自由贸易时，世界市场价格 $P = 6$，请问国内市场是进口还是出口？数量为多少？（3）自由贸易后消费者剩余、生产者剩余和社会总剩余如何变化？

（1）市场均衡时，$Qd = Qs$，即 $20 - P = 2P - 4$，解得，$P^* = 8$，$Q^* = 12$

（2）进口，进口数量为 6。自由贸易时，本国的价格运行在世界市场价格，本国厂商供给的数量为：$Q = 2P - 4 = 8$，本国需求量为：$Q = 20 - P = 14$，需要的进口数量为 6 单位。

（3）原消费者剩余为 A，大小为 $0.5 \times 12 \times 12 = 72$，原生产者剩余为 $B + C = 0.5 \times 6 \times 12 = 36$。

原社会总剩余 = 原消费者剩余 + 原生产者剩余 = $A + B + C = 108$。

自由贸易后，消费者剩余为 $A + B + C + D = 0.5 \times 14 \times 14 = 98$。

生产者剩余为 $C = 0.5 \times 4 \times 8 = 16$，社会总剩余为 114。

由上可得，消费者剩余增加 26，生产者剩余减少 20，社会总剩余增加 6。

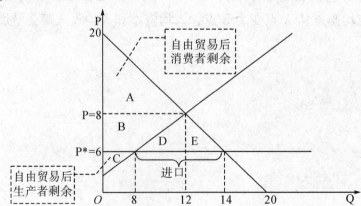

十一、在保险市场上经常出现这样的现象当保费较低的时候，各种风险程度的人都来购买保险，使得保险公司往往无利可图，甚至亏损；当保险公司提高保费时，风险程度低的客户就会选择不购买保险，而风险程度高的客户会继续留在市场上，使得保险公司面临更大的亏损和风险。请问这在经济学中称为什么现象？是什么原因造成了这种现象？如何解决保险公司面临的这种困境？

这种现象在经济学中被称为"逆向选择"。

逆向选择原因是信息不对称。保险公司对客户的信息不了解，客户掌握的信息比保险公司掌握得多。保险公司不知道哪些人是高风险的，哪些人是低风险的。

逆向选择告诉我们，愿意购买保险的人常常是高风险的人，低风险的人往往购买意愿不足，收取较高保险价格会阻止具有较低风险的人购买保险。风险低的客户，只接受较低的保费，若提高保险价格，低风险客户就会退出，"劣币驱逐良币"。因此，高风险的客户所占的比重就增大，保险公司面临更大的亏损。

解决逆向选择的思路有两种，都是围绕信息展开：

（1）信号发送，有信息的一方向没信息的一方发送信号，这里，低风险的人要发送信号证明自己是低风险的，这样，就可以实行低保费，如提交体检报告。

（2）信息甄别，设计分离均衡保险合同，使得高风险者和低风险者各自选择对自身最有利的保险产品。在保险合同中，通过机制的设计，使高风险的人会自动选择高保费险，而低风险的人会自动选择低保费险，这是他们各自的理性选择。

（3）差别机制，在获得信息的前提下，保险公司利用投保人的风险特征，比如性别、工作类型、身体状况等设计不同的保费。

2012 年经济学综合（二）试题汇编及深度解析

一、辨析：无论在工业还是农业中，剩余价值的总量都等于平均利润总量。

此说法错误，在工业生产中，剩余价值的总量等于平均利润的总量，农业生产中，剩余价值的总量不等于平均利润的总量。

资本主义企业生产的商品价值 $W = c + v + m$，m 为剩余价值。若把 $c + v$ 视为资本家的预付资本，那么 m 就是全部预付资本的增加额，将 m 视为全部预付资本的产物时，剩余价值就转化为利润，因此，利润在本质上是剩余价值，在表面上表现为全部预付资本的产物，剩余价值转化为利润掩盖了资本主义的剥削关系。在数量上，全社会剩余价值的总量必定等于平均利润的总量。

在现实经济中，各部门的资本家，无论从事哪一种商品生产，都能够大体上获得与他们的资本量相应比例的利润，即同量资本应获得同量利润，各部门的利润率趋于平均。

平均利润的形成是部门之间竞争的结果。投资于不同生产部门的资本家为了获得更高的利润率，相互之间必然展开激烈的竞争。这种竞争的手段是进行资本转移，即把资本从利润率低的部门撤出，转移到利润率高的部门。这样，原先利润率高的部门由于大量资本的涌入，商品供过于求，价格就会下降，利润率也就相应下降；而原先利润率高的部门由于大量资本撤出，会发生相反的变化。这个资本转移的过程以及由此而来的价格和利润率的变动要持续到两个部门的利润率大体平均的时候才停止，这样，便形成了平均利润。

随着利润转化为平均利润，全社会的剩余价值在各部门的资本家之间重新分配，各部门资本家得到的利润量与该部门所生产的剩余价值量不一定相等，按资本有机构成高于、等于、低于社会平均资本有机构成和资本周转慢于、等于、快于社会平均资本周转速度的情况，这些部门所获得的利润高于、等于、低于本部门所创造的剩余价值。从整个社会来看，利润总量和剩余价值总量是完全相等的。

在农业生产中，农业雇佣工人创造的剩余价值，一部分以平均利润的形式被农业资本家无偿占有，超过平均利润以上的那部分则以地租的形式被土地所有者无偿占有。因此，农业生产中，剩余价值等于平均利润加地租。

由于农业资本的有机构成低于社会平均资本的有机构成，农产品的价值高于生产价格，农产品按价值出售，就可以在扣除成本价格和平均利润后有一个余额，这一余额不像在工业部门那样参与利润的平均化过程。因为，农业中存在土地私有权的垄断，这阻碍着资本向农业部门的自由转移，使农产品价值高于生产价格的差额不参与利润平均化的过程。由于农产品的价值高于生产价格而形成的超额利润被土地所有者以地租的形式占有。地租是由农业工人创造的，被土地所有者无偿占有的那部分剩余价值，体现为农业资本家和土地所有者共同剥削农业工人的生产关系。

二、简述影响资本周转速度的因素。

资本周转是指为了实现资本的不断增值，资本循环要不断地周而复始地重复进行。产业资本周而复始的循环运动，就是资本周转。

资本周转速度可以用周转时间和周转次数来表示。资本周转的时间是指预付资本以一定形式为起点，到它带着价值增值回到出发点所经历的时间，周转时间包括生产时间和流通时间。资本周转时间的长短反映资本周转的速度。一年内资本周转的次数越多，周转的速度越快。资本周转速度公式：$n = U/u$（U 代表年，u 表示资本周转一次所需时间，n表示资本周转次数）。在一定时间内，资本周转时间越短，周转次数越多，周转速度就越快；反之，资本周转一次所需时间越长，周转次数越少，周转速度就越慢。

生产资本的构成影响资本周转速度。生产资本按价值周转方式的不同，可划分为固定资本和流动资本。固定资本（如机器、设备）的价值按磨损程度一点一点地转移到新产品，产品出售后一点一点收回。其实物形态在较长时间内存在，其价值一点一点地转移。流动资本是指原料、燃料等劳动对象和劳动力等，其价值一次全部投入到生产过程，随着商品销售一次性全部收回。在其他条件不变的情况下，固定资本的比重越大，全部资本的周转速度越慢，反之，流动资本的比重越大，全部资本的周转就越快。

预付资本的总周转速度不仅与固定资本和流动资本各自所占的比重有关，而且和固定资本，流动资本各自的周转速度有关。当固定资本和流动资本各自所占的比重既定时，预付资本的总周转速度取决于固定资本和流动资本各自的周转速度，它们的周转速度越快，预付总资本的总周转速度就越快。当固定资本和流动资本各自的周转速度既定时，预付资本的总周转速度取决于固定资本和流动资本的比例，固定资本的比重越大，预付资本的总周转速度就越慢。

三、简述价格机制及其具体内容。

价格机制是市场机制中的基本机制。所谓价格机制，是指在市场运行中，与市场供给和市场需求紧密联系而形成的价格形成机制和价格调节机制。商品市场的供给和需求共同形成均衡价格。市场价格调节消费者和生产者的行为。

商品市场上，需求和供给两个方面共同决定商品的价格，市场内在的力量会使市场运行实现市场均衡，形成均衡价格。若供给大于需求，产品过剩，供给方为了多售出产品，会降低价格，直到需求和供给相等为止。相反，若需求大于供给，产品短缺，需求方愿意增加价格以购买到所需商品，价格就会上升，直到需求和供给相等为止。市场内在的力量会形成均衡价格。

价格会调节市场经济主体的行为，价格上升，需求方会减少需求，供给方会增加供给，价格下降，需求方会增加需求，供给方会减少供给。价格涨落是社会资源流向的"导航仪"，价格就像"看不见的手"协调生产者和消费者的行为，在每个经济追求利益最大化的同时，也让全社会实现合意的结果。

消费者追求效用最大化，即 $\max U(X_1, X_2)$，约束条件是 $P_1X_1 + P_2X_2 = M$，求解效用最大化，得消费者均衡 $X_1(P_1, P_2, M)$，$X_2(P_1, P_2, M)$，消费者对资源的最优配置受价格因素的影响，价格作为一种非人格化参数，起到信号的作用，价格作为核心变量调节消费者的行为。商品的价格上升，需求量会减少，价格减少，需求量会增加。

对于生产者追求利润最大化，即 $\max Pf(L, K) - wL - rk$，求解利润最大化，得生产者对劳动力和资本的最优配置 $L(P, w, r)$，$K(P, w, r)$。同样，生产者对资源的最优配置受价格因素的影响，价格作为非人格化参数，起到信号的作用，调节生产者行为。某种生产要素的价格上升，需求量会减少，价格减少，需求量会增加。产品的供给 $f(L(P, w, r), K(P, w, r))$ 也受价格的影响。

价格机制通过对消费者和生产者的引导，能解决社会生产什么、生产多少，消费什么，消费多少的问题。①传递信息。价格以其自身变动的方向和幅度，传递市场商品供销等经济信息，有利于提高决策的效率。②调节资源配置。价格高低，影响供求，引导生产与消费，因而调节资源的合理配置。③调节收入。价格高低决定生产者、消费者的经济利益，是调节收入分配的尺度。④价格是竞争的有力工具，实现优胜劣汰。⑤价格机制推动科学技术和经营管理创新，促进劳动生产率提高。⑥价格也是国家进行宏观调控的重要依据。国家从各种商品的价格变动信息中，了解商品的供求状况，从而从宏观调控和产业政策上干预市场活动，以避免市场自发调节所引发的巨大经济波动。

四、运用政治经济学相关理论，试论述市场竞争和垄断及其关系。

1. 自由竞争产生垄断

垄断是在自由竞争中发展起来的，自由竞争引起生产集中，生产集中发展到一定阶段就必然引起垄断。自由竞争的结果是优胜劣汰，资本越来越集中到少数优胜的大企业，引起资本集中。信用制度和股份制公司使资本集中更为迅速，形成少数大规模的企业。生产高度集中的结果，必然引起垄断。垄断一经形成，代替了自由竞争，在经济生活中起决定作用。自由竞争是自由资本主义的基本特征，而垄断是垄断资本主义的基本特征。当垄断在社会经济生活中占据统治地位时，自由竞争的资本主义就发展为垄断的资本主义。

2. 垄断并没有消除竞争，垄断与竞争并存

垄断是自由竞争的直接对立面。从自由竞争中生长起来的垄断并没有消灭竞争，而是凌驾于竞争之上，与之并存。在垄断资本主义阶段，不仅自由竞争在一定程度上和一定范围内仍然存在，而且产生了由垄断本身造成的新形式的竞争，包括垄断组织之间的竞争，垄断组织与非垄断组织之间的竞争，以及垄断组织内部的竞争。

垄断条件下仍然存在竞争，原因在于：第一，竞争是商品经济的必然产物，只要存在商品经济，竞争就不可避免，垄断的出现并没有、也不可能消灭商品经济，所以也不能消除竞争。第二，绝对的垄断是不存在的，没有加入垄断组织的局外企业之间仍然存在竞争。第三，所有的垄断组织合并为一个统一的垄断组织是不可能的，因此，存在垄断组织与垄断组织之间的竞争以及垄断组织与非垄断组织之间的竞争。第四，垄断组织内部的各个部门或子公司，也会为了争夺资源和控制权而竞争。

3. 垄断条件下的竞争出现一些新的特点

第一，自由竞争时期，竞争的目标是获取平均利润或超额利润；

在垄断时期，竞争的目的是为了获得高额垄断利润。第二，自由竞争时期，竞争的手段是靠改进技术，提高劳动生产率，降低成本来打败竞争对手；在垄断时期，竞争的手段更加多样化，除了上述经济手段外，垄断组织还凭借强大的经济实力和政治上的统治力量，采取各种强制手段，暴力手段来打败竞争对手。第三，自由竞争时期，企业规模较小，力量单薄，彼此分散，这限制了竞争的激励程度；在垄断时期，垄断企业势均力敌，竞争更为激烈，更具破坏性。第四，自由竞争时期，竞争的范围主要在国内。在垄断时期，竞争的范围已由国内扩展到国外，而且由经济领域扩展到政治、军事和文化等领域。总之，垄断并没有消除竞争，垄断从竞争中产生，反过来加剧了竞争。

五、结合实际，试论我国在转型期应如何进一步完善社会主义基本经济制度。

我国社会主义初级阶段的基本经济制度是以公有制为主体，多种所有制经济共同发展。这是由我国社会主义初级阶段的国情决定的。

（1）我国是社会主义国家，必须坚持公有制作为社会主义经济制度的基础。离开了公有制为主体，就会影响我国社会主义的性质。为了发展社会化大生产，实现共同富裕，必须坚持公有制的主体地位。

（2）我国处于社会主义初级阶段，生产力发展不平衡、多层次，与这种状况相适应，需要在公有制为主体的条件下发展多种所有制经济。生产资料所有制要与生产力发展状况相适应，才能促进生产力的迅速发展。与生产力发展状况相适应，我国公有制经济只能在经济中占主体地位，不能成为社会经济的唯一形式。这就需要多种所有制经济共同发展，鼓励非公有制经济共同发展，以促进生产力的迅速提高。

（3）以公有制为主体，多种所有制经济共同存在、共同发展已是我国当前现实经济中客观存在的事实。私营经济、外资经济在经济中占有不少比重。实践证明，这种所有制结构有利于社会生产力的发展，有利于增强综合国力，有利于提高人民生活水平。

公有制的主体地位主要表现在两个方面：一方面是国有资产在社会总资产中占优势，另一方面是国有经济控制国民经济的命脉，对经济发展起主导作用。国有经济的主导作用主要体现在控制力上，坚持公有制的主体地位，并不意味着公有制经济的比重越大越好。

坚持和完善公有制为主体，多种所有制经济共同发展的经济制度，要做到：第一，必须毫不动摇地巩固和发展公有制经济。第二，必须毫不动摇地鼓励、支持和引导非公有制经济发展。对关系到国民经济命脉的行业和关键领域，国有经济必须占支配地位。在其他领域，可以通过资产重组和结构调整，加强重点，提高国有资产的整体质量。在坚持以公有制为主体，国有经济掌握国民经济的命脉，国有经济的控制力和竞争力得到加强的前提下，国有经济比重适当减少一些，不会影响我国的社会主义性质。

党的十六届三中全会对于坚持和完善基本经济制度提出三个要求：一是推行公有制的多种有效实现形式；二是大力发展和积极引导非公有制经济；三是建立健全现代产权制度。

要坚持公有制的主体地位，发挥国有经济的主导作用，积极推行公有制的多种有效实现形式，加快调整国有经济布局和结构。要适应经济市场化不断发展的趋势，进一步增强公有制经济的活力，大力发展国有资本、集体资本和非公有资本等参股的混合所有制经济，实现投资主体多元化，使股份制成为公有制的主要实现形式。

需要由国有资本控股的企业，应区别不同情况实行绝对控股或相对控股。要建立健全国有资产管理和监督体制，深化国有企业改革，完善公司法人治理结构，加快推进和完善垄断行业改革。

要大力发展和积极引导非公有制经济，允许非公有资本进入法律法规未禁止进入的基础设施、公用事业及其他行业和领域。非公有制企业在投融资、税收、土地使用和对外贸易等方面与其他企业享受同等待遇。要改进对非公有制企业的服务和监管。

产权是所有制的核心和主要内容。建立归属清晰、权责明确、保护严格、流转顺畅的现代产权制度，有利于维护公有财产权，巩固公有制经济的主体地位；有利于保护私有财产权，促进非公有制经济发展；有利于各类资本的流动和重组，推动混合所有制经济发展；有利于增强企业和公众创业创新的动力，形成良好的信用基础和市场秩序。这是完善基本经济制度的内在要求，是构建现代企业制度的重要基础。要依法保护各类产权，健全产权交易规则和监管制度，推动产权有序流转。

在分配上，要坚持以按劳分配为主体，多种分配方式并存的分配制度。确立资本、技术、管理等生产要素按贡献参与分配的原则。实行按劳分配与按生产要素分配相结合的分配制度，这是由我国社会主义初级阶段生产力发展水平决定的，生产力发展不平衡、多层次，非公经济和私人投资部门的资本、技术、管理、信息等生产要素也需要获得合理的投资回报。

六、运用凯恩斯的货币需求理论分析导致流动性陷阱的原因及其对货币政策的影响。

凯恩斯认为，对货币的需求又称流动性偏好，由于货币具有使用上的灵活性，人们宁肯牺牲利息收入而储存不生息的货币来保持财富的心理倾向就是流动性偏好。正是因为货币具有这种使用上的灵活性，人们对货币的需求具有以下三种不同的动机：

（1）交易动机，人们需要货币是为了进行正常的交易活动。

（2）谨慎动机或预防性动机，为预防意外支出而持有一部分货币的动机。

（3）投机动机，人们为了抓住有利的购买有价证券的机会而持有一部分货币的动机。

交易动机和预防性动机所产生的对货币的需求主要决定于收入，即 $L_1 = kY$。

凯恩斯认为，货币的投机需求与利率呈反向变动的关系，即 $L_2 = -hr$。

　　流动性陷阱是指人们不管有多少货币都愿意持在手中。原因是当利率极低时，人们会认为这时利率不大可能再下降，或者说有价证券市场价格不大可能再上升而只会跌落，因而人们会将所持有的有价证券全部换成货币。人们有了货币也不肯去购买有价证券，以免证券价格下跌时遭受损失。

　　利率极低时，人们对货币的需求趋于无穷大，货币需求曲线处于水平状态，当货币供给增加，利率也不会下降，这时，货币政策无效。

七、经济增长的源泉可以通过增长核算的方法来认识。(1) 根据生产函数 Y = AF (N, K)（其中，A 代表经济的技术状况，Y、N、K 分别表示总产出、投入的劳动和资本），写出增长核算的基本方程；(2) 在这样的增长核算方程中，技术进步是如何被度量的。

　　根据生产函数 $Y = AF(N, K)$。如果劳动变动为 ΔN，资本变动为 ΔK，技术变动为 ΔA，则产出变动：

$$\Delta Y = MP_N \times \Delta N + MP_K \times \Delta K + F(N, K) \times \Delta A$$

其中 MP_N 为劳动的边际产量，MP_K 为资本的边际产量。

将方程两边同除以 Y，则：

$$\frac{\Delta Y}{Y} = \frac{MP_N}{Y} \times \Delta N + \frac{MP_K}{Y} \times \Delta K + \frac{\Delta A}{A}$$

可进一步变换为：

$$\frac{\Delta Y}{Y} = \frac{N \times MP_N}{Y} \times \frac{\Delta N}{N} + \frac{K \times MP_K}{Y} \times \frac{\Delta K}{K} + \frac{\Delta A}{A}$$

其中，$\dfrac{N \times MP_N}{Y}$ 就是劳动收益在产出中所占的份额，记为 α，

$\dfrac{K \times MP_K}{Y}$ 就是资本收益在产出中所占的份额，记为 β。

因此：$\dfrac{\Delta Y}{Y} = \alpha \times \dfrac{\Delta N}{N} + \beta \times \dfrac{\Delta K}{K} + \dfrac{\Delta A}{A}$

产出的增长 = 劳动份额 × 劳动的增长 + 资本份额 × 资本的增长 + 技术进步，这就是增长核算的基本方程，即

$$\frac{\Delta A}{A} = \frac{\Delta Y}{Y} - \alpha \times \frac{\Delta N}{N} - \beta \times \frac{\Delta K}{K}$$

技术进步可以根据上式衡量，$\frac{\Delta A}{A}$ 称为索洛余值。

八、菲利普斯曲线最初表示的是货币工资增长率和失业率之间的替换关系。在什么条件下菲利普斯曲线转换为表示失业率与通货膨胀率之间的替换关系？结合图示说明菲利普斯曲线的政策含义。

1958 年，菲利普斯在研究了 1861—1957 年的英国失业率和货币工资增长率的统计资料后，提出一条用来表示失业率和货币工资增长率之间替换关系的曲线。以横轴表示失业率，纵轴表示货币工资增长率，画出一条向右下方倾斜的曲线，这就是最初的菲利普斯曲线（如图所示）。该曲线表明：当失业率较低时，货币工资增长率较高，反之，当失业率较高时，货币工资增长率较低。

以萨缪尔森为代表的新古典综合派把菲利普斯曲线改造为失业与通货膨胀之间的关系，这种改造的出发点在于：通货膨胀率 = 货币工资增长率 - 劳动生产增长率。

若劳动生产的增长率为零，则通货膨胀率就与货币工资增长率一致。因此，改造后的菲利普斯曲线就表示了通货膨胀率与失业率之间的替换关系，失业率高，则通货膨胀率低，失业率低，则通货膨胀率高。

菲利普斯曲线说明，政策制定者可以选择不同的失业率和通货膨胀率的组合。失业和通胀之间存在一种替换关系，可以用一定的通胀的增加来换取一定的失业率的减少，或者用失业率的增加来换取通胀的减少。一个社会可以确定一个临界点，确定一个失业和通货膨胀的组合区域，如果实际的失业率和通货膨胀率在这个组合区域内，政策

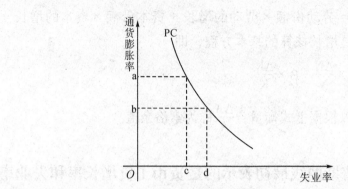

制定者就不用采取调节行动，若在区域之外，则按菲利普斯曲线所表示的替换关系进行调节。

九、我们看到现在中国房地产市场上，房屋价格不断上涨，同时房屋的交易量和需求量不断上升。于是有人说房屋是不满足需求定理的商品。请你谈对此问题的理解。

需求定理指的是：在其他条件不变的情况下，商品的需求量与价格呈反向变化，价格上升，需求量会减少，价格下降，需求量会增加。

商品的需求量与价格呈反向变化，是建立在一定的条件之下的，一是对普通物品而言，不是吉芬物品；二是在其他条件不变的情况下。

我国房地产市场价格不断上涨，需求量也增长，并不违背需求定理，原因如下：

需求定理建立在"其他条件不变"的情况下，显然，这个条件并不满足。房地产价格上涨是由需求和供给共同决定的，若需求增加很多，供给增加有限，价格必定上涨，我国的房地产市场就是这样，人口高速增长、城镇化、住房改善性需求、房地产投资需求等因素累加，房地产需求增加迅速。若把其他因素控制不变，房地产需求量和价格之间，是呈反向变化的。

若假定其他条件不变，考察需求量与价格之间的关系，将是一条固定的需求曲线。若其他条件变化了，则会表现为需求曲线的移动，如人口高速增长，增加了房地产的需求，使需求曲线向右移动，在供给固定或供给增加有限的情况下，均衡价格会增加，均衡数量也会增加，表现为价量齐升。

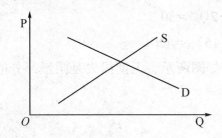

房地产需求曲线 D：其他情况不变，房价越高，需求量越小。沿着固定的需求曲线，需求量随价格的变化发生变化。

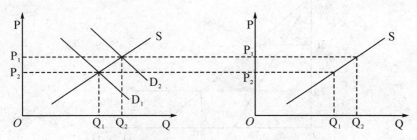

当外部条件发生变化时，使需求增加，需求曲线D向右移动，使均衡数量和均衡价格都增加，导致价量齐升的情况。

十、某厂商面临的需求函数为 P = 80 - 2Q，总成本函数为 TC = 30 + 20Q。试求：（1）该厂商遵从完全竞争市场条件下的利润最大化原则时的产量、价格和利润。（2）该厂商如果是垄断厂商，其获得最大利润时的产量、价格、利润。（3）请计算垄断时的福利损失。

（1）由 TC = 30 + 20Q，得 MC = 20。

在完全竞争市场条件下 P = MC = 20，

因为 P = 80 - 2Q = 20，

所以 $Q^* = (80 - 20) / 2 = 30$。

利润 $\pi^* = 20 \times 30 - (30 + 20 \times 30) = -30$。

（2）在垄断情况下，垄断厂商追求利润最大化，MR = MC 成立。

由 $P = 80 - 2Q$，得 $MR = 80 - 4Q$。

由 $MC = 20$，得 $MR = 80 - 4Q = 20$。

因此，$Q^m = 15$，$P^m = 80 - 2Q^m = 50$，

$\pi^m = 50 \times 15 - (30 + 20 \times 15) = 420$。

（3）垄断造成无谓损失，如图所示，无谓损失是阴影部分的面积，大小等于 $15 \times 30 / 2 = 225$。

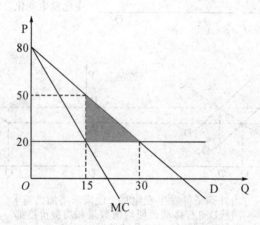

十一、环境问题越来越受到各个国家的重视，特别是像温室效应这样的问题往往需要靠国际社会的共同努力来解决，请问经济学的理论分析温室效应是一个什么问题？按照科斯的理论，如何解决这个问题？在解决过程中的难点是什么？

温室效应是指大气中的温室气体具有吸热和隔热的功能，使太阳辐射到地球上的热量无法向外层空间反射，其结果使地球表面变热。科学研究认为，温室效应加剧主要是由于人类燃烧煤炭、石油和天然气等化石燃料释放出大量的二氧化碳等温室气体。温室效应导致气候变暖，冰川融化，海平面升高等影响人类生存环境的问题。

温室效应在经济学上是一个温室气体过度排放和减排的问题。温室气体排放是一个负外部性行为。而温室气体减排是一个正外部性行为。

温室气体排放是典型的负外部性问题，导致的结果是私人排放量超过社会最优的排放量。温室气体减排是典型的正外部性问题，导致的结果是私人减排量小于社会最优的减排量。

解决外部性的思路不外乎有市场契约和政府管制两种。全球温室气体排放或减排缺乏一个统一的、权威的组织来实施管制，因此，诸如庇古税、补贴、排放数量管制、排放标准这样的政府管制措施很难在国际间实施。

通过市场契约解决外部性问题是科斯定理的核心思想。科斯定理认为，只要产权是明确的，而且交易成本为零或者很小，无论初始产权如何配置，市场契约能解决外部性问题，实现资源的有效配置。

按照科斯定理，若交易成本很低，而且产权明确，通过市场契约可以解决负外部性问题。例如美国排放温室气体，对其他国家有负的影响，若交易成本很低，而且产权明确，美国和其他国家可以谈判，签订市场契约而解决这一问题。

但是，根据科斯定理解决这一问题，面临一些难题。其一，产权不明确，对空气的产权难以界定，也没有一个权威的组织来界定空气的产权。其二，即使产权明确，交易成本也很低，国家间的谈判是困难的，包含诸多政治、军事等因素，公平谈判难以实现。其三，受损害的国家众多，加剧了谈判的困难，要形成一致的市场契约是很困难的。